YUHIKAKU

問いからはじめる
教育史

HISTORY OF EDUCATION: A NEW INTRODUCTION

著 ・ 岩下　誠
　　三時眞貴子
　　倉石一郎
　　姉川雄大

有斐閣 ストゥディア

目　次

CHAPTER **2**

誰が子どもを養育するのか 　43
社会への包摂という視点から読み解く

第 **2** 部　知識を身につける／使う

人々はなぜ知識を求めたのか　65

人々は読み書き能力_{リテラシー}をどのように使ったか　85

教育は働くこととどのようにかかわってきたか　　109
職業教育の社会的機能

第 **4** 部　教育を変える／社会を変える

CHAPTER **8**

教育は人々を「市民」にしたか　　　　183

著者紹介

岩下　誠（いわした・あきら）　　　　　　　序章，第1，4，6章，終章（共同執筆）

青山学院大学大学院教育人間科学研究科教授

1979年生。東京大学大学院教育学研究科博士課程単位取得済退学。博士（教育学）。慶應義塾大学助教，青山学院大学准教授を経て，現職。

研究分野　イギリス教育史，アイルランド教育史

主要著作　『福祉国家と教育』（共編，昭和堂，2013年），『教育支援と排除の比較社会史』（共編，昭和堂，2016年），"Politics, state and Church: Forming the National Society 1805–c.1818"（*History of Education*, vol. 47, no. 1, 2018）ほか

三時　眞貴子（さんとき・まきこ）　　　　　　第2，3，5章，終章（共同執筆）

広島大学大学院人間社会科学研究科准教授

1974年生。広島大学大学院教育学研究科博士課程後期単位取得満期退学。博士（教育学）。尚絅大学講師，愛知教育大学准教授を経て，現職。

研究分野　イギリス教育史

主要著作　『イギリス都市文化と教育』（昭和堂，2012年），『教育支援と排除の比較社会史』（共編，昭和堂，2016年），『家族の世界史』（訳，ミネルヴァ書房，2023年）ほか

倉石　一郎（くらいし・いちろう）　　　　　　第7，10章，終章（共同執筆）

京都大学大学院人間・環境学研究科教授

1970年生。京都大学大学院人間・環境学研究科博士後期課程研究指導認定退学。博士（人間・環境学）。東京外国語大学助教授・准教授，京都大学准教授を経て，現職。

研究分野　教育学・教育社会学

主要著作　『包摂と排除の教育学』（生活書院，初版：2009年，増補新版：2018年），『アメリカ教育福祉社会史序説』（春風社，2014年），『映像と旅する教育学』（昭和堂，2024年）ほか

姉川　雄大（あねがわ・ゆうだい）　　　　　　第8，9章，終章（共同執筆）

長崎大学多文化社会学部准教授

1974年生。千葉大学大学院社会文化科学研究科博士課程修了。博士（文学）。千葉大学特任助教・特任講師を経て，現職。

研究分野　近現代東欧（ハンガリー）史

主要著作　『せめぎあう中東欧・ロシアの歴史認識問題』（分担執筆，ミネルヴァ書房，2017年），「戦間期ハンガリーにおける国民化政策の反自由主義化」（『歴史学研究』第953号，2017年）ほか

教育史って何の役に立つの？

National Memorial Prison of Montluc（"Discover Lyon" ウェブサイトより）

パパ，だから歴史が何の役に立つのか説明してよ（ブロック［2004］）

　子どもの素朴な問いで始まる『歴史のための弁明』は，フランスがヒトラー政権下のドイツに占領されていた 1941 年から 1942 年にかけて，フランスのユダヤ系中世史家マルク・ブロックによって執筆された。この後，彼はリヨンに本拠を置くレジスタンス組織に加わり，指導的な役割を果たすようになる。しかし 1944 年 3 月 8 日，ゲシュタポによってブロックは逮捕される。リヨン解放が目前に迫っていた 6 月 16 日，ブロックはドイツ軍に銃殺された。写真は，ブロックや他のレジスタンスが収容されていたリヨンのモンリュック監獄。

はじめに

　私（岩下）は教育学科に所属する大学教員なのですが，学生から「先生はな
ぜ教育史をやろうと思ったんですか」と訊かれることがたまにあります。どう
やら，この質問は単に私の個人的な研究動機を尋ねているというより，「なぜ
わざわざ教育史などという役に立たなさそうなことをやっているのか」という
不可解さと，「今，早急に取り組まなければならない教育問題がたくさんある
のに，昔の教育がどうだったかなんて呑気なことを研究していていいのか」と
いう，おそらくは多少の非難（？）が入り混じった問いであるようです。

　もちろん，教育史に限らず基礎研究に携わっている研究者は，しばしばこう
した問いを投げかけられます。ただ，教育史はとくにこうした疑念を持たれや
すい学問分野かもしれません。教育史もその一部であるところの教育学は必ず
しも「先生になるための学問」（教職科学）だけを指すのではありませんが，や
はりどちらかといえば応用科学（特定の目的に対して役に立つための学問）とし
ての性格を強く持っているからです。役に立つための学問である教育学のなかに
ありながら，どう考えても役に立ちそうもないものが教育史です。彼らの問い
を言い換えるならばつまり，「教育史って何の役に立つの？」ということなの
でしょう。

　こうした遠慮のない問いかけに対して，「役には立たないけど・役に立たな
いからこそ，実は役に立つんだよ」というのが教育史家の定番の答え方のよう
です。たしかに教育史を学んだからといって明日の教育がすぐによくなるわけ
ではない。教え方がうまくなるわけでもないし，生徒を理解できるようになる
わけでもない。でも歴史という視点に立って，短期的な「役に立つ／立たな
い」という評価の視点を離れることによってむしろ，教育についてより広く，
より深くものを考えることができるようになるんだよ，というのが，多くの教
育史研究者の答え方ではないかと思います。

　一見もっともらしいのですが，何かゴマカシがあるような気もしますよね。
「役に立たないからこそ役に立つ」というのは，たしかに気の利いた言い回し
ですが，それが意味するところは必ずしも明瞭ではありません。教育史に限ら
ず，学問を志そうとするならば，気の利いた言い回しに簡単に丸め込まれてし

まってはいけません。「本当にそうか？」「それは厳密にいうとどういう意味なんだ？」と常に問い直し，切り返すことが必要です。「教育史は役に立つのか」「教育史を学ぶことに何の意味があるのか」という問いに，教育史家はどのように答えてきたのか，そして彼らの解答は果たして納得のいくものになっているのかどうかを，まずはじっくりと検証することから本書を始めましょう。

1 教職教養としての意義？

　もちろん，教育史は教師になるための基礎的教養だという考え方は，教育学が曲がりなりにも学問として体系化されるようになった19世紀からありましたし，現在でも（たぶん？）残っています。過去の優れた教育思想や実践を知り，教育があらゆる人々に保障されるべき基本的な人権として理解され制度化されていく過程を学ぶことは，教育という営みの素晴らしさを知り教師としての使命感を教職志望の学生が身につけるうえで欠かせない，というような考え方です。とくに敗戦から1970年代くらいまでの日本では，「進んだヨーロッパの教育」（と「進んだ社会主義国であるソ連の教育」）の歴史を学んだうえで，「遅れた日本の教育」の課題を発見し，それを近代的なものに変えていくために必要不可欠な教養として，教育史は理解されていました。

　もっとも現在このような考え方は，かなり分が悪くなっているようです。日本の教育がどれほど近代化したかはさて措くとしても，現在の日本の教育が質的にも量的にもヨーロッパから著しく立ち遅れているとはいえないでしょう。他方で哲学や思想の分野では，教育も含めた近代ヨーロッパ的な価値観が他の地域の人々も受け入れるべき普遍的な価値であるかどうかは改めて問い直されていますし，そもそも基本的人権や自由民主主義といったヨーロッパ的とされる理念それ自体は，実はヨーロッパにおいてすら絶えず脅威にさらされ，現実とのギャップにつきまとわれてきたことが，最近のヨーロッパ近現代史研究ではつとに指摘されています（マゾワー［2015］）。「先進的なヨーロッパの教育の歴史に学んで，遅れた日本の教育を近代化しよう！」と素朴に断言できる教育史研究者が現在でもいるのかといわれれば，私はそうした方の名前を思いつきません（もしいたらごめんなさい）。

そもそも何も先入観を持たずに過去の教育思想家の著作を読んだとした場合，そこからいったい何を学べばよいのか，みなさんは戸惑うかもしれません。たとえば代表的な近代教育思想家とされるジョン・ロックは，子どもに強いワインを飲ませてはいけないので弱いビールだけにしなさい，などといっていますし，同じく大思想家とされるジャン–ジャック・ルソーは，女性は男性に従属し依存する性であるがゆえに，女子教育の目的は，男性から気に入られ，男性を慰め，男性の生活を楽しく快適にできる女性を育てることだ，などと，とんでもない性差別主義を主張しています。現在の私たちから見ればどちらも呆れた暴論でしょうし，それゆえこうした逸話は，いわゆる普通の教育史の教科書には出てきません。

しかし，現在の私たちの価値観に合致している要素だけを過去から取り出し，それに合わない要素はなかったことにするという歴史の描き方をするのであれば，それはご都合主義の誹りを免れないでしょう。何よりそんなことをするくらいなら，はじめから科学的・実証的な根拠に基づいた現在の教育学を学べばよいのであって，過去を学ぶ必要などありません。この場合，過去の教育思想家や教育実践は，単純に教育学の権威づけのためだけに呼び出されている，ということになります。

 ## 近代教育批判としての意義？

教育をめぐる常識を疑う？

では，「進んだヨーロッパ／遅れた日本」という前提を取り払ってみた場合，それでもなお教育史が役に立つと主張することはできるでしょうか。現在の私たちが持っている教育観を理解するために役立つというのが，おそらくは1つの答え方になります。

たとえば，ある出来事を教育（で解決されるべき）問題であると見なしたり，ある教育方法や教育制度を他のそれより「よい」と判断したりする場合に，みなさんは果たしてきちんとした根拠に基づいて判断をしているでしょうか。教育統計を調べたり，教育社会学や教育心理学の最新の知見を得たうえで，教育

問題を論じているでしょうか。私が知る限り，ほとんどの人はそうしたことをしていません（教育学科の学生すらほとんどそうしたことをしていないという現状には，いささか悲しい思いをしています。教育学科・教職課程の学生のみなさん，教育史だけでなく，教育学の基礎的な勉強もしっかりしてください）。そしてそうした知識がなくても，私たちは——おそらく直観的に——「これは教育問題だ」とか，「この実践は教育的に良い／悪い」という判断を日々していますし，なぜか判断できてしまいます。

　確かな根拠があるわけではないのに，なぜ教育的な良し悪しを判断できるのか。それは，私たちがすでに，教育に対する特定の考え方や感じ方を身につけてしまっているからです。そして教育に対する感じ方や考え方の多くは，あまりに当然のことと感じられているために，私たちが疑うことのない前提や常識となっています。しかし，このような教育的な常識は決していつの時代にもあったわけではなく，特定の時代や社会だけに広まったものであることも多いのです。

　1つ例をあげましょう。現在，日本の公立学校の多くで生徒による清掃活動が行われています。場合によっては「清掃指導」という言葉があてられて学校教育活動の一環とされたり，教育実習生の実習において評価されるポイントになったりします。しかし学校を生徒が掃除するというのは，日本・中国・韓国など一部の地域にしか見られない慣行です。それ以外の地域では「教育の一環」どころか，児童労働や児童虐待と見なされる危険すらあります。そして実は日本でも，学校ができた当初から生徒が学校を掃除していたわけではありません。生徒数が少なかった明治初期の学校には，教室は1つしかないのが一般的でした。その時代の学校の清掃は，教師と用務員が，生徒が帰ってから行っていたのです。生徒の学校掃除が一般化したのは日清戦争（1894〜1895年）以後のことですが，その理由は就学児童が増えて学校の規模が大きくなり，かといって清掃用員を雇う予算がなかったからです。つまり子どもに学校の掃除をさせるようになったのは財政上の理由からであり，「掃除は教育活動の一環だ」という議論は後付けの理由だということになります（佐藤［1987］）。

　現在の私たちにとって当たり前になっている，教育に対するものの見方や感じ方を疑い，そこから抜け出すことができるようになるために教育史は役立つ。これは，日本では1980年代くらいから広まった比較的新しい考え方です。

1980 年代は，受験戦争，管理教育，体罰，校内暴力，不登校，いじめなど，現在の私たちになじみ深い問題が「教育問題」として発見された時代でした。このような眼差しは家庭にも向けられ，家庭内暴力，過保護な親の増加，父親の権威の低下などが問題視されるようになります。なぜ 1 点刻みのテストで人生が変わってしまうのか，なぜ学校にはおかしな校則があるのか，なぜ外ではよい子で通っている子どもが家庭で親に暴力を振るうのか……。学校や家庭に対する懐疑的な眼差しが生まれてきたことが，1980 年代の教育学に生じた変化でした。教育問題を考えるとき，その原因が教育の技術的・方法的な失敗にあると単純に考えるのではなく，歴史を遡って問題を生じさせた構造を発見する必要がある。そうすることで，現在の自分たちが囚われている教育観から身を引き離して，その教育観自体を検討の対象にすることができるからだ。その結果，現在の教育が抱える問題をより深く理解することができるし，その解決策を探ることもできるようになるだろう，というわけです。

　教育学におけるこのような変化を背景として，1980 年代以降の日本では従来の制度政策史や思想史ではなく，学歴の社会的機能や学校慣行に焦点を当てたり，家庭における出産や育児，あるいは子育て習俗などをテーマに据える，いわゆる教育社会史と呼ぶことができるような研究が出てきます（中内[1992]）。また，教育社会史の成果を援用しつつ，従来の教育学を批判的に相対化しようとする理論研究も試みられました。これらの研究が，従来の教育史の枠組みを広げながらアクチュアルな議論を提出してきたことは，評価されるべきことだといえるかもしれません。

教育批判としての教育史の問題点と限界

　ただし，こうした考え方に問題がないわけではありません。まず，教育史研究者たちの「教育問題」の理解そのものは妥当なのかという問題があります。1980 年代以降さまざまな教育問題がマスメディアで取り上げられるようになったことは確かですが，それらは 1980 年代になって突然生じた問題というわけではありません。

　確かな統計がないので正確な判断が難しいのですが，体罰であれおかしな校則であれ，むしろそれ以前の時代から確実に存在していたでしょう。1980 年代になって突然子どもや若者が問題行動を起こすようになったわけでもありま

せん。一部の教育学者や犯罪学者にはよく知られている話ですが，日本の青少年の凶悪犯罪が一番多かったのは1960年代で，1980年代には殺人をはじめとする凶悪犯罪は減少傾向となっていました（浜井［2006］；広田［2001］）。にもかかわらず，「教育問題の増加」というイメージがなぜ1980年代に生じたのか，その理由の一端を，就学人口動態から説明できます。日本で高校進学率が90％を超えるのは1974年ですが，続く1980年代には，ほとんどの子どもが高校まで進学するようになりました。この変化は，子どもをめぐる問題を，本当の原因はどうあれ「教育問題」として理解させるような文脈をつくり出します。学校には行かずに働いているティーンエイジャーが職場で喧嘩やいじめをしても「教育問題」にはなりませんが，それまで労働市場にいた子どもたちを学校が包摂するようになり，高校生が学校でトラブルを起こせば，それは「いじめ」や「校内暴力」という「教育問題」として理解されるようになります。

　つまり，1980年代に教育問題が深刻化したように見えるとしても，教育問題が実際に増えた，学校が問題だらけになったと判断するのは早計だということです。それは子どもや若者の変化というよりも，それを認識する社会の側の変化を表していると考えることができます。「教育問題が増えた」のは，学校がそれ以前よりも長期にわたってティーンエイジャーを包摂するようになったという就学人口動態上の変化や，取るに足らないものとして片づけられていた青少年の問題に新たに関心が寄せられるようになった，あるいは「当たり前」として受けとめられてきたさまざまな学校慣行がおかしいと思われるようになったという社会通念の変化によるところが大きいのではないか，ということです（天野［1987］）。

　家族についても同じようなことがいえます。メディアでは1980年代から現在まで「家族の危機」が語られ続けていますが，むしろ統計的には，ここ40年ほどの間に，日本人はそれ以前よりはるかに家族を大切なものと考えるようになり，家族生活に大きな喜びと満足を得るようになったことがわかっています（統計数理研究所ウェブサイト。危機にあるのは家族ではなく，家父長制です。そして家父長制の衰退は，大多数の日本人にとって危機ではなく，むしろ好ましいことなのではないでしょうか。家族が家父長的な権力が支配する場ではなくなったからこそ，多くの人々は家族のことをより楽しい，より大切なものと考えるようになったのだという仮説が成り立ちます）。現在の教育問題の起源を歴史のなかに探る前に，そもそ

も現在「教育問題」とされていることはどの程度深刻な，どの程度広がりを持つ問題なのか，実はごく一部の例外的な事件が不当に一般化されているに過ぎないのではないか，といったことが，歴史的かつ実証的に問われなければならないということですね（広田［2001]）。

「教育問題」に照準した教育史研究のもう1つの難点は，平板な歴史叙述に陥りやすいことです。この類の研究の多くは，時代としては近現代，地域としては西ヨーロッパ（もしくは日本），属性としては中産階級の男子に，対象が偏るという傾向があります。この視野の狭さは，現在の教育問題の起源を歴史のなかに探るという前提そのものに由来しています。つまり，私たちになじみのある問題に直接つながると想定される地域や時代，属性にしか関心が払われないということです。その結果，子どもへの特別な配慮や教育への関心は近代ヨーロッパにおいてはじめて本格的に概念化され，その後日本を含め世界中に普及した結果，むしろ現在では教育問題を生み出す要因になっているのだ，などという非常に単線的な歴史の描き方が導き出されてしまうことになります。

無自覚な御用学問

さらに，偏った現状認識と一面的な歴史理解が組み合わさると，かなりまずい事態を惹き起こす可能性があります。たとえば，「現在の教育問題が深刻化しているのは技術的な問題なのではなく，近代教育システムそれ自体の機能不全なのだ」とか，「子どもはもはや家族につなぎとまらなくなった，近代家族は終焉を迎えつつある」とか，科学的・実証的にきわめてアヤシイ教育論や子ども論が，歴史的にアヤシイ教育史を媒介にして生み出されてしまいます。さらにまずいことに，こうした議論は乱暴な教育改革を結果的に後押ししてしまうことすらあります。「画一的な大量生産モデルの学校はもう時代遅れだ」とか，「戦後の冷戦枠組みのなかで形成された教育はすでに賞味期限切れである，その再生には抜本的な改革が必要だ」というような「教育改革推進派」の言い回しは，その政治的意図はともかく，この類の教育史研究が持つ含意によく似ていますし，こうした教育史が追従してきた近代（現代）教育批判の流れを共有しているからです。

私も同じ教育（史）学者なので非常に遺憾なことですが，日本における一部の教育社会史や，教育社会史の成果を援用してポストモダンを標榜してきた類

の教育学研究は，彼ら自身が主張するような「批判的」な役割を，実際にはまったく果たすことができませんでした。というのも，彼らはマスコミがセンセーショナルに報じる危機の言説を学問的にきちんと検証するのではなく，むしろそれに追従して，「教育問題」を「時代の構造に根差した問題である」とか，「近代教育システムの機能不全」などとする根拠のない言明（教育批判）を繰り返してきてしまったからです。こうした議論は現状に対してどれほど批判的なスタンスを気取ろうとも，イメージに過ぎない教育の危機を煽り，無思慮な改革を後押しすることはあれ，それに対抗する力を持つことはありません。むしろ自称「批判的」な教育学者こそ，教育の危機（という言説）と，無思慮な教育改革を生み出している／呼び込んでいる原因——つまり無自覚な御用学問——であり，彼らこそ，現在の日本において解決が必要な「教育問題」であるといわなければならないでしょう（岩下［2015；2019］）。

 3 教育史を学ぶ意義① ▶教育学を学ぶ人々にとって

┃ 史実を明らかにすること ┃

　現状を批判しているつもりでいながら実は現状に棹差してしまっている，というような「役立ち方」とは別の役割を，教育史は担うことができるでしょうか。いくつかの可能性があると私は考えています。

　1つめは，あまりに当たり前のことに聞こえるかもしれませんが，教育に関する歴史上の事実，つまり史実を明らかにすることです。過去の事実を明らかにすることが，現在の私たちにとってどのような意味で役に立つのか。これは教育史だけでなく歴史学全般にかかわる問いですが，とりあえずここで「教育学にとって」と限定しても，史実の解明はそれ自体でかなり役に立ちます。

　たとえば，「昔は〜だった，今は……」というのはありふれた語り口ですが，とりわけ教育を語る場合に，多くの人々が使うレトリックです。そして大抵の場合，「昔」というのは単なる漠然としたイメージに過ぎず，学問的な根拠がないばかりか，いったいいつの時代やどの地域の誰を念頭に置いているのかすらはっきりしていないことがほとんどです。シロウト教育論であればまだよい

のですが，実は自称教育学者の少なくない部分も，こうした議論をしてしまいがちです。

　ちなみに「昔はよかった」というのが保守的な人々の専売特許であると思ったら大間違いで，革新やリベラルを自称する教育学者でも，「伝統／近代」という粗雑な歴史認識しか持っていなかったり，西ヨーロッパの中産階級白人男子しか視野に入っていないままで，「伝統的な教育は〜近代の教育は……」などと論じている教育学者は結構います。伝統的な教育と近代的な教育のどちらを称揚してどちらを批判するのであれ，こうした見方をする人々に，その「伝統」なり「近代」なりがごく限定された地域や時代の，ごく一部の人々にしかあてはまらない事態を不当に一般化しているという自覚は，非常に希薄です。

　漠然とした「昔は〜」というイメージを，特定の時代・地域・対象に細かく切り分けて，実際に何が起こっていたのかを丁寧に検証すること，個々に明らかになった史実を他の史実と突き合わせ，できる限り整合的な解釈，より正しい歴史像を提示すること（遅塚 [2010]；小田中 [2004]；金澤 [2020]）。こうした実証的な歴史学の手法は，乱暴で根拠のない教育論が跋扈することを防ぎ，教育に関するコミュニケーションをより有意味なものにするために大いに役に立ちます。

教育の限界設定を行うこと

　教育史が果たすことのできる役割の2つめとして，失敗の歴史を積み上げるという保守的な役割をあげることができます。

　唐突ですが，憲法とは何でしょうか。もちろん，「国家に対する国民からの命令」です（中学校で習いましたね）。憲法にはさまざまな規定が盛り込まれていますが，基本的にそれらは「国家は国民（人民）に対して〜をしてはならない」という「禁止」の命令になっています。しかしなぜ禁止なのでしょうか。それは過去に国家権力が，実際に自国民（以外の住民も含めて）の人権や幸福を脅かしてきたからです。憲法に「表現の自由」が書き込まれているのは過去に国家が出版統制を行って自分に都合の悪い情報を流させないようにしたからであり，「信仰の自由」が書き込まれているのは過去に国家が宗教的な理由で人々を差別したり迫害したからです。

　憲法はこれまで国家権力が行ってしまった失敗を繰り返させないためのリス

トであるとある憲法学者がいっていましたがまさにその通りで，言い換えるなら「積み上げられた失敗の歴史＝国家がやってはいけないこと」を凝縮したものだといえます。立憲主義が民主主義に優越するのは，この歴史という部分によるところが大きいのでしょう。つまりある一時点での限られた人々による意思決定よりも，より長い時間のなかで，人々がそれに抗いながらも甘受しなければならなかった多くの苦難や，払わなければならなかった膨大な犠牲によって裏打ちされた失敗の歴史から得られる教訓のほうがより重い，より間違いの少ない判断だという保守主義的な洞察です（宇野［2016］）。

　教育史も，そのような形で役に立つことができるのではないでしょうか。この本の各章が示すことになりますが，歴史のなかで教育は，決して人々の幸福や尊厳に寄与してきただけではありませんでした。むしろ教育によって幸福や尊厳が奪われ，人々が分断され，差別が助長され，不平等が拡大するという局面は，歴史の至るところで見出すことができます。歴史が国家権力を縛る力として作用することができるように，教育史は「教育は何をしてはいけないか」を考えること，教育の限界をどのように設定すべきかを決めることに対して，少なからず役に立つことができるはずです（広田［2003］）。

　もっとも，教育学を学ぼうとするみなさんのなかには，「教育で社会をよくしたい」とか，「教育で子どもの成長を応援したい」と考えている人も多いと思います。そうした方にとって，このような教育史の役立ち方は，あまりに慎み深く，後ろ向きなものと感じられるかもしれません。しかし教育が権力である以上，とくに公教育が国家権力の行使の一形態にほかならない以上，自分が行使する権力をどう縛るかを心得るということは，教育に携わろうとするすべての人々にとって，重要な事柄であるはずです。

▎過去と未来をつなぐこと▎

　最後に，教育史が果たすことができる，より積極的な役割を考えることもできます。それは，過去に生きた人々が教育に託した希望や願いを，現在に生きる私たちが受け取ることができるようにするという役割です。もちろん偉大な思想家の教育思想や，それらが政治的な過程を経て具体化した教育法制・教育制度なども，教育への希望や願いの1つの表現であると考えることができます。しかし教育史家は歴史的な史料を駆使することによって，国民意識のような集

合的な記憶のなかで時として埋もれてしまう，個人の声や想いをすくい上げることもできるのです。

　歴史に名を遺すことなく，断片的な史料を除けばその痕跡が残っていない人々，歴史のなかでその声がかき消されてしまった人々の想いや経験を復元しようとする「下からの歴史」は，私家文書を中心とする細かな史料を丹念に掘り起こし，その信頼性を丁寧に検証するという作業（聞き慣れない言葉かもしれませんが，このことを「史料批判」といいます）を伴います。きわめて骨の折れる仕事ですが，しかしそれは教育史家にとって大きな喜びであると同時に，過去に実際に生きた人々の声を聴き取りそれに応答するという，歴史研究に携わる者固有の責任を果たすことでもあるのです。制度や思想，社会構造の変化に照準を合わせた「上からの歴史」と，それが個人にとってどのような経験として生きられたのかに関心を寄せる「下からの歴史」の両者がワンセットになってはじめて，歴史のなかの教育の意味を明らかにすることができ，その全体像を結ぶことができます。

　名もなき個人に焦点を当て，彼らが生きることに教育はどのような意味を持ったのか，彼らが直面した現実とどう向き合い，それをどのようにして乗り越えてきたのか（あるいは乗り越えられなかったのか）を問うことは，人間が学び自らを変容させる過程に関心を寄せる教育学にとって，中心的な主題を構成します。現在につながる無数の人々が，過去に「生きること」と「学ぶこと」をどのように折り合わせていたのかを知り，彼らが教育に託した希望や願いを受け取ることは，教育学者としての教育史家が果たすべき最も重要な責任の1つであるといえます。

　そして，歴史のなかで人々がよりよく生きるために教育を求めた声は，個人的なものであると同時に社会的なものでもあります。彼らは個人としてよく生きるために学びましたが，多くの場合，彼らの学びには自分の次の世代，自分が生きた後の世界がよりよいものになるはずだという確信が伴っていたからです。歴史が過去の人々の声を聴くことであり，教育が未来の人々に希望を託すことだとするなら，この2つの行為を媒介する教育史は教育学にとって役に立たないどころか，最も教育学らしい教育学だといえるかもしれません。

4 教育史を学ぶ意義② ⬛市民にとって／歴史家にとって

非専門家が教育史を学ぶということ

　ここまで，教育学のなかの教育史という前提をやや強調しすぎてしまったかもしれません。たしかに本書は主要な読者として，教育学あるいは教職課程を学んでいる大学生を想定しています。しかし，本書は必ずしも教育史の標準的な教科書——ある分野の基本的な事項を過不足なく網羅してわかりやすく説明するための本——であることを目指していません。以下の各章の叙述や，とくに参考文献を見てもらえばわかるように，教育史はもはや教育学者だけが研究する対象ではありません。現在では，歴史学，社会学，経済学，政治学など多様な背景を持つ歴史研究者によって，数多くの重要な教育史研究が蓄積されています。むしろ本書は文字通りの意味で，入門書でありたいと思っています。つまり，教育史へと通じるさまざまな門のありかを示し，みなさんがそのなかに入ることを応援するものでありたいということです。この意味では，本書は必ずしも教育学という分野を専門として学んでいる学生に限らず，教育に関して多様な関心を持つ幅広い読者に開かれています。

　なぜ読者のみなさんが，わざわざ本書を手にとって，教育史の門をくぐろうと思ったのか，その理由はさまざまでしょう。そしてもし読者であるあなたが，狭い意味での教育専門家やその予備軍ではないとしても，むしろそんなあなたにとってこそ，本書は読む価値がある本でありたいと思っています。最近，ヤニス・バルファキスというギリシャの経済学者が，10代半ばの彼の娘に向けて，できるだけ専門用語を使わずに経済について語るという形式の一般書を書いて話題となりました。なぜそのような本を書こうとしたのか。それは彼が，「昔から，経済学者だけに経済をまかせておいてはいけないと思っていた」からだそうです。バルファキスは次のように述べています。

　　この本は，経済学の解説書とは正反対のものにしたいと思った。もしうまく書けたら，読者の皆さんが経済を身近なものとして感じる助けになるだ

ろう。それに，専門家であるはずの「経済学者」がなぜいつも間違ってしまうのかもわかるようになるはずだ。

　誰もが経済についてしっかりと意見を言えることこそ，良い社会の必要条件であり，真の民主主義の前提条件だ（略）専門家に経済をゆだねることは，自分にとって大切な判断をすべて他人にまかせてしまうことにほかならない（バルファキス［2019］2-3頁）

　ここで「経済」を「教育」に置き換えれば，バルファキスのいっていることは，この本のねらいとほぼ重なります。日本の教育改革は，少なくともここ30年以上にわたって迷走を続け，教育をより充実させるために振り向けることができたはずの政治的・経済的・知的資源を，いたずらに浪費してきてしまいました。この「改革」の悲惨な内実を見れば，自称専門家（教育学者，教育評論家，有識者，校長，教育委員会，文部科学官僚など）だけに教育を任せておいてはいけないということは，はっきりしています。

　しかし他方で，「だから専門家は信用できないんだ」「奴らはしょせん既得権益の受益者としてポジショントークをしているだけなんだ」として専門家の知見を拒否し，シロウト教育論が幅を利かして政策を左右するようになると，もっと乱暴でデタラメな帰結がもたらされてしまいます。批判をしている「風」の教育学者が教育改革に利用されてしまったのは，まさにこうした文脈においてでした。専門家支配からの脱却（民主化）が必要だという彼らの主張は，専門家たちの既得権益を壊す＝規制緩和が必要だ（新自由主義化）というロジックにすり替えられてしまったのです。むしろ日本における教育改革のデタラメさは，それが教育専門家によって推進されたからというよりも，専門性の程度が著しく低い，専門家の名に値しないようなレベルの似非専門家や御用学者が，シロウト教育論やそれを背景にした政治権力に追従することで招き寄せてしまった厄災です。ちなみに，アクティブ・ラーニングであれ小学校英語の教科化であれ大学入試改革であれ教職課程コアカリキュラムであれ，その道で着実なアカデミック・キャリアを積み，かつ学者としての良心を持ち合わせた専門家たちは，きちんとした根拠を提示しつつ，これらのデタラメな改革案を的確に批判していたことを銘記しておきましょう（小針［2018］；寺沢［2020］；南風原［2020］；油布［2013］；藤田［2014］；広田［2019］）。

もちろん，私たちの多くは専門家ではありません。たとえある人が特定の事柄の専門家であったとしても，別の事柄については非専門家です。しかし，非専門家だからといって，賢明な判断ができないわけではありません。すべてを専門家に丸投げしてしまうのではなく，かといって専門家をまるきり無視してしまうのでもなく，専門家をうまく使いこなす——これができる知的な人々が，ある程度の厚みで社会に存在するということが，民主主義の強度を左右します。民主的な意思決定を賢く行うために求められるのは，「どの専門家のいうことがより筋が通っているのか」「どの専門家の説明が，より多くの，よりしっかりとした証拠や論拠に基づいているのか」「どの専門家の主張が，より多くの視点からより複雑にものを考えているのか」をじっくりと見極めることです。逆にいえば，たとえ自称専門家のそれらしい主張であっても，論理が一貫していない，明確な証拠や根拠を示していない，特定の立場や多数派の人々しか念頭に置いていない，単純で一面的な主張の限界や欠陥を指摘し，それを拒否することです。

　これは，批判的にものを考えるということそのものです。教育は誰もが経験する身近なものですが，他方で「よい社会の必要条件であり，真の民主主義の前提条件」でもあるがゆえに，読者のみなさんが批判的思考を鍛え，賢い市民になるためのトレーニングの題材として適切なものだと思います。そして，バルファキスの本が実質的に経済史であるように，教育史という回路は，「専門家であるはずの『教育学者』がなぜいつも間違ってしまうのか」を理解するために，知的な非専門家——つまり読者のみなさん——が進むべき最適なルートの1つでもあります。本書全体がそれを示すでしょう。

歴史学者が教育史を書くということ

　（未来の）賢い市民のほかに，本書が想定している教育専門家以外の読者は，（プロとアマチュアを問いませんが）歴史研究者です。本書は，歴史学の一ジャンルとしての教育史入門であることも目指しています。歴史研究を志す読者にとっては，教育というテーマが歴史学全般を学ぶうえで，あるいは歴史研究を行ううえでどのような意義や利点があるのか，ということが問題になるでしょう。以下では少し専門的な研究史の話をしますので，歴史学になじみのない方は，難しければ今は読み飛ばすか，あるいはさらっと流し読みをする程度で先に進

んでもらっても大丈夫です。この本の各章や，とくに**終章**でこの部分に関連した議論を改めて行いますので，この本を最後まで読んだ後に以下の部分をもう一度読み直してもらえれば，理解が深まると思います。

　先に，現在では教育学者以外にも，多くの歴史研究者が教育史研究を行っていると述べました。しかしこうした事態が生じたのは，比較的最近のことです。欧米の歴史学では1970年代前後に，とりわけ近現代史研究の領域において，教育史への関心が高まりました。日本で歴史学者が本格的に教育史研究に参入するようになったのは，1980年代以降のことです。

　歴史学者によって進められてきた教育史研究には，大きく分けて3つの潮流があります（橋本［2007］）。1つめは，ナショナリズム研究・国民国家論です。国民国家の基盤となっている「自分は○○人である」という帰属意識は決して歴史上普遍的なものではなく，「国民」（nation）とは近代において発明された一種の人工物である。この構築主義的なナショナリズム論は1980年代に唱えられ，現在では多数の研究者が受け入れる定説となっています。そして，人々を「国民」へと変えていく（国民化）機能として注目されたのが，国家教育としての公教育でした。こうした観点からは，学校や家庭やメディアなどが，国民語や国民史の教育を通じて，国民を創り出す装置として主題化されることになりました。

　2つめの潮流は，規律化（紀律化）論です。この議論は，人々の日常生活のありようや感受性が歴史的に変化したことに注目します。たとえばスポーツは，古代から近世まで暴力や死と密接に結びついた娯楽でした。暴力を抑え，ルールとフェアプレイの精神に従って行われるスポーツを「楽しい・快い」ものと感じるメンタリティは，近代になってはじめて獲得されたものです。人々のものの感じ方や振る舞いの規制は，突き詰めれば人間が自分の感情や身体や暴力を飼い慣らし制御するようになる過程であり，それこそが市民社会や官僚制，工場制生産の場などに人々を適合させること，すなわち近代化の本質的な要素であると考えるのが規律化論です。この視点からは，文化の文明化や家庭と学校双方における「しつけ（ディシプリン）」が，近代化の主要な要因として考えられることになります。

　3つめの潮流は，再生産論です。この場合の再生産とは，社会階級の間の不平等な関係が，ある世代（親）から次の世代（子）へと受け継がれることだと

考えてください。社会的地位の再生産は，自由主義と能力主義を基礎とする社会体制では理論的にありえないはずです。しかし実際には，現在に至るまでこの再生産が確固として存続していることは，社会学的な調査で繰り返し明らかにされています。身分制を廃止して能力主義へと転換したはずの近代社会において，なお社会的地位の世代間継承がなぜ生じるのか。とりわけ中等および高等教育が，そのメカニズムの主要な要素として注目されました。

　国民国家論，規律化論，再生産論を枠組みとした教育史研究が 1980 年代ごろから本格的に取り組まれたことには，同時代的な理由があります。歴史学が教育というテーマを通じて解明しようとしたのは，広い意味では近代社会の成り立ちであり，より具体的には，近代化の 1 つの帰結として，現代福祉国家が作動するメカニズムでした。1980 年代には，福祉国家に対してさまざまな批判がなされるようになります。そしてその批判は，かつてのような，福祉国家は労働者階級の要求に部分的に譲歩しながらも階級的な搾取と支配を温存させた資本主義体制だ，というようなマルクス主義的な批判ではありませんでした。右派からなされたのは，福祉国家が国民に高負担を課しながら，公的部門を肥大化させ非効率的なシステムを創り上げてしまったとする，経済的・財政的な批判でした。

　しかし歴史学にとってより重要だったのは，左派からの文化主義的な批判でした。福祉国家体制における社会保障領域の公共化は，官僚機構に権力を集中させて人々の政治的な主体性を弱体化させ，社会統制を浸透させる管理のメカニズムでもあるとする政治的（必ずしも階級政治だけを意味しません）・文化的批判がなされたのです。1980 年代に教育史研究に参入した歴史学者たちは，この福祉国家批判という観点から教育史に取り組もうとしていたといえます。制度や権力政治というハードな側面だけでなく，人々の日常的な振る舞いやメンタリティにかかわる微細でソフトな側面から近代（現代）社会の仕組みを理解しようとする志向性が，教育というテーマに歴史学者が関心を払うように促しました。

　もっとも福祉国家批判というモチーフが現在でも歴史学における教育史研究を規定し続けているのかといえば，それはやや疑問です。というのも，福祉国家体制の再編と軌を一にして展開した新自由主義化とグローバリゼーションに伴って，経済格差の拡大，自然環境の破壊，反グローバリズムと排外主義的ポ

ピュリズムの台頭など，新たな問題が世界規模で生じるようになったからです。1980 年代の福祉国家批判は右派だけでなく文化主義的左派を含む思想運動でしたが，現在から振り返った場合，こうした左派的な志向性は，結局のところ新自由主義的なロジックに回収されてしまったようにも見えます。これに対して，2000 年代以降には「福祉国家批判＝新自由主義・グローバリゼーション」路線に対抗し，個別の国民国家においては福祉国家と社会民主主義の再評価・再強化を，国際的にはグローバルな公正を実現するためのインターナショナリズム（国際協調主義）を志向する知的立場が，改めて選び直されるようになっています（ジャット［2010］；ジョージ［2004］）。

　私を含めこの本の著者たちは，ちょうどこの 2 つの流れのはざまで研究者としての訓練を受けてきた世代です。つまり私たちは，1980 年代以降の福祉国家批判としての教育史研究に学びながらも，ポスト冷戦期・ポスト福祉国家期におけるグローバルな新自由主義化（と新保守主義化）という新しい世界史的な文脈に批判的に対抗し，グローバルな公正に向けて未来社会を構想しようとする知的潮流に自らを位置づけようとする点で，互いに学問的な立場を共有しています。本書の構成やテーマもまた，「ポスト福祉国家批判・ポスト新自由主義の歴史学」を目指す著者たちの姿勢を反映したものになっています。

おわりに

　本書は，全体で 4 部構成になっています。第 1 部では，教育という行為の前提となる，子どもと大人の区別を扱います。第 2 部では，教育を身につけること，身につけた教育を実際に使うという側面が検討されます。第 3 部では，教育のための特別な場所である「学校」が取り上げられます。第 4 部では，教育と社会の関係，とりわけ教育が社会をどのように変えてきたかが論じられます。終章では，教育史という視点から現在をできる限り批判的に理解することを試みます。

　各部は前半に総説的・概要的な章が設けられ，その次に，概説に関連する特定のトピックをある程度詳しく叙述する章が配置されるという構造になっています。また各章とも，特定の主題をある程度の時間と地域的広がりのなかで論じていますが，他方で第 1 部から第 4 部まで，各章は緩やかな時系列的順序で

並んでもいます。つまり，はじめから各章を順番に読むならば，ある程度通史的に読むことができますし，関心のある章から個別に読んでもらうこともできます。

参考文献 | Reference ●

- ★オルドリッチ，R.／山崎洋子・木村裕三監訳［2009］『教育史に学ぶ──イギリス教育改革からの提言』知泉書館。
- 天野郁夫［1987］『教育は「危機」か──日本とアメリカの対話』有信堂高文社。
- ブロック，M.／松村剛訳［2004］『歴史のための弁明──歴史家の仕事（新版）』岩波書店。
- 遅塚忠躬［2010］『史学概論』東京大学出版会。
- ★藤田英典［2014］『安倍「教育改革」はなぜ問題か』岩波書店。
- ジョージ，S.／杉村昌昭・真田満訳［2004］『オルター・グローバリゼーション宣言──もうひとつの世界は可能だ！もし……』作品社。
- 南風原朝和［2020］「大学入試改革を『私的に』ふり返る」『現代思想』第48巻第6号，39-50頁。
- 浜井浩一編著［2006］『犯罪統計入門──犯罪を科学する方法』日本評論社。
- ★橋本伸也［2007］「歴史のなかの教育と社会──教育社会史研究の到達と課題」『歴史学研究』第830号，1-11頁。
- ★広田照幸［2001］『教育言説の歴史社会学』名古屋大学出版会。
- 広田照幸［2003］『教育には何ができないか──教育神話の解体と再生の試み』春秋社。
- 広田照幸［2019］『教育改革のやめ方──考える教師，頼れる行政のための視点』岩波書店。
- 岩下誠［2015］「教育学的保守主義を埋葬する──教育思想史はなぜ『危機の思想家』中心史観に囚われるのか」『近代教育フォーラム』第24巻，74-83頁。
- ★岩下誠［2019］「西洋教育史──教育社会史研究の誕生と終焉？」下司晶ほか編『教育学年報11 教育研究の新章』世織書房，所収。
- ジャット，T.／森本醇訳［2010］『荒廃する世界のなかで──これからの「社会民主主義」を語ろう』みすず書房。
- 金澤周作監修／藤井崇・青谷秀紀・古谷大輔・坂本優一郎・小野沢透編著［2020］『論点・西洋史学』ミネルヴァ書房。
- 小針誠［2018］『アクティブラーニング──学校教育の理想と現実』（講談社現代新書）講談社。
- ★教育史学会編［2007］『教育史研究の最前線』日本図書センター。
- ★教育史学会編［2018］『教育史研究の最前線Ⅱ』六花出版。
- マゾワー，M.／中田瑞穂・網谷龍介訳［2015］『暗黒の大陸──ヨーロッパの20世紀』未來社。
- ★中内敏夫［1992］『新しい教育史──制度史から社会史への試み（改訂増補）』新評論。
- 小田中直樹［2004］『歴史学ってなんだ？』（PHP新書）PHP研究所。
- 佐藤秀夫［1987］『学校ことはじめ事典』小学館。
- 佐藤秀夫［2000］『学校教育うらおもて事典』小学館。
- 寺沢拓敬［2020］『小学校英語のジレンマ』（岩波新書）岩波書店。

統計数理研究所ウェブサイト（「日本人の国民性調査」集計結果 1953～2013 年 #2.7 一番大切なもの, https://www.ism.ac.jp/kokuminsei/table/data/html/ss2/2_7/2_7_all_g.htm）。

宇野重規［2016］『保守主義とは何か――反フランス革命から現代日本まで』（中公新書）中央公論新社。

バルファキス, Y. ／関美和訳［2019］『父が娘に語る 美しく, 深く, 壮大で, とんでもなくわかりやすい経済の話。』ダイヤモンド社。

油布佐和子［2013］「教師教育改革の課題――『実践的指導力』養成の予想される帰結と大学の役割」『教育学研究』第 80 巻第 4 号, 478-490 頁。

文献案内　　　　　　　　　　　　　　　　　　　　　Bookguide ●

　　教育史家の役割や責任について議論するなら, オルドリッチ［2009］の第 1 章から始めるのがよいと思います。中内［1992］は, 教育史研究のターニング・ポイントを代表するものです。主張の是非はともかく, 日本の教育史学史を知るうえで, 一度は目を通しておいたほうがよいでしょう。

　　ここ 30 年間の日本における西洋教育史, とりわけ教育社会史のヒストリオグラフィに関しては, 橋本［2007］および岩下［2019］を, 教育史研究全般のヒストリオグラフィについては教育史学会［2007；2018］を参照してください。

　　現在の教育を論じる際にも, 歴史的な観点を持つことが重要であることを理解するためには, 広田［2001］がお勧めです。教育言説を扱った歴史社会学研究ですが, 社会構築主義を教育学研究にどのように使ったらよいのか, そのお手本としても参考になります。

　　言説ではなく教育政策や教育の実態に関しては, 藤田［2014］が手堅い経験的な手法で, 現在の日本における教育改革の根拠のなさ, 政策的な稚拙さに鋭く切り込んでいます（とくに「新しい学力」への批判は秀逸）。歴史研究の本ではないのですが, 歴史的センスが批判的な思考を支えることを示す, よい実例になっています。

第**1**部

子どもを育てる／大人になる

PART

第 **1** 章

子どもはいつ大人になった？

シチリア島の硫黄鉱山の前に佇む児童労働者たち（1899 年）
("Sicily - *Carusi* (boys) before a sulphur mine, 1899," by Eugenio Interguglielmi (1850−1911) / Public Domain)

　19 世紀末から 20 世紀初頭にかけて，西ヨーロッパ諸国では学校教育が普及し，労働者階級子弟を含めて多くの子どもたちが労働から解放され，「子ども期」を享受するようになった。しかし同時代のその他の地域に目を転じるならば，児童労働は決してなくなったわけではない。それどころか，場合によっては増加する傾向さえ見られた。たとえば，19 世紀末に西ヨーロッパで進行した重化学工業化によって，硫黄の産出地であったシチリア島では，全労働力の 20 ％以上を占める，8 万人の子どもたちが鉱山労働に従事した。西ヨーロッパにおける子ども時代の普及と，周辺地域の子ども時代の剥奪は，決して無関係の現象ではない。

はじめに

「子ども／大人」という区別は，私たちの社会がそれに基づいて構成されている重要な線引きであると同時に，教育という概念の本質を構成する要素でもあります。もしこの区別がなければ，理論的にはすべての教育を学習に置き換えてしまうことすら可能でしょう。「子ども」には知識や経験，物事を合理的に判断する能力が欠けていると想定することによってこそ，「大人」がいわば先回りをして「何をどのように学ぶべきか／何をどのように学ぶべきでないか」を決める＝教育を行うことができるわけですから。しかし，この「子ども／大人」という区別は，歴史のなかで普遍的に存在してきたものでしょうか。教育の歴史を描くことに先立って，まずは「子ども」という存在を歴史のなかに位置づけてみること，これが本章のねらいとなります。

1 子ども史研究の誕生

アリエスと子ども史研究の誕生

「子ども」という主題を本格的に取り上げた最初期の歴史研究として，フィリップ・アリエスの『〈子供〉の誕生』（原題は『アンシャン・レジーム期の子どもと家族生活』，1960 年刊）は，現在でも繰り返し言及される古典となっています。この本は，フランスを中心に，中世から近代に至る長大な期間のなかで，「子ども期」，つまり大人とは異なる特別な存在として見なされる人生の時期が，いかにして生み出され広まったかを検討したものです。

『〈子供〉の誕生』では，2 つの子ども期が対照的に示されます。アリエスによれば，中世において，大人とはっきり区別される人生の時期は乳幼児期（およそ 7 歳まで）に限られていました。7 歳以上の子どもは「小さな大人」として扱われ，大人たちと仕事や遊びをともにしました。公的生活と私生活の区別は曖昧で，人々は血縁関係にない者とも共同生活を送っていました。世界は小さな大人たちにも開かれており，それが全体として小さな大人たちを一人前に社

会化する役割を果たしていたというのです。7歳以上は「小さな大人」だというなら，現在の日本の小学生のほとんどは中世ヨーロッパでは大人だったことになります。つまりアリエスに従えば，中世ヨーロッパ社会は，現在のような子ども期という概念を持っていませんでした。かくして，アリエスは大胆にも「中世に子どもは存在しなかった」と述べています。

ところが17世紀に重大な変化が生じます。フランス語圏の思想家たち（モラリスト）を中心に，子どもを保護と教育が必要な存在と見なす意識が生まれてきます。こうした意識を反映したのは，学校と家族でした。学校はあらゆる年齢の人々が学ぶ場ではなく，子どもを対象にする制度であるという考え方が広まり，従来の徒弟修業に取って代わっていきます。学校の変化と軌を一にしながら，中流層の家族にも変化が生じます。曖昧であった家族と家族外部の世界の間には明瞭な境界が引かれるようになり，家族は子どもを中心とする私的領域として社会から隔離され始めます。学校と家族を舞台として「労働／遊び」「社会／家庭」「公／私」「大人／子ども」という境界線が明確化され，最終的に「労働に従事し，子どもに教育と保護を与えるべき大人／労働から解放され，大人から教育と保護を受けるべき子ども」という，私たちになじみの考え方が全般化する。これがアリエスの描く歴史であり，この歴史叙述に従うならば，子ども期，家族，学校，教育といった概念は決して歴史のなかで普遍的に存在してきたものではなく，近代ヨーロッパという特定の時代と地域に生み出されたものだということになります（アリエス［1980］）。

▎アリエス説の背景と受容▎

ここで注意を払うべきは，アリエスは彼が描いた子ども期の歴史を肯定的に捉えていたわけではないということです。アリエスによれば，現在の家族や学校は子どもを実社会から隔離して道徳化・規律化する場になっている。そして実は，子どもや私的領域から明確に区別され，公的領域に居場所を割り振られた大人の生き方そのものも貧しくなっている。大人と子ども双方が生きることを窮屈で貧しいものにさせた元凶こそ，教育史家が称賛してきた近代（教育）にほかならない，というわけです。

近代に対するアリエスの否定的評価は，彼の政治的立場と関連していました。アリエスは王党派の家庭に育ち，アクション・フランセーズという国粋主義団

体で活動する右翼でした。アリエスの生家には多くの人々が出入りし，幼いア
リエスも多様な社交の機会を持っていたらしいのですが，こうした家庭背景と
政治的信条を持つアリエスにとって，近代家族や近代学校は，子どものためと
いう保護主義（パターナリズム）を装いながらも，むしろ子どもから豊かな人間関係や社会経験を
奪うものと映ったようです。一見荒唐無稽に思えますが，現在の日本でも，
「伝統」を重んじる自称「保守派」の人々は，アリエスと同じようなことをい
っています。たとえば，「昔は地域社会や大家族が子どもをきちんと育てていた
たのに，現在は核家族化が進んで地域社会との関係が希薄化してしまった，だ
から子どもが過保護に扱われてダメになっているんだ！」というような話を聞
かれることがありますよね。『〈子供〉の誕生』の通奏低音は，まさにこうした
通俗的な保守主義にあります。

　しかし面白いのは，『〈子供〉の誕生』は保守主義ではなく，むしろ同時代の
革新的な学問潮流において評価されたがゆえに，子ども史研究のブレイクスル
ーとなったということです。発表当初，フランスではほとんど反響を呼ばなか
ったこの著作を熱心に受容したのは，フェミニズムの影響を受けたアメリカの
新しい家族社会学でした。同時代の構造機能主義に基づくアメリカ家族社会学
は，家族を社会の普遍的な単位としたうえで，その主要な機能を成人の情緒的
安定と子どもの社会化であるとしました（パーソンズ＝ベールズ［2001］）。この
ような想定は，性別役割分業に基づく核家族こそが「普通の」家族であり，そ
うした「普通の」家族においてこそ子どもは健全に成長する，という含意を伴
っていました。核家族や子どもへの態度の歴史性を唱えた『〈子供〉の誕生』
は，既存の学校や家族を当然のものと見なす旧来の学説に対して，新しい家族
社会学が異議を申し立てる根拠として利用されたのです。

　さらに広い文脈を考えるならば，1960 年代から 1970 年代のアメリカでは，
ベトナム反戦運動，学生運動や女性解放運動のうねりがありました。既存の社
会秩序に懐疑の眼差しを向け，それを歴史的に相対化する子ども史研究は，こ
の新しい社会運動と共振する形で幅広い学問分野に強い影響力を持つことにな
りました。保守の立場から著された『〈子供〉の誕生』が，革新派の文脈で高
く評価されて子ども史や教育史の古典となったという逸話は，歴史がいかに逆
説を含んで展開するかということを示す好例でもあります。

アリエス批判と 子ども史研究のセカンド・ステージ

子ども期は中世にも存在した

　アリエスの著作はアメリカを経由して再発見・再評価され，1970 年代には ロイド・ドゥモース，エドワード・ショーター，ローレンス・ストーンらによ って，家族の感情史と呼ぶべき研究が生み出されました。しかし 1980 年代以 降，アリエス的な歴史解釈への疑問や批判が次々に寄せられるようになります。

　シュラミス・シャハーの『中世の子ども期』（1990 年刊）は，中世史家によ るアリエス批判の集大成とも呼ぶべき著作です。12 世紀から 15 世紀までの西 ヨーロッパ全域を対象とするこの本のなかで，シャハーはアリエスが「存在し ない」と断じた中世における多様な子ども期の存在を明らかにしています。教 訓本，医学本，諺，病院やギルドの記録，聖職者による著作などの史料を検討 した結果，シャハーは，中世ヨーロッパの著述者たちは成人期とは異なる年齢 段階として子ども期を認識していただけでなく，それを 3 つの段階に分けて理 解していたと述べています。7 歳までの幼児期（infantia），7 歳から 12 歳（女 子）もしくは 14 歳（男子）までの子ども期（pueritia），そして 12 歳以降，相続 や結婚するまで続く若者期（adolescentia）です。とりわけ教訓本の著者は，幼 児期と子ども期の違いを，道徳的な判断能力の有無に重ねて理解していました。 また，子ども期と若者期は教育に適した時期であるとも考えられていました。 たとえば中世イタリア出身の神学者であり，後にイギリスに招かれカンタベリ ー大司教となった聖アンセルムスは，7 歳以下の子どもは柔らかすぎて形をつ くることができない蠟のようなものであり教育をするには不向きだが，子ども 期や若者期は「柔らかくも固くもない蠟であり，教育をすることができる」と いっています（Shahar [1990]）。中世において子ども期は存在しないどころか， ライフサイクルの諸段階として認識され，教育可能かどうかという基準で区別 されていたことがわかります。

　他方，リンダ・ポロクの『忘れられた子どもたち』（1983 年刊）は，親子関

係の実態に迫ることでアリエスやストーンを批判する試みです。1500年から1900年までの日記や書簡を膨大に読み解きながら，ポロクはいつの時代でも親は子どもの死に対して大きな悲しみを抱いていたこと，親は子どもに対して愛情に満ちた配慮を行っていたことを実証的に示しました。とくに近世および近代イングランドの史料を集中的に検討しつつ，ポロクはこの時代に親が子どもを扱う方法に変化はないこと，むしろ歴史を通じて親子関係は連続性を強く持っていることを主張しました（ポロク［1988］）。

　もっとも，史料の性格上，ポロクが検討したのは読み書きのできる上流階級の親に限られており，彼らが社会全体を代表するというよりもむしろ例外的な存在であった可能性を完全に否定することはできません。ただし，その後の研究の進展により，中世から近世においても親が子どもに愛情を持ち特別な配慮を行っていたという史料は多数発見され，ポロクの議論を補強することになります。

┃ 核家族は近世にすでに存在した ┃

　アリエス説は，家族の形態について誤った想定をしているという点でも批判されました。『〈子供〉の誕生』の第3部は家族を扱っていますが，そこでアリエスが想定していた「伝統的」家族は，複数の夫婦やその親族にとどまらず，奉公人，徒弟，友人までが同居する大家族のイメージでした。こうした大家族が近代になって核家族化し，社会から切り離されて私的領域化したというわけです。しかし1980年代以降，ヨーロッパでは教区簿冊（現在の住民台帳のようなものです）という史料を用いることで，人口や家族に関する量的研究が飛躍的に進展します。これら人口動態史や歴史人口学が明らかにしたのは，北西ヨーロッパにおいては，産業革命が始まるはるか以前から核家族化が進んでいたという事実でした。アリエスが依拠していた「核家族は近代の産物である」という前提は，ほとんど支持できないということが明らかになったのです（斎藤［1988］；マクファーレン［1999］）。

　16世紀から19世紀までの北西ヨーロッパを対象とした人口動態研究は，家族と子どもに関して次のような知見を提出しています。第1に，中世から近世における高い乳幼児死亡率です。1600〜1749年のイギリス乳児死亡率（1歳以下）は1000人当たり250〜340，17世紀末のフランスは200〜400，18世紀末

スウェーデンでは200となります。北西ヨーロッパ全体の乳幼児死亡率は19世紀においても比較的高い150〜170で推移していました。1歳以降の子どもの死亡率が低下するのも，18世紀になってからでした。

　第2に，死亡者の最も多くが子どもであったにもかかわらず，社会全体に占める子ども（14歳まで）の人口は，非常に高いものでした。全人口の3分の1から4分の1が子どもであった地域すらありました。このことは，子どもが早い年齢から家計に貢献する（家計の負担にならない）ことが期待されていたことを示します。

　第3に，子どもが成人になる前に，両親のどちらかまたは両方を亡くす確率はきわめて高いものでした。18世紀半ばのイギリスで生まれた子どもは，10歳ころまでに14％，15歳までに20％が片親を亡くしました。ただし家族は頻繁に再婚したため，子どもが両親を亡くして孤児になるという可能性は低かったようです。全結婚数の4分の1から3分の1は再婚で，義父，義母，義理のきょうだいと暮らす子どもはきわめて多かったのです。

　第4に，きょうだいの年齢間隔の広さがあげられます。高い死亡率に加えて，10代のある時点で子どもは生家を離れて奉公人の生活に入ることが一般的でした（生家を去ることが家計に貢献する最も簡便な手段だったからです）。子どもの高い死亡率とこのような慣行が相まって，最年長の子どもは最年少の子どもが生まれるころにはすでに生家を出ていました。したがって，子どもが多くのきょうだいに囲まれて過ごすことはそれほどありませんでした。先に述べたように，この時代の家族は単婚核家族が多数で，祖父母と同居をすることは稀でした。夫婦と1人ないし2人の子どもからなる核家族，すなわち今日の一般的な家族に近い状態が，多くの庶民の家族の日常的な姿であったということになります（カニンガム［2013］）。「昔の子どもは，大家族の豊かな人間関係のなかで健全に成長していた」などという俗説は，少なくとも北西ヨーロッパに関しては，ほとんど根拠のない言明であることがわかります。

▎学校は規律化の場所だったのか▎

　では，アリエスが注目した子ども期をめぐるもう1つの制度である学校は，近世ヨーロッパにおいてどのような状況にあったのでしょうか。アリエスが想定していたのは社会の中上層に限られていましたが，ここで下層階級の子ども

たちに目を転じてみましょう。16世紀には宗教改革と対抗宗教改革の影響を受けて，また18世紀には実際に識字能力に対する実利的かつ世俗的な教育要求が高まったことにより，近世ヨーロッパでは学校教育が徐々に展開していきます。全般的には農業地域よりも都市部で，カトリックよりもプロテスタント圏で，また女子よりも男子の間で，就学はより進んだようです。

　就学の問題は第3部で詳しく扱いますが，ここで注意すべきは，19世紀以前のヨーロッパにおいて，子どもを学校に通わせることはあくまでも各家族の主体的な判断の結果であって，決して外部から押しつけられたものではなかったということです。第6章で詳しく論じられますが，たしかに近世ヨーロッパでは，一部の学校が宗教的な規律化や教化のために上から組織化されます。しかし教育の大部分は，近世はおろか19世紀に至っても，私的な営利事業として営まれました。親は読み書きのような世俗的スキルを子どもに獲得させるために，あるいは子どもの世話を行う託児所の役割を期待して子どもを学校に通わせたのであって，道徳化や規律化のためにそうしたのではありません。もっとも，授業料の多寡，あるいは就学することで失われる子どもの稼ぎなどを比較考量するということが常に付いて回った結果，子どもの通学は多くの場合断続的かつ不規則なものになりました。農業地域の学校教育は農閑期である冬季に限られていましたし，凶作による食料価格の高騰や，児童労働の機会の増加などによって，子どもの就学は大きく左右されました。都市部ですら，学校に3年以上通う子どもはあまり多くなかったようです（カニンガム［2013]）。

　総じて，アリエスの提示した命題はその後の研究の進展によって批判され，そのまま維持できるような状況ではありません。『〈子供〉の誕生』公刊50周年記念企画として雑誌『子どもと若者の歴史』に論文を寄せた子ども史家コリン・ヘイウッドは，アリエスが提示した「近代的子ども期」や「近代家族」といった概念は，もはや敬意を払ったうえで廃棄すべきであるとすら論じています（Heywood［2010]）。

┃ 近世日本の人口動態に見る家族と子ども ┃

　ここで少し視点を移して，日本における家族および子どもについても触れておきましょう。まず，近世日本では，複合家族から比較的小規模な直系家族への転換が生じました。私たちがしばしば伝統的な日本の家族としてイメージす

る親子3世代からなる家族は決して古くからの伝統ではなく，近世において現れた新しいタイプの家族形態であるといえます。この直系家族では，土地相続や家の継承をさせるという観点から，子どもに大きな関心が払われるようになりました。近世に子育て書が大規模に流通するようになるのも，こうした背景に由来します。

　もっとも，このことはアリエスのいう「近代的子ども期」が近世日本でも誕生していたことを必ずしも意味しません。子どもは家の継承のための資源であり，また将来的な労働力としての価値が大きかったからです。また女性自身が貴重な労働力でもあったことは，妊娠・出産と農業労働との間に鋭い矛盾をもたらしました。農民たちはいつ，何人の子どもをどのくらいの間隔で産むかということに自覚的にならざるをえませんでした。したがって，農村家族では堕胎や間引き，あるいは授乳期間の延長による避妊などの手段でバース・コントロールがなされていたことが推測されています。近世後期には意外なことに出生率は高くありませんでしたが，それはこうしたバース・コントロールの1つの帰結であるとともに，江戸時代後期が人口の停滞期であった理由でもあります。

　近世後期には，幕府や各藩が子殺し禁止政策や捨て子養育政策を展開し（▶第2章），妊娠時から女性の身体を管理しようとする体制をつくろうとしました。並行して育児手当を支給した事例もあり，武士や農民の家族に，2人めないし3人めの子どもが3歳になるまで養育料を支給したこと，また支給にあたって困窮度だけでなく，受給対象者のモラル（農民の場合は年貢をきちんと納めているとか，武士の場合は勤務態度がよいなど）が厳しく吟味されたことは興味深い事例です。藩の側にも子ども数が3人以上になることは家族の危機であるという認識があったことと，また子どもの養育を通じて民衆の道徳化や規律化を目指そうとしていたことが推測されます。いずれにせよ，生命への公的介入の存在それ自体が，女性自らの生命，また家の存続のためにバース・コントロールをしようとする家族と公的権力とのせめぎ合いを反映したものと考えることができるでしょう（沢山［1998］）。

　近世家族が家族成員の労働力を最大限に活用する経営体であった以上，子どもたちも労働から逃れることができたわけではありませんでした。子どもたちの多くは7歳ごろから補助的な農作業に従事しましたが，これは労働力をあて

にされたという以上に，一人前になるための準備という意味合いもあったようです。さらに，10代前半で生家から離れ奉公に出る子どもたちも決して少なくありませんでした。商家への丁稚奉公や年季奉公，職人の徒弟奉公から単純労働である子守奉公まで，奉公の種類はさまざまでしたが，いずれも過酷な状況のなかでの労働であったことは共通していました。

3 子ども期の「普及」と子ども史研究のサード・ステージ

▌子ども史の新しい時期区分 ▌

再びヨーロッパにおける子ども史研究に戻りましょう。ヘイウッドが総括するように（Heywood［2010］），現在は「中世における子ども期の不在／近代における子ども期の発見」というアリエス説が否定されると同時に，単一の「ザ・子ども期の発見」ではなく，複数形の「子ども期の発見」が論じられるようになっています。しかし，古代，中世，近世にもそれぞれの子ども期が存在していたとするならば，総体として子ども史の時代区分はどのようになされるべきなのでしょうか。

1990年代以降，子ども史研究では，時代区分に関する新しいコンセンサスが生まれているようです。具体的には19世紀末から20世紀初頭，つまり前世紀転換点を子ども史上の画期とするという時代区分が提唱されています（Hendrick［1997］）。なぜこの時期が画期とされるようになったのでしょうか。その理由としてはまず，1990年代以降の子ども史が，子ども期の「起源」ではなく，子ども期の「普及」へと関心を移したことがあげられます。中世にも古代にも子ども期が存在したのであれば，子ども期の起源探しはあまり意味を持たなくなります。したがって，人口の大多数を占める労働者階級や女子を含め，社会における大部分の子どもが実際に子ども期を送ることができるようになった時期を画期とするのは，ある意味で当然の時代区分の仕方であるといえるでしょう。

しかしこの新たな時期区分の提唱は，アリエス説の批判的継承という側面も

あります。「中世に子ども期は存在しなかった」という不用意なテーゼがほぼあらゆる子ども史家から棄却されたとしても、アリエス説は重要な視点を提示していました。それは、子ども期とは、子どもを取り巻くさまざまな制度によって構築される1つの社会的制度である、という構築主義的な視点です。1980年代までの子ども期をめぐる論争は、親の子どもに対する愛情の有無を検証するという家族史中心的な研究の内部で行われていました。しかし1990年代以降の子ども史研究は、家族内部の親子関係を詳細に分析するという方法に代えて、家族と家族を取り巻く学校、福祉、労働市場といった諸制度との関係から子ども期の変化を描こうとしています。こうした諸研究から、前世紀転換点がどのような意味で子ども史上の画期といえるのか、考えてみましょう。

┃ 少産少死型社会への転換 ┃

人口動態から見た場合、19世紀ヨーロッパは、少産少死型社会へと転換します。もっとも近代以前の西ヨーロッパにおいても、晩婚や生涯未婚率が高いという婚姻パターンが原因で、全体の出生率はそれほど高くありませんでした。しかし19世紀の低出生率は、結婚を遅らせる、あるいは結婚しないことではなく、結婚した家族内部で子どもの数を制限する（意図的に避妊する）ことが普及したことに起因します。地域と階層によってその普及の程度は異なりますが、地域的には北西ヨーロッパから南欧、東欧・ロシア、階層的には上流階級から中流、下層という順に、しかし19世紀末にはヨーロッパ（およびアメリカ）全域にわたってバース・コントロールが広く行われるようになりました（速水[2003]）。

なぜこのような変化が生じたのかを、1つの要因で説明することは難しいようです。これまでの研究では、若者が移動するようになったこと、都市化によって家族や共同体における、避妊を忌避するといった伝統的規範が力を失ったこと、乳幼児死亡率が低下したことによって、多産へのインセンティブが低下したことなどがあげられています。しかしここでの議論で重要なのは、社会の変化によって子どもが教育を受ける重要性が増加したこと、またそれに伴って子育て費用が上昇したことです。いわば「少なく産んで大事に育てる戦略」を労働者家族も採用するようになったことは、家族における子どもの地位にかかわる重大な変化でした。これは次で扱う児童労働の問題と密接に関係します。

児童労働の減少

　子どもに関して 19 世紀ヨーロッパで生じたもう 1 つの重大な変化は，児童労働の減少でした。初期工業化が児童労働を増大させたことは確かですが，19世紀を通じて子どもの労働開始年齢は次第に上昇し，児童労働は基幹産業ではなく周辺的な労働市場へと移されていきます。なぜこのような変化が生じたかについても，いくつかの説明がなされています。工場法などを中心に，児童労働を規制する立法措置が段階的に整備されていったことはよく知られていますが，むしろ現在では，そうした立法措置が行われる以前から児童労働は減少していたと考えられています。

　なぜ児童労働が法的規制に先行して減少したのでしょうか。社会経済的な観点からは，2 つの説明がなされています。第 1 に，19 世紀後半から重化学工業化が進行し，児童労働の価値が減少したこと。これと関連して第 2 に，子どもに労働させるよりも教育投資を行うことが有利になったため，家族は合理的な選択の結果として就学をさせるようになったことです。経済史的な観点からは，児童労働を減少させた要因は子どもに対する親の感情や心性の変化ではなく，子どもが労働市場との関係で持つ価値の変化であり，つまりは経済成長と重化学工業化だということになります（ナーディネリ［1998］）。

　もっとも，すべてを社会経済的な要因に帰すことができるわけではありません。子どもが世帯経済に貢献しなくなっていく過程は，むしろ子どもにある種の宗教的・感情的意味が与えられる過程でもありました。かつて経済的な価値と考えられていた子どもは，前世紀転換点には経済的に無価値となり，むしろ経済的に無価値であるからこそ感情的にきわめて価値の高い存在として捉え直されるようになります。これを歴史社会学者ヴィヴィアナ・ゼライザーは「子どもの神聖化」と呼んでいます。親子関係，とりわけ家父長的権力関係から脱して家族が民主化していく過程は，この「子どもの神聖化」を 1 つの契機としているようです（Zelizer［1985］）。

学校教育の普及と「学童」としての子ども期

　前世紀転換点は，ヨーロッパにおいて，基礎教育段階の就学がある程度普遍化した時期でもありました。学校に通うということは，それだけで児童労働か

ら一定期間解放されるということを意味します。さらに 19 世紀末までに私塾をはじめとする非正規セクターが消滅し，労働者階級の子どもたちが自らの文化とは異質な公立学校に通うようになったということも，学童としての子ども期の経験の内実を探るうえで重要な論点です。

　アリエスにいわせれば，この時代に公立学校制度が全般的に普及したことによって，労働者階級の子どもたちは完全に学校に閉じ込められ，中産階級的な規律を植えつけられるようになったということになるのでしょう。実際に学校をめぐるさまざまな紛争を，階級間対立として解釈する研究もなされています（ハンフリーズ［1990］）。しかし，すべての子どもたちが学校を忌避したり，嫌悪したわけではありませんでした。むしろ，イギリスの公立学校に通った第一世代を対象とした最近のオーラル・ヒストリー研究は，「喜んで学校へ通う」労働者階級の子どもたちの経験を明らかにしています。教育内容や方法に非常に差異があった——劣悪なものも少なくなかった——私塾とは異なり，公立学校の教師は正規のカリキュラムに従いつつも，しばしば独自の改善や変更を加えて生徒の知的好奇心を刺激したり，図書館や新聞など，他の知的資源へのアクセスを学ばせたりしていました。また，暖房や照明などを含めて公立学校が提供した学習環境や共感的な教師の存在は，困難な家庭状況を抱えた子どもにとって保護膜としての役割を果たしました。大部分の子どもは学校生活に喜びを感じていましたが，男子に比べて教育機会が制限されていた女子にとっては，とくに学校への満足度は高かったようです。このことは，学校教育が家庭とは異なる子ども期を提供したこと，またそこでの子ども期がどう経験されるかは，個々の子どもの家庭状況や離学後の教育機会の有無によって異なりうることを示唆しています（Rose［2010］）。

　同じような現象は日本でも確認できます。とくに農村の子どもたちにとって，学校は規律と抑圧の場というよりも，村の労働とは異なる人間関係や社会関係，時間が共有でき，絶大な刺激を受けることができる特別な場所でした。第二次世界大戦期の調査では，一見意外ですが，都市部の子どもよりも農村部の子どものほうが学校で過ごす時間が長く，とくに家の手伝いをする時間が多い子どもほど学校で過ごす時間も長いということが明らかにされています。子どもたちが放課後まで学校に居残ったのは，オルガンや実験器具，地球儀などのハイカラな道具を備えた，「モダンな」学校に惹きつけられたからでした。家では

さまざまな家事労働に従事しなければならなかった彼らにとって，学校は文化的で知的な刺激を伴いながら，子ども期を享受することができる場所だったのです（大門［2019］）。

子ども期の普及／子ども期の剥奪

もっとも，先進諸国における「学童としての子ども期の普及」を単純に評価してよいかは慎重な検討を要します。ある地域での「子ども期の普及」は，別の地域での「子ども期の剥奪」と結びついている可能性があるからです。

かつての児童労働史研究で重要なテーマだったのは，「西ヨーロッパにおける児童労働の衰退」がいかに生じたか，ということでした。しかし児童労働史を牽引してきたヒュー・カニンガムによれば，現在問うべきは，「なぜヨーロッパで児童労働が減少したのか」ではなく，「西ヨーロッパ以外の地域でなぜ児童労働は存続し続けているのか」です。19世紀ランカシャーの綿工業を支えた綿花生産は，児童を含む奴隷を使役したアメリカ南部プランテーションによって，そして後にはインドとエジプトの児童労働によって支えられました。地中海の戦略拠点としてイギリスの影響下にあったシチリア島では，化学工業の発展に伴う硫黄生産の必要性が高まり，硫黄を鉱山から運搬する労働力として児童が使役されました（本章扉頁参照）。カルーシと呼ばれた子ども鉱山労働者は，19世紀末にはシチリア島の全労働力の20％以上を占めるに至り，延べ8万人の子どもたちが鉱山労働に従事しました。植民地や従属地域は，本国や中心地域の孤児や浮浪児を福祉の名のもとに送り出し，労働に従事させる場でもありました。19世紀，ニューヨークを拠点とする子ども支援協会は6万人の子どもを農業労働者として主に中欧諸国へと送り出し，イギリスでは8万人の子どもがカナダへと半ば強制的に移民させられました（Cunningham［2011］）。

前述したように，経済史家は西ヨーロッパの児童労働の減少を，経済成長と第二次産業革命による児童労働の価値の減少とそれに対応した家族戦略として説明しました。しかし不平等な世界システムという視点を導入するならば，児童労働を一国内部の社会経済的な要因に帰すこうした説明はきわめて不十分であることがわかります。仮に児童労働が工業化と経済成長を主たる要因として減少したのだとしても，中核地域での児童労働の減少が，一次産業を強いられて世界システムに組み込まれた周辺や半周辺での児童労働の存続や増加と結び

ついていたのだとすれば，一国史的な観点からのみ児童労働の増加や減少を論じることには大きな限界があることになるからです。そしてこの構造は，現在に至っても，発展途上国における児童労働の偏在という形で影響を及ぼし続けています。国際労働機関（ILO）の推計によれば，2017年時点で世界には1億5200万人，つまり10人に1人の子どもが児童労働に従事しています。児童労働は低所得国，農業セクターに多く，さらに強制労働，子ども兵士，人身売買，買春など「最悪の形態の児童労働」に従事する子どもも，その大部分はアフリカおよびアジア・太平洋地域に集中しています（ILO［2017］）。

おわりに　　Ⅲ▶子ども史研究とポストモダン教育学

　最後に再び日本の状況を振り返ってみるならば，アリエスの受容がポストモダン的な近代教育批判の流れのうえでなされたことは，日本の教育学にとって不幸な事態だったといわなければなりません。アリエスを起点として進められた1970年代のヨーロッパ家族史，子ども史研究を最も熱心に受容したのは教育学と家族社会学でした。先に述べたように，その背景には，この2つの学問領域において，1980年代に既存のパラダイムへの異議申し立てが開始されたことがありました。家族と学校を——それらが民主化されていれば——自明でかつ望ましい社会化の担い手として想定してきた既存のパラダイムに対して，新しい世代の研究者たちは家族と学校そのものに懐疑と批判の目を向けました。アリエスはこうしたポストモダン的な文脈にきわめて適合的な言説資源として投入されたといえます。

　しかしそれは研究の恣意的・選択的な摂取という問題と同時に，現状認識の歪みを伴いました。近代家族・近代教育の歴史的および社会的構築とその抑圧性というアリエスの命題を受容した論者たちの多くは，そうした議論を無媒介に同時代の日本と接続させ，「近代家族の終焉」「近代学校教育の限界」として家族問題や教育問題を解釈するという視点を提示しました。同時代の子どもをめぐる状況を「問題」や「危機」として捉え，その構造的な原因を「近代教育」や「近代家族」に求めるという思考様式は，1980年代から現在まで，とりわけポストモダンを標榜する教育学のなかに根強く残っています。

　しかしこのような解釈はきわめて一面的なものです。アリエスの議論が実証

的に否定されたことはここまでに十分論じてきましたが，「現在の子どもが危機にある」という前提もまた，きわめて根拠薄弱な主張であるといわざるをえません。各種統計調査を見るならば，「家族の危機」「学校教育の危機」という一般的なイメージは実態と食い違っています。たとえば，内閣府が継続的に行っている「小学生・中学生の意識に関する調査」の最新版（2014年）を見てみると，「ほっとできる場所」として子どもたちがあげている第1位は家（88.6％），第2位が学校（7.1％）で，この2つで回答のほとんどを占めています。「家庭生活が楽しい」と答える子どもは99.0％，「学校生活が楽しい」と答える子どもは96.8％となります。同調査は子どもたちの保護者にもアンケート調査を行っていますが，「子育ては，楽しみや生きがいである」と答えた親は95.5％，自分の子どもが通っている学校に満足しているという親は79.0％でした。現在の日本社会において，子どもたちの多くは家庭と学校に安らぎと楽しさを感じており，親もまた子育てを生きがいや楽しみと感じていると同時に，自分の子どもが通う学校にも信頼を寄せていることがわかります（内閣府［2014］）。

　みなさんは，こうした調査結果を意外に思うかもしれません。これらの調査結果は，学校や家庭が「危機にある」「ダメになっている」という別の種類の意識調査や，世間一般のイメージと合致しないからです。ここで，みなさん自身がこうした調査を受けたらどう答えるのか，想像してみてください。「あなたは自分の家庭や学校についてどう思いますか」と問われた場合，「親は自分を愛情豊かに育ててくれた」「自分が教わった先生は信頼できる人が多かった」と答える人が多いのではないかと思います。しかし「現在の日本の学校や家庭についてどう思いますか」と質問されたらどう答えますか。かなりの人が「家庭の教育力が低下している」とか「教師の指導力が低下している」などと答えるのではないでしょうか。前者の質問には自分の直接経験によって答えることができますが，後者の「日本社会全般」に対する評価は，間接的な情報（多くはマスコミが取り上げるセンセーショナルな，しかし例外的な事件）の影響を大きく受けてしまうので，両者は食い違ってしまうわけです。つまりほとんどの人々は「自分の家庭，自分の学校については大丈夫だが，日本社会全体は危機的状況になっているに違いない」と思っていることになります。これは，一般に喧伝される現在の「家族の危機」「学校の危機」「教育の危機」が人々の生活実感

を反映したものであるというよりは，マスコミ等のメディアによって構築されたイメージに過ぎないことを示唆しています（岩下［2014］。こうした誤認の構造は，少年犯罪や治安についての評価にもあてはまります）。

　アリエスの影響を受けた日本の教育学——とりわけ近代教育批判や近代家族批判を標榜するそれ——は，このようなマスコミ主導でつくられた危機イメージを歴史的・実証的に検証するというよりもむしろ，そうしたイメージに無批判に追従し，いたずらに危機を煽るような文脈に位置してしまいました。こうしたポストモダン的な近代批判は，臨時教育審議会（1984年）を起点として，同時代に政策レベルで進行していた新自由主義への転換を認識できなかったばかりか，現在に至っても，家族や子どもの危機を煽って改革を唱える新自由主義（と新保守主義）への対抗軸となりえず，むしろそれに棹差すような役割すら演じてしまっています。

　しかしサード・ステージ以降に行われている子ども史研究の最前線では，非合法の国際養子縁組，児童難民や強制児童移民などが主題となっており，新自由主義とグローバル化に対抗的な知見が提出されています。その成果が示唆しているのは，「保護か権利か」という子どもの処遇をめぐる問題が，一国内部あるいは先進国内部の狭義の教育問題としてではなく，不平等な世界システムにおける社会経済的な問題として検討されなければならないということです（Cunningham［2011］；ザーラ［2019］；岩下［2014］）。この問題は，第**4**部および**終**章で改めて扱うことにしましょう。

参 考 文 献 ┃   **R e f e r e n c e** ●

天野知恵子［2007］『子どもと学校の世紀——18世紀フランスの社会文化史』岩波書店。
アンダーソン，M.／北本正章訳［1988］『家族の構造・機能・感情——家族史研究の新展開』
　　海鳴社。
★アリエス，P.／杉山光信・杉山恵美子訳［1980］『〈子供〉の誕生——アンシァン・レジーム期
　　の子供と家族生活』みすず書房。
　Cooter, R., ed.［1922］*In the Name of Child: Health and Welfare, 1880–1940*, Routledge.
　Cunningham, H.［2000］"The decline of child labour: Labour markets and family economies in
　　Europe and North America since 1830," *Economic History Review*, vol. 53, no. 3, pp. 409–428.
★Cunningham, H.［2011］"Child labour's global past 1650–2000," in K. Lieten and E. van
　　Nederveen Meerkerk eds., *Child Labour's Global Past, 1650–2000*, Peter Lang.
★カニンガム，H.／北本正章訳［2013］『概説 子ども観の社会史——ヨーロッパとアメリカに

みる教育・福祉・国家』新曜社。

ドゥモース，L. ／宮澤康人ほか訳［1990］『親子関係の進化――子ども期の心理発生的歴史学』海鳴社。

ファス，P. S. ／北本正章監訳［2016］『世界子ども学大事典』原書房。

フランドラン，J. L. ／森田伸子・小林亜子訳［1993］『フランスの家族――アンシャン・レジーム下の親族・家・性』勁草書房。

橋本伸也・沢山美果子編［2014］『保護と遺棄の子ども史』（叢書・比較教育社会史）昭和堂。

速水融編［2003］『歴史人口学と家族史』藤原書店。

Hendrick, H.［1997］*Children, Childhood and English Society, 1880–1990*, Cambridge University Press.

Hendrick, H.［2003］*Child Welfare: Historical Dimensions, Contemporary Debate*, Policy Press.

Heywood, C.［2001］*A History of Childhood: Children and Childhood in the West from Medieval to Modern Times,*（Themes in History）Polity Press.

★Heywood, C.［2010］"Centuries of childhood: An anniversary – and an epitaph?," *The Journal of the History of Childhood and Youth*, vol. 3, no. 3, pp. 341–365.

土方苑子［1994］『近代日本の学校と地域社会――村の子どもはどう生きたか』東京大学出版会。

★広田照幸［1999］『日本人のしつけは衰退したか――「教育する家族」のゆくえ』（講談社現代新書）講談社。

ハンフリーズ，S. ／山田潤＝P. ビリングズリー＝呉宏明監訳［1990］『大英帝国の子どもたち――聞き取りによる非行と抵抗の社会史』柏植書房新社。

International Labour Office（ILO）［2017］" Global estimates of child labour: Results and trends, 2012-2016".

岩下誠［2014］「福祉国家・戦争・グローバル化――1990 年代以降の子ども史研究を再考する」橋本伸也・沢山美果子編『保護と遺棄の子ども史』（叢書・比較教育社会史）昭和堂，所収。

北本正章［1993］『子ども観の社会史――近代イギリスの共同体・家族・子ども』新曜社。

小山静子［1991］『良妻賢母という規範』勁草書房。

マクファーレン，A. ／北本正章訳［1999］『再生産の歴史人類学――1300～1840 年英国の恋愛・結婚・家族戦略』勁草書房。

ミッテラウアー，M. ＝ジーダー，R. ／若尾祐司・若尾典子訳［1993］『ヨーロッパ家族社会史――家父長制からパートナー関係へ』名古屋大学出版会。

内閣府政策統括官（共生社会生活担当）［2014］「小学生・中学生の意識に関する調査報告書」。

ナーディネリ，C. ／森本真美訳［1998］『子どもたちと産業革命』（技術史クラシックス）平凡社。

大門正克［2019］『民衆の教育経験――戦前・戦中の子どもたち（増補版）』（岩波現代文庫）岩波書店。

パーソンズ，T. ＝ベールズ，R. F. ／橋爪貞雄ほか訳［2001］『家族――核家族と子どもの社会化（新装版）』黎明書房。

ポロク，L. A. ／中地克子訳［1988］『忘れられた子どもたち――1500-1900 年の親子関係』勁草書房。

Rose, J.［2010］*The Intellectual Life of the British Working Classes (2nd ed.)*, Yale University Press.

斎藤修編著／P. ラスレットほか著［1988］『家族と人口の歴史社会学――ケンブリッジ・グル

―プの成果』リブロポート。

★沢山美果子［1998］『出産と身体の近世』勁草書房。

Shahar, S.［1990］*Childhood in the Middle Ages,* Routledge.

ショーター，E. ／田中俊宏ほか訳［1987］『近代家族の形成』昭和堂。

Stearns, P. N.［2006］*Childhood in World History,*（Themes in World History）Routledge.

ストーン，L. ／北本正章訳［1991］『家族・性・結婚の社会史――1500 年-1800 年のイギリス』勁草書房。

高橋友子［2000］『捨児たちのルネッサンス――15 世紀イタリアの捨児養育院と都市・農村』名古屋大学出版会。

統計数理研究所ウェブサイト（「日本人の国民性調査」集計結果 1953〜2013 年 #2.7 一番大切なもの，https://www.ism.ac.jp/kokuminsei/table/data/html/ss2/2_7/2_7_all_g.htm）。

ザーラ，T. ／三時眞貴子・北村陽子監訳［2019］『失われた子どもたち――第二次世界大戦後のヨーロッパの家族再建』みすず書房。

Zelizer, V. A.［1985］*Pricing the Priceless Child: the Changing Social Value of Children,* Basic Books.

文献案内 Bookguide ●

これまで数多くの批判がなされ，現在ではそれが提出した命題がほぼ否定されているとしても，むしろそうであればこそ，子ども史の勉強はやはりアリエス［1980］から始めなければならないでしょう。アリエスに対する歴史学的な総括は，**Heywood**［2010］がよくまとまっています。

ヨーロッパおよびアメリカ子ども史の概説・通史としては，カニンガム［2013］が信頼できる現在のスタンダードとなります。また **Cunningham**［2011］は，子ども史を世界システム論の立場から，グローバルな不平等の問題として考えるという重要な問題提起を行っています。

日本の家族や子育ての歴史については，近世に関しては沢山［1998］，近代以降に関しては広田［1999］が基本文献となります。とくに後者は「日本の家族がダメになっている」と感じている人ほど，まず手にとってみるべき文献です。

また文献ではなく映画ですが，非合法の国際養子縁組に関しては『**あなたを抱きしめる日まで**』（スティーヴン・フリアーズ監督，2013 年），強制児童移民については『**オレンジと太陽**』（ジム・ローチ監督，2010 年）が必見。過去の過ちに対して，現在の私たちはどのように応答する＝責任をとることができるのかについて，改めて考えさせられます。

誰が子どもを養育するのか

社会への包摂という視点から読み解く

絵馬「子返しの図」
(狭山市教育委員会提供)

　この絵馬は，柏原白鬚神社（埼玉県狭山市）境内にある浅間神社に奉納されたもので，江戸時代末期に制作されたものと推定されています。子返しは，生まれたばかりの子どもを殺すことを指しており，絵馬には，右側に子どもを殺そうとしている母親が，そして左側にその心の姿を映した鬼女が描かれています。表面上部には墨書で，子返しを戒める言葉が書かれています。

　　足らぬとて　まひ（間引）くこころの　愚かさよ　世に子宝と　いふをしらすや
　　罪は身に　むくうとしりて　天よりそ　さつけたまわる　子かえしをする

願主（名）

　このような絵馬は，江戸時代の人口減少地帯を中心に全国各地に残されており，柳田國男が取り上げた徳満寺（茨城県利根町）の絵馬や，恩徳寺の絵馬（山形県西置賜郡）などが有名です。

はじめに

　第1章では，これまでの子ども史研究の動向について見ていくことで，子どもの問題が「当然のように」親子関係や家族の問題と結びつけて論じられてきたこと，しかしながらその一方で，子どもの問題を，家族内部の関係性だけではなく，社会との関係，とりわけ労働市場との関係やグローバルな社会経済的な構造のなかで検討する研究もなされつつあることを確認しました。そこで本章では，第1章で示された「子どもを家族という枠組みからではなく，もっと広い社会的枠組みにおいて検討する」ことを具体的に考えてみようと思います。

　というのも，歴史をひもといてみても，あるいは現在さまざまな国でとられている政策を見ても，すべての子どもが家族の枠組みのなかで生まれ育つわけではないからです。そのことは，たとえば捨て子や養子縁組を見れば明らかです。そこにはさまざまな事情があり，ひとくくりに論じることはできませんが，別の家族に取り込まれる養子縁組はさておき，どの家族にも包摂されなかった子どもが，その後どのようにして「生きた」のか，あるいは「生きられなかった」のかは，家族を枠組みとする分析ではなかなか明らかにすることができません。さらに，別の家族に取り込まれる養子縁組であっても，捨て子が養子先の家族に引き取られる過程を辿ってみると，家族の問題としてのみ捉えることのできない社会的な文脈が存在していることがわかります。

　その一方で，子捨てという行為は，諸事情から親が行う個人的行為というだけではなく，キリスト教社会でも日本社会でも，捨てられた子どもを包摂するための受け皿を社会システムとして整えていく方向性をつくり出していきました。すなわち，子どもを捨てる行為が子どもを保護する行為を促したわけです。本章ではまず，近世日本の萩藩江戸屋敷を事例として，この捨て子保護の社会システムについて具体的に見ていくことで，子どもの「遺棄」と「保護」が表裏一体であったこと，そして捨て子保護が，その責任を負った役人や捨て子を引き取った家族だけではなく，地域のコミュニティのなかで営みとして成立していたことを確認したいと思います。

　萩藩江戸屋敷の事例は，発見された捨て子にしかるべき措置がとられたことで，地域コミュニティのなかに包摂される道があったことを明らかにしてくれ

ます。しかしながら発見された捨て子が，すべてそうした公的なシステムに引き取られたわけではありません。この点を見ていくために，第2の事例として，19世紀後半ロンドンの街路の様子を撮影した写真を取り上げます。というのも，当時のイギリスでは，捨て子や孤児は，教会や救貧院といった施設に引き取られた場合もありましたが，そのまま路上生活をしながら生き抜いた子どもも少なからずいたからです。また諸施設に引き取られた場合であっても，ある年齢になれば教区徒弟として修業に出され，そのまま地域社会で労働者として生きることになりました。この労働者としての子どもの姿は第**5**章で取り上げるので，ここではそれほど触れませんが，しかしながら，捨て子に限らず，労働者階級の子どもたちにとって，何らかの稼ぎを得ることは，自分と家族が生きていくためには必要なことでした。というのも，当時の社会状況のなかでは，父親と母親だけの稼ぎでは家計を維持できない家庭がきわめて多かったからです。19世紀ロンドンの写真から，子どもを含む労働者階級の人々の生活が垣間見えるでしょう。そうすることで，おそらくみなさんは，子どもを育てる責任は誰にあるのかという問いにぶつかるでしょう。同時に，子育て，あるいは生きるための営みが「家族」という枠組みでは捉えられないものであることにも気づくでしょう。

　こうした養育や生きることに対する「家族」という枠組みの不確かさは，当時の人々も気がついていました。とりわけ社会の安定や繁栄のために子どもの道徳性や規律化が問題視されるようになると，親や保護者がいたとしても，適切な養育を受けていない子どもは，親や保護者に代わって「誰か」が適切な養育を行う必要があると考えられるようになっていきます。「誰か」が適切な養育を授けることで，社会の重荷や害悪になる可能性を持つ子どもたちを，社会にとって有益な存在にできると考えたのです。こうした状況のなかで，親自身が養育不可能と判断して捨てた子どもの養育だけではなく，自分たちが考える「家族」とは程遠い家族のなかにいる子どもたちを人道的に救うのだという主張をする人々が現れてきます。彼らは，「適切な養育を受けていない」と見なした子どもたちを親から引き離して養育を行う，チャリティ活動を展開し始めました。やがてこうした活動が国家によって公認され，国家政策として補助金が投入される対象にもなっていきます。実は，こうした子どもへの注目は，さまざまな国で同時代的に起こっていました。この状況を理解するために，3つ

めの事例として，19世紀後半のイギリスにおいて，適切な養育を受けていないと見なされた子どもを受け入れ，養育・教育した寄宿制のインダストリアル・スクールに焦点を当てて見ていきたいと思います。

1 コミュニティによる包摂

▶ 萩藩毛利家江戸屋敷の捨て子養育システム

┃ 生類憐れみ政策としての児童保護 ┃

　日本社会でもヨーロッパ社会と同様に，長きにわたって，妊娠中の堕胎だけではなく，口減らしのために生まれたばかりの子どもを殺す間引き，あるいは子捨てが行われてきました。こうした子どもの命を奪う行為は，日本各地で経済的困窮やさまざまな事情から慣習として行われていたことが，先行研究によって明らかとなっています。女児や障害児がとくに間引きや子捨ての対象となりやすかったことを指摘する研究もあり，「家」の継承や労働力として期待された男児と女児とでは扱いが異なっていたことが明らかにされています。一方で，日本において中世前期までは他界に帰す行為として子捨てが行われていたのに対して，中世後期（室町期）以降，「拾われることを期待して，捨て子に所持品をつける」という捨てる側の意識の変化が見られるようになったことも指摘されています。たとえば一見，ぼろぼろの服をまとって捨てられたように見える赤子が，実は，かき集められた端切れを縫い合わせてつくった衣服に包まれていたという事実に，拾われること，生き残ることへの願いを見て取る研究もあります（沢山 [2008]）。この拾われる可能性を念頭に置いた子捨ては，日本だけではなくヨーロッパでも確認されています。ジョン・ボズウェルが『見知らぬ人々の親切――古代末期からルネッサンスまでのヨーロッパにおける子どもの遺棄』で述べているように，古代ローマにおいては子どもの20〜30％が遺棄されていたと推測されていますが，その多くが奴隷として育てられるか，見知らぬ人の親切によって養子に出されたと考えられています（Boswell [1998]）。しかしながら，「見知らぬ人の親切」に頼ることは，実際には不確かな希望であり，捨て子が生き残ることはそれほどたやすいわけではありません

でした。

　上述のように，日本においても捨てる側の心性に変化が見られたものの，依然として子捨てが行われ続け，そのことが江戸時代，道徳的にも由々しき問題として考えられました。加えて農村からの年貢を経済的基盤としていた江戸幕府や諸藩にとって，人口減少は経済上のきわめて深刻な問題でした。このような状況のなか，捨て子を禁止し，発見された捨て子を保護するための重要な法律が出されます。みなさんが日本史の授業で習った「生類憐みの令」です。もしかしたら「生類憐みの令」は犬を保護する法律だと覚えている人がいるかもしれませんが，実はこの法律が対象としたのは，「人」（＝大人の男性）から見た憐れむべき「生類」，すなわち病人や子ども，高齢者，そして動物であり，なかでも「捨て子」は，最も重要な「憐み」の対象でした。1687年に徳川綱吉が発布した「生類憐みの令」に続いて，同年4月には，捨て子が発見された土地の管理者が，捨て子を介抱・養育し，望む者があれば養子にすることを定めた幕法が出されました。こうして捨て子を保護することが法律によって定められたわけです。その後，「捨て子禁止令」（1690年）も出され，綱吉の死後もこの禁止令は続いていくことになります。以上のように，生類憐れみ政策をきっかけにして，日本社会は捨て子が許される社会から捨て子が悪とされる社会，すなわち沢山美果子の言葉を借りれば，「子どもの遺棄が許容される社会から子どもの遺棄を悪として〔子どもを：引用者注，以下同じ〕保護すべき社会」へと転換していったといわれています（橋本・沢山［2014］）。

　しかしながら沢山が明らかにしたように，それは単線的な移行ではありませんでした。ここでは，1695年から1809年までに萩藩から幕府に届けられた28件の捨て子対応の記録をもとに，沢山が分析した萩藩毛利家江戸屋敷の捨て子養育システムを辿ることで，子どもの遺棄と保護をめぐる人々の葛藤を見ていきたいと思います（橋本・沢山［2014］）。

表裏一体の「遺棄」と「保護」

　萩藩毛利家（37万石）は，江戸に上屋敷（現，霞が関）・中屋敷（現，新橋）・下屋敷（現，赤坂および六本木）を構えていました。これら3つの屋敷のなかおよび周辺で発見された捨て子は，管理者である毛利家が責任を持ってその子どもたちの貰い手を探さなければなりませんでした（ただし28件のうち2件は，鍋

島家の管轄場所であったため，鍋島家に引き渡され，鍋島家が責任を負いました）。28件の捨て子のうち，男子が9件，女子が19件で，ほとんどが1歳未満であり，へその緒が付いた状態の赤子もいました。その多くが辻番によって発見されましたが，捨て子を発見した場合，まず彼らが行ったのは，子どもの命をつなぐために「乳」を与えることでした。幸いにも発見された屋敷内あるいは別の屋敷に乳の出る女性がいた場合は，彼女らに乳を与えてもらうことができましたが，いない場合は，大名屋敷周辺の町方で乳の出る者や乳持ち奉公（授乳する乳母として働くこと）をしている者を探し出し，乳を与えてもらうか，乳の代用品の米をくだいて粉にした摺粉を飲ませました。生まれてすぐ，少なくとも生後1年以内に捨てられた赤子が多かったことを考えると，捨て子にとって乳の確保が死活問題であったことがわかります。沢山が，「記録からは，捨て子が発見されたあと，捨て子のいのちを守るために乳の確保をめぐる様々な苦労があったことが見て取れる」と述べている通り（橋本・沢山［2014］），生類憐れみ政策によって定められた「捨て子を生かす責任」を果たすことは，簡単なことではありませんでした。

　一方で，そうした状況のなかでも，あるいは，そうした状況だからこそ，といったほうがよいのかもしれませんが，「乳のネットワーク」と呼べるような赤子の命をめぐるセイフティ・ネットが，武家や町人の世界で構築されていた可能性があることも指摘されています。萩藩ではありませんが，同じく沢山が分析した大阪の住友家文書に記載されていた記録には，捨て子への授乳を世話する「世話人」の存在も記載されており，捨て子を生かすための仕組みがつくられていたことがわかります。また当然のことながら，貰い手は捨て子が乳を必要としなくなるまで，乳を与える必要がありました。そのため，貰い手を決定する際に，「乳があること」は重要なことであり，貰い手がどのようにして乳を確保するのかを明確にすることが必要でした。上記の28件のなかでも，貰い手が「去冬当歳子に離れ不仕合，まだ乳沢山ある」事例や「乳あるが子なし」のため養子を望んだ事例のように，貰い手が乳を用意できる場合だけではなく，「子どもがいたが死に，妹は幸に乳が沢山ある」と訴えた事例や「子に離れてから妻の乳は乏しい。しかし，請人の久兵衛の妻の乳が沢山あるので助けるという」と代案を示した事例もあり，他者の手を借りながら，子どもの養育可能性を主張していた事例もありました（橋本・沢山［2014］；沢山［2016］）。

貰い主の斡旋もまた，コミュニティのネットワークを用いて行われました。萩藩江戸屋敷の場合は，大名屋敷に出入りする町人たちが斡旋人となっていたことが指摘されていますし，先述の大阪住友家文書に残された捨て子記録から，口入れ屋という斡旋料を得て貰い主を探す役割を担った存在がいたことが明らかにされています。貰い手は，なぜ人の助けを借りてまで，捨て子を望んだのでしょうか。沢山は，先の萩藩の28件の記録からも大阪住友家文書からも，「家」の維持・存続のためにもらわれた可能性を指摘しています。たとえば萩藩の場合，理由として最も多かったのが「子どもがいない」という理由であり，10件ありました。さらには「子どもが一人いるが女子なので養子にしたい」と男子を望んだ事例や「男子一人あり，この男子の妻にしたい」と女子の捨て子の引き取りを望んだ事例など，「家」を存続させる夫婦として実子と養子をともに育てるためにもらい受けたことがわかります。また住友家文書でも，実子を亡くした貰い親が「成人の後」「家名相続」させたいという理由，あるいは女子の捨て子を望んだ貰い親が実子である息子と「成人後」「妻合」せ「相続」させたいという理由で捨て子をもらい受けたケースが複数あったことがわかっています（橋本・沢山［2014］）。

　このように，子捨て＝子どもの遺棄を悪と見なす考え方は，捨て子を保護する仕組みを構築することを促していきました。それは形式的につくられたというよりもむしろ，コミュニティに住む人々がそれぞれの生活の必要性にかられながら，可能な役割を担うことでつくられていった有機的なシステムであったといえるでしょう。近世日本において，家族から排除された捨て子が別の家族にもらわれることを可能にしたのは，コミュニティに存在したこの捨て子養育システムであり，それはまさに子どもの遺棄と保護が一体であったことを示すものだったのです。

コミュニティの「助け合い」システム

▶ 19世紀後半ロンドンの街路における子どもたち

労働か，物乞いか，犯罪か

　続いて見ていくのは，19世紀後半のロンドンの様子です。ヴィクトリア時代の幕開けとなるヴィクトリア女王の即位は，1837年6月20日です。そのころのロンドンは，人口が200万人に到達しようとする，まさに巨大な都市でありました。第2位のマンチェスタでさえ，30万人程度でしたから，その人口規模の大きさは圧倒的でした。ディケンズの小説にもあるように，スラム街や汚く細い路地に人々が押し込まれて生活していた暗く厳しい19世紀ロンドンのイメージは，都市文化の興隆や煌びやかな富裕層の社交生活で彩られることの多い18世紀のイメージとは，まったく異なっています。小説の世界だけではなく，ジャーナリズムの隆盛と写真の登場によって，そうした都市ロンドンの暗いイメージをまさに体現したような記述や写真が多くの人々の目に触れるようになり，こうしたイメージは現在に至るまで，強固に維持され続けています。一方で，当時撮影された写真には，そうした厳しい状況のなかでも，何とか生き抜こうとする姿，あるいは助け合って生活する人々の姿もまた，残されています。

　ここに掲載したのは，探検写真家であったジョン・トムソンが19世紀後半に撮影した写真です。彼は相棒のジャーナリスト，アドルフィ・スミスとともに，1876年から1877年にかけて，『ロンドンの街頭生活』というシリーズの写真付き小冊子を11冊出版しています。その11冊を1冊にした翻訳本が日本でも出版されており，そのなかにはトムソンが撮影した36枚の写真と，スミスとトムソンが寄稿した解説文が掲載されています。本章ではそのなかから2点の写真を紹介します（トムソン = スミス［2015］；これらの写真に解説を加えたものが，ワーナー = ウィリアムズ［2013］）。

　この写真は，セント・ジャイルズ地区の魚売りを写したものです。タイトルにもあるように，ここで売られているのは，労働者階級向けの安魚ニシンです。

セント・ジャイルズの安魚
（トムソン＝スミス［2015］131 頁）

今でいうワゴン販売のように，店舗ではなく荷車で呼び売りをしていますが，これは街頭市場でよく見られた光景でした。真ん中にいる黒の上着を着ているのが店主のジョゼフ・カーニィで，向かって右に手伝いをしているドイツ人の男性が見えます。この男性の本業は葉巻づくりらしいのですが，この日は魚売りの手伝いをしていたようです。手前に見える水差しを持った少年は，足をくじいた女性のために，足を冷やすための水を泉に汲みにいく途中で，この荷車に立ち寄ったそうです。この辺では，泉の水は，普通の水よりも治癒効果が高いと広く信じられていたため，その水をわざわざ汲みにいこうとしていたとのことでした。彼は背が低いため幼く見えますが，実は 17 歳で，一時期はその賢さを買われて，ある婦人の小姓をしていたものの，その後，水夫になったとスミスの記述には書かれています。そして荷車の後ろには，通りを行き来する人たちや魚を買おうと物色する人々の姿が見えます。

　この写真は，19 世紀後半ロンドンの，ある日常のひとこまを伝えてくれます。本章でこの写真を取り上げる際に最も注目すべき人物は，左端の街灯の下でじっと何かを見るようにこちらを向いて立っている少年です。彼について，スミスは以下のように記述しています。

　　ニシン樽のむこう側に街灯を背にして立っているのが，哀れな親なき子で，郵便物の署名から世間では《不細工》という嬉しくもない綽名で知られて

いる。この子は市場で育った。身寄りもなく，友達もなく，市場じゅうが
こぞってこの子を支えているという。荷車から荷車へ，店から店へとぶら
ついて時を過ごし，何か手伝うことはないかときょろきょろしている。小
銭でも手に入りゃいいと希(ねが)うわけだが，呼売りたちはこの子の寂しい境遇
に同情するあまり，銭を恵んでやらないではいられない。その一件を淡々
と語ってくれたある呼売りの口ぶりこそは，貧者がすすんで互いに助け
あうという，まことにうるわしい特徴に通じるものだ（トムソン゠スミス
[2015] 130, 132 頁）

　この文章にもあるように，孤児や捨て子，親がいながらにして街をぶらつく
浮浪児が，荷物運びやお使い等の臨時の仕事をしながら，コミュニティのなか
で何とか生き抜いていく姿は，19 世紀イギリスを題材にした小説やドラマで
もよく出てきます。トムソンが師と仰ぐ，ロンドンの貧民街の調査結果を公表
し続けたヘンリー・メイヒューの記事のなかでも，孤児となった若者が，その
後，地域のなかで「幸運」に出会いながら生き抜いた話が記載されています。
たとえばロンドンでお針子となったスコットランド出身のある女性は，12 歳
のときに孤児となり，叔父に引き取られたけれども，つらい生活を強いられた
ために家出し，その後，個人的に慈善活動をしていたある紳士から，他の少女
たちとともに毎日コーヒーとパンをもらいながら，お針子の仕事を見つけたこ
とを告白しています（メイヒュー [2009]）。
　一方で孤児や捨て子，浮浪児が路上でスリや物乞いをしながら生き延びたこ
とも，実際の記録からわかっています。1824 年の浮浪者取締法によって，イ
ングランドでは物乞いや戸外就眠も「好ましからぬ路上徘徊者」として逮捕さ
れるようになり，極貧の子どもたちが犯罪にかかわらずに生きることはますま
す難しくなっていました。後述する，浮浪児を収容するためにマンチェスタに
設立されたマンチェスタ認定インダストリアル・スクールの子どもたちの多く
が，路上で物乞いや窃盗をしたところを捕まり，判事の決定によって収容され
たのでした。ウェンディ・プラムは，19 世紀のイギリス都市の路上に子ども
たちがいた理由について，子ども向けの仕事不足を第一の理由にあげています。
先述のように，一般の労働者家庭であっても，多くの子どもが何らかの形で稼
いで家計を支えなければならない状況にありましたが，子ども全員が仕事にあ

りつけたわけではありませんでした。そのため，仕事のあてのない子どもたち
は，朝，外に出て，荷物運びなどの臨時の仕事をするか，物乞いをするか，あ
るいは盗みを働くしか生きる術はなかった，と彼女は主張しています（Prahms
[2006]）。先の写真に出てくる「憐れな家なき子」は決して例外的な存在など
ではありませんでした。孤児や捨て子に限らず，親がいてもネグレクトされて
いた浮浪児や自らも稼がなければ生きていけなかった極貧の子どもたちは，仕
事にありつけなかったときには，犯罪を犯して生き延びるよりほかに方法はな
かったのです。

見知らぬ人との相互扶助

　続いて取り上げるのは，「這いずり人」というタイトルが付けられている有
名な写真です。トムソンによると「這いずり人」の意味は，貧困に打ちひしが
れて，働く体力どころか，物乞いをする気力もない人々のことです。この写真
は，ロンドンのセント・ジャイルズ地区にあったショーツ・ガーデンズ救貧院
（極貧で生きていけない人たち，働くことのできない高齢者や孤児などを収容した施設）
前の石段で撮影されたものです。その石段に力なく座る女性が子どもを抱いて
います。彼女は救貧院に入れず，しかも近隣の避難所（無料宿泊所）からもあ
ぶれてしまい，行き場がなくて，同じような境遇の人々が集まるこの救貧院前
の石段に座っているのです。この写真を見ると，まるで生きる術のない親子が
途方に暮れて座っているようにも見えます。

　しかしながらそうではありません。スミスによる解説を見てみましょう。

　　〔写真に写っている赤子の〕母親は毎朝10時頃に，この子を這いずり人のや
　　さしい手中に委ねていく。そうして午後4時頃になると仕事から戻るのだ
　　が，夜の8時から10時まで再びコーヒー店で働いて，赤ん坊もまた這い
　　ずり人に再度手渡される。雨みぞれの降る晩であっても，貧しい女が引っ
　　かけているよれよれの薄汚いショール一枚にくるまれて，子供は街頭に放
　　り出されるわけなのだ（トムソン＝スミス［2015］184頁）

　この写真は，「這いずり人」と呼ばれた女性が子守をしているところを撮影
したものでした。この女性が1日子守をして得られる報酬は，「一杯の紅茶と

這いずり人
（トムソン゠スミス［2015］185頁）

パン一切れ」だったそうですが，それでも生きる術を持たない「這いずり人」
にとっては命綱でした。一方で，仕事に行っている間に子どもの面倒を見てく
れる人などいないこの母親にとっては，この見ず知らずの「這いずり人」こそ
が，働きながら子どもを育てることを可能にしてくれる大事な支えでした。

　しかしながら，この助け合いのシステムは，きわめて不確かなものでした。
動く体力も気力もないこの「這いずり人」の手から子どもが奪われたとしても，
どうしようもなかったでしょうし，子どもを預けた母親が，無事に子どものも
とに毎回戻る保証はどこにもありませんでした。とはいうものの，家族をあて
にできない貧しい人々が生き抜くためには，こうしたコミュニティ独自の不確
かなセイフティ・ネットに頼るしか，ほかに手段はなかったのでした。

　2枚の写真から私たちは，家族以外のコミュニティの人たちの手を借りなが
ら，子どもが生き抜くさまを見てきました。これらは，子どもの養育責任を家
族に求めることのできない状況があったこと，そしてこうした状況において，
不確かなものであったとはいえ，コミュニティ内部で独自の助け合いの方法が
生み出されていたことを端的に示しています。親を亡くした孤児や，ネグレク
トされ親の養育をあてにできない子どもたち，あるいは親が子どもの面倒を見
ようという意思はあっても，極貧やさまざまな事情でそれが難しかった子ども
たちは，同じような状況のなかで暮らしていました。もちろん「貧しさ」の諸
相は一様ではなく，貧しさの程度にもグラデーションがありました。とはいう

ものの，労働者階級の家庭に生まれた子どもたちの多くが，いつ何時，きわめて困難な状況に陥ってもおかしくはない環境で生きており，この写真の赤子のように，家族が責任を持って養育していた子どもたちと，適切な養育を受けていない子どもたちの間に明確な線を引くことは，きわめて難しかったのです。

3 「適切な養育を受けていない子ども」の養育
▶ 19世紀イギリスのマンチェスタ認定インダストリアル・スクール

国家の子ども

　ヨーロッパにおいて，14世紀から15世紀ごろにはすでに，フランスやイタリアにおいて，回転箱と呼ばれる誰とも話すことなく子どもを託すことができる装置を備えた捨て子院が設立されていました。これは熊本の慈恵病院が設置した「こうのとりのゆりかご」のモデルとなったシステムの原型であり，現在においてもいくつもの国で匿名の捨て子システムは存在し続けています。近代に入り，匿名での子捨てをめぐっては各国でさまざまな議論が展開され，捨て子院の形態にも変化が現れます。とりわけ国民国家形成期といわれる19世紀以降の注目すべき変化として指摘されているのは，もともと公権力によって捨て子や児童保護のシステムが形成されていたフランスのみならず，基本的には慈善系組織や個人の活動によっていたイギリスにおいても，総じて国家による介入がさらに強まっていったことです。

　国家による介入は，フランス史の岡部造史が主張するように，家族管理を重視する「統治権力」にとって児童保護がきわめて重要な位置を占めていたことを示唆しています。すなわち，捨て子養育を含めた児童保護といった社会福祉の整備を「社会統制」の手段として捉える考え方です。しかしその一方で，岡部が詳細に明らかにしたように，児童保護をどうすべきかをめぐる論理は，常に1つの考え方のもとに行われていたわけではなく，国家権力内部にも複数の対立する考え方が存在していましたし，児童保護を実際に行った実践者や組織，それを取り巻く地域社会等のさまざまな人々の葛藤や対立，妥協や合意等を含む大きな「ゆらぎ」があったこともわかっています（岡部［2017］）。

第②節で見たような，コミュニティのなかで人々が自発的に，あるいは必要に駆られて構築した「助け合い」システムとは別のレベルで，子どもたちを保護することが統治原理や国家政策に基づいて整備されていきました。これから見ていくマンチェスタ認定インダストリアル・スクールもまた，コミュニティの治安維持と貧民救済という統治原理に基づき，地域の富裕層の自発的な活動によって設置されたものが，国家政策の論理に絡め取られながら展開していったものです。国家が介入するようになる理由の1つは，子どもが社会の再生産を担う重要な存在であり，未来の社会を保障する存在と考えられたからです。子どもは「国家の子ども」として社会的・政治的な問題の対象と認識され，捉え直されていきました。先の社会福祉の整備による「社会統制」という文脈のなかで，とくに子どもが人的資本としての重要性を帯びながら，子どもをめぐる法整備が行われていったのでした。

　その一方で，こうした子どもへの注目は，イギリスに限ったことではなく，さまざまな国で同時進行的に広がっていきました。たとえば，イギリスでは1883年，リバプールに初の「児童虐待防止協会」が設立されますが，1870年代にはすでにフランス，ベルギー，アメリカなど15カ国で「児童虐待防止協会」が設立されていました。それぞれの国の代表者が集まる国際会議も開催され，子どもの虐待と酷使は違法であり罪であるとして，子どもの保護運動を推進しました。国際的な活動の中心地の1つであったフランスにおいては，19世紀後半に親の監護権をめぐって議論が紛糾し，結果として父親と母親が子どもを危険にさらす場合は，親から子どもを引き離し，親権の取り上げも可能とする法律が制定されました。イギリスにおいても児童虐待防止法が1889年に設立され，こうした状況にいる子どもを親から引き離し，彼らを虐待と酷使から守ることが法的に規定されました。ちなみに日本において酷使や虐待を防止する児童虐待防止法が制定されたのは，1933年のことであり，この法律によって，親が身体的な虐待やネグレクトを行うことはもちろん，子どもを軽業師や見世物とすることや，子どもに物乞いをさせることなどが禁止されました。

┃ 養育能力と養育責任 ┃

　イギリスにおいて，このような国家による親からの引き離しは，実際にはすでに19世紀半ばから始まっていました。1855年にスコットランドで，1857年

にイングランドで制定されたインダストリアル・スクール法は，「7歳から14歳未満の浮浪児，極貧少年，秩序を乱す子どもたちのケアと教育の改善を目指す」ために，①ネグレクトされ，街で浮浪する明らかに14歳未満の子どもたちや，②窃盗等の犯罪を犯した明らかに12歳未満の子ども，あるいは③親によって手に負えないと判断された明らかに14歳未満の子どもたちを，国庫補助金によって運営されたインダストリアル・スクールという寄宿制の施設に16歳になるまで収容し，養育と教育を提供するというものでした。

　マンチェスタ認定インダストリアル・スクールは，1847年にマンチェスタの富裕層の寄付で設立されたマンチェスタ若者向け避難所兼スクール・オブ・インダストリとして出発しました。その後，収容人数の問題からマンチェスタ市内を転々としながら名称を変更し，1859年には内務省の認定を得て，国庫補助金を受給する施設になりました。そして1874年には完全居住型のインダストリアル・スクールとして，共学の本校アルドウィック校と男子校である分校バーンズホームとともに，再出発しました。1877年にはセイルに分校の女子校を設置して，それまで共学であった本校を男子校とし，女子100名，男子300名を受け入れる施設となりました。

　3校ともに，常に定員いっぱいであったことからも，こうした施設の需要が高かったことがわかります。入所した子どもたちは，役人が街路を見回っている際に，路上で何かをしていたところを見つかって逮捕，あるいは補導された子どもがほとんどです。逮捕されるような行為をしていなくても，ただ徘徊しているだけや評判の悪い大人と一緒にいる場合でも，養育状態に疑義があれば調査対象になりました。調査の結果，裁判所の判断を経て，施設入所となったのですが，実際に入所が認められたのは，調査対象となった子どもたちのほんの一握りでした。ここで強調すべきことは，収容された子どもたちのほとんどに，両親ともであれ，父親か母親のどちらかであれ，親がいたことです。完全な孤児は5％程度に過ぎませんでした。また彼らの6〜7割が，上記①の理由で収容されたのですが，さらにその内容を個別に見ていくと，物乞いや戸外就眠，浮浪，徘徊，悪い仲間と一緒にいたなど，具体的な理由が書かれていた子どもたちもいたものの，3分の1から半分の子どもたちが「適切な養育なし」という理由で収容されていました（三時［2012］）。

　「適切な養育なし」という記載から受ける印象は，父親や母親がひどい人間

で，子どもに対してネグレクトなどのひどい仕打ちをしている，というものかと思います。実際，この「適切な養育なし」という意味は，子どもが「放置」「ネグレクト」されていたり，親に物乞いをさせられたりするなど，養育責任を果たしているとはいいがたい状況を指していました。こうした状況に子どもを置いた親はすべてひどい親と見なされたのでしょうか。実はこの学校の入学記録には，それぞれの子どもの親の住所と職業に加えて性格が，学校運営者によって記入されています。そこを見ていくとすべての親が「ひどい性格」と見なされていたわけではないことがわかります。たとえばある 12 歳の少年の場合，両親ともに「勤勉な性格」と記録されていますし，母親は「怠惰」だけれども，父親は「勤勉」とされた子どもや，逆に父親は「よくない性格」だけれども，母親は「よき人柄」とされた子どももいました。片親の場合も，「とても素晴らしい性格」だけれども，極貧だから子どもを収容すると書かれていた記録もありました。ここからわかることは，学校運営者が親の人柄の善し悪しにまったく意味を見出していない点です。どんなに性格がよくても，勤勉であっても，その時点で子どもを適切に養育できていないのならば，その親には養育能力はないと判断し，子どもが 16 歳になるまで，子どもを親から引き離すことが行われていました（三時［2019］）。

　収容された子どもたちは，毎日 6 時間にわたる教育を受けました。その内容は，読み方・綴り方・書き方・数字を学ぶ世俗教育，宗教教育，そして生産労働に従事しながら，労働者としての資質と技術を磨く労働の教育でした。退校後，男子は工場労働者や職人となる子どもが多く，また女子のほとんどは家事奉公に従事しました。マンチェスタ認定インダストリアル・スクールでは，驚くべきことに，ほとんどの子どもたちが，その後，警察に捕まることもなく，労働者として社会に出ていきました。1882 年の学校の年次報告書には，自らが行ってきた「偉業」として，「第一に子どもたちを悪行から引き離すこと，第二に彼や彼女を社会の有用な一員に作り変えること」と記載されていました。こうしてこの学校を経て，「適切な養育を受けていない」と判断された子どもたちは，社会の有用な一員に育てられ，社会へと送り出されていきました（三時ほか［2016］）。

　もちろん，全員がそうなったわけではありません。退校時に親元に帰り，そのまま行方がわからなくなった子どもや，いったんは就職したものの，長続き

せず，救貧や保護施設を転々としながら生活した子どももいました。とはいうものの，このインダストリアル・スクールという学校形態が「教育を通じた子どもの更生」のモデルとして，国際的に普及していったことも確かです。

　イギリスのインダストリアル・スクールは，フランスやドイツで行われていた極貧の子どもたちの収容施設をモデルに設置されたといわれていますが，インダストリアル・スクールや感化院（16歳以上の犯罪少年を収容した施設）はまた，当時イギリスの植民地であったカナダやオーストラリアはもちろん，アメリカにも普及していきました。またアメリカのインダストリアル・スクールや感化院をはじめ，子どもたちの収容施設を視察した留岡幸助は，帰国後の1899年，東京の巣鴨に，極貧や家庭環境の悪さから犯罪を犯さざるをえなかった子どもたちを引き受ける「家庭学校」を設立しました。留岡が設置した家庭学校については，ほぼ同時期に，ロンドンの学務委員会（教育委員会のような地方の教育行政組織）の記録にも，「日本のインダストリアル・スクール」として紹介されています。経済や植民地をめぐる戦いなど，国際的に各国がしのぎを削っていた国民国家形成期に，こうした困窮した子どもを保護しようとする動きが各国で見られ，そして国際的にも児童保護の運動が高まりを見せたことは，来たる20世紀に子どもが国家政策の中心に置かれることとなる動きがすでに始まっていたと見なすことができるでしょう。

おわりに

　以上3つの事例を通して，子どもの遺棄が広く行われていた一方で，表裏一体的に子どもを保護するシステムが公的に，あるいは自発的につくられてきたことが理解できたのではないかと思います。そしてまた，家族から排除された子どもたちであっても，社会に包摂されることで，命が守られる可能性が高まったことも理解できたと思います。しかしながら社会への包摂は，常に無条件で行われたわけではありませんでした。家の存続や国家や社会にとって役に立つとされたからこそ，社会的に受け入れられたのでした。その裏では，間引きの対象に女児や障害児が選ばれやすかったという記述もあったように，役に立たないとされた子どもたちが排除されるということも起こっていました。この点については改めて**終章**で考えてみます。

一方で，（生みの）親に育てられることが，子どもたちにとって「当たり前」のことではなかったことも確認できたのではないかと思います。孤児はもちろん，親がいる子どもたちであっても，貧困や孤立した状況においては，子どもを捨てる，他者に委ねる，あるいは公権力によって「養育不能」の烙印を押され子どもから引き離される，などさまざまなことが起こっていました。一方，子どもたちは，家族がいたとしても，家族から引き離されたとしても，何度も「生存」（命をつなぐこと，生活を営むこと，生計を立てること）の分岐点に直面し，生き抜くための選択を迫られました。「養育」という営みは，子どもにとって必ずしも受動的なものではありませんでした。主体的な決断であったかは別にして，自ら能動的に動くことを迫られるものだったのです。

　本章を通して，「誰が子どもを養育するのか」に対する普遍的な答えは，歴史上，存在しないことを理解してもらえたと思います。近代以降の国際的な競争のなかで，将来の国民となる子どもの教育と人口増加が各国の社会や国家の安定・発展の問題として捉え直され，さまざまな利害対立や駆け引きが行われるなか，「誰が子どもを養育するのか」という問題は，状況に応じて答えの変わる，きわめて時事的な問題としてますます扱われていくことになりました。こうした点を踏まえて，改めて，「子どもは誰が養育するのか」という問いの答えを探してみてください。おそらくは問いを求める過程のなかで，自らを縛っている規範・理解・通念が何なのかを知ることができるでしょう。

参考文献 ┃　　　　　　　　　　　　　　　　　　　　Reference ●

　Boswell, J.［1998］*The Kindness of Strangers: The Abandonment of Children in Western Europe from Late Antiquity to the Renaissance*, University of Chicago Press.

　カニンガム，H.／北本正章訳［2013］『概説　子ども観の社会史──ヨーロッパとアメリカにみる教育・福祉・国家』新曜社。

　ファス，P. S. 編／北本正章監訳［2016］『世界子ども学大事典』原書房。

　藤田苑子［1994］『フランソワとマグリット──18 世紀フランスの未婚の母と子どもたち』同文舘出版。

★橋本伸也・沢山美果子編［2014］『保護と遺棄の子ども史』昭和堂。

　メイヒュー，H.／松村昌家・新野緑編訳［2009］『ヴィクトリア朝ロンドンの下層社会』（MINERVA 西洋史ライブラリー）ミネルヴァ書房。

　本村凌二［1993］『薄闇のローマ世界──嬰児遺棄と奴隷制』東京大学出版会。

　二宮宏之［1995］「七千人の捨児──18 世紀のパリ考現学」『全体を見る眼と歴史家たち』（平

凡社ライブラリー）平凡社。

★岡部造史［2017］『フランス第三共和政期の子どもと社会——統治権力としての児童保護』昭和堂。

岡村東洋光・高田実・金澤周作編著［2012］『英国福祉ボランタリズムの起源——資本・コミュニティ・国家』（MINERVA 人文・社会科学叢書）ミネルヴァ書房。

Prahms, W.［2006］*Newcastle and Ragged Industrial School*, Tempus Publishing.

三時眞貴子［2012］「浮浪児の処遇と教育——19 世紀後半マンチェスタを事例として」『教育科学』（広島大学）第 29 号，5-41 頁。

三時眞貴子［2019］「子どもの養育責任と売春婦——マンチェスタ認定インダストリアル・スクールの入学・退校記録から」『女性とジェンダーの歴史』第 6 号，15-29 頁。

★三時眞貴子・岩下誠・江口布由子・河合隆平・北村陽子編著［2016］『教育支援と排除の比較社会史——「生存」をめぐる家族・労働・福祉』昭和堂。

★沢山美果子［2008］『江戸の捨て子たち——その肖像』（歴史文化ライブラリー）吉川弘文館。

★沢山美果子［2013］『近代家族と子育て』吉川弘文館。

★沢山美果子［2016］『江戸の乳とこども——いのちをつなぐ』（歴史文化ライブラリー）吉川弘文館。

高橋友子［2000］『捨児たちのルネッサンス——15 世紀イタリアの捨児養育院と都市・農村』名古屋大学出版会。

★トムソン，J. ＝ スミス，A.／梅宮創造訳［2015］『写真と文による　ヴィクトリア朝ロンドンの街頭生活』アティーナ・プレス。

★ワーナー，A. ＝ ウィリアムズ，T.／松尾恭子訳［2013］『写真で見る　ヴィクトリア朝ロンドンの都市と生活』原書房。

文 献 案 内 ▌   **Bookguide** ●

　　本章のテーマに関しては，教育が人々の生存（生命・生活・生計）を支援することの可能性と限界を真正面から論じた三時ほか［2016］をぜひ読んでもらいたいと思います。国家と児童保護の関係や問題を統治原理から鋭く暴いた岡部［2017］も，こうした問題を理解するための良書です。

　　日本近世の社会において「いのち」がどのように扱われてきたかを，臨場感をもって議論しているのが沢山［2008；2013；2016］です。これらの書には現在，私たちが直面している命の問題を考えるための論点がたくさん詰まっています。また，併せて読んでもらいたいのが橋本・沢山［2014］です。日本のみならず，イギリス，フランス，オーストリアにおける捨て子の処遇をめぐる諸相が理解でき，現在の日本で問題となっている虐待児や貧困児の問題を考えるきっかけにもなります。

　　最後に，19 世紀イギリスの庶民の生活を写真と解説文で記録したトムソン＝スミス［2015］あるいはワーナー＝ウィリアムズ［2013］は，時間のあるときにパラパラとめくってもらえれば，さまざまな発見があり，面白いですよ。

第 **2** 部

知識を身につける／使う

PART **2**

第**3**章

人々はなぜ知識を求めたのか

中国の秦の始皇帝は，紀元前213年，焚書令を発し，医療や占い，農業等にかかわる書物を除いて，秦以外の国の歴史書や，詩経，尚書（書経），諸子百家の書物を焼き払いました。その理由は，統治に都合の悪い歴史書や思想書を抹殺することであったといわれています。

歴史上，支配者が特定の書物の出版や閲覧を禁止することや，これに対抗して匿名で出版を行うといった活動は，各地で確認されています。たとえばローマ・カトリックの宗教裁判所は，1559年から1966年まで（最後の改訂は1948年），信仰と道徳を脅かすと見なした書物をリスト化した『禁書目録』を刊行していました。また，ナチ政権下のドイツでは，ミュンヘンの大学生や関係者で構成された「白バラ」が，ナチスに反対する6種類のビラを印刷・配布しましたが，見つかり，逮捕され，死刑に処されました。

秦の始皇帝による焚書坑儒
（© De Agostini Picture Library / Bridgeman Images）

はじめに

　古代から人々は，さまざまな理由から知識を求め，それを記録として，あるいは記憶として，また生活の営みのなかに組み入れることで蓄積してきました。古くは陶片や木片，石や洞窟の壁面などに書かれた絵や文字も残されていますし，伝承や歌などで語り継がれているものもあります。印刷術が発明されていない時代から，少なくとも紀元前 2400 年後半以降，筆写によって写本が作成されるようになったことで，書物によって知識は持ち運ばれ，あちこちに普及しました。こうした言葉にされて蓄積されてきたものとは別に，たとえば料理の際の火加減など，言葉にされなくても手業として，あるいは振る舞いとして受け継がれているものもあります。

　教育にとってこうした知識の伝達は，きわめて重要なことであり，学校に代表されるように，教育活動の中心に置かれることもしばしばです。「知る」という行為は，しばしば「知ることができた」という「成功動詞」と捉えられることもあるように，生活の役に立つ，あるいは政治や経済などのより大きな営みのなかで重要視されるものであり，人々の生活を豊かにし，人々を幸せにすると考えられています。その一方で，逆に知識の枠に囚われた人々や，知識に失望して生きる目的や道を失った人々を生み出し，特定の知識を盲信する人たちによって，迫害され，追い払われ，最悪の場合には命を奪われる，といった悲劇を起こす原因としても捉えられています。すなわち，知識は常に社会の「進歩」の象徴ではなく，人々の愚かさを映し出すものとなることもあるわけです。また，知識自体も消失する場合や逆行することもあり，一度，獲得され，正しいとされたとしても，決して普遍的，絶対的なものではありません。

　「知識を身につける／使う」と題された第 **2** 部を始めるにあたって，まずは，こうした知識の多義性を踏まえて，知識の獲得に注目し，歴史上，人々がなぜ知識を求めてきたのか，それをどうやって蓄積してきたのかを解き明かしていきたいと思います。

1 「知りたいこと」を知る

知識の獲得

『知識の社会史』という本を著したピーター・バークは，情報を生の状態のものだとすると，知識は分析や解釈を付け加えた，情報を加工したものであると位置づけています（バーク [2004]）。こうした「人々の手垢にまみれた」知識は，古くは古代ギリシアの時代からその信頼性が問われてきました。一方で，知識をきわめて価値あるものと見なす見方もまた，はるか昔から存在しています。こうした相反する価値を内包する「知識」ですが，両者は矛盾しているわけではありません。価値が認められるからこそ，その信憑性が問題になるわけです。

こうした知識に対する価値の大きさを象徴する1つの存在が，文字化された知識を集めた文書庫・図書館の存在です。紀元前2000年ごろから存在したことがわかっている文書庫・図書館は，その初期段階において，支配者や権力者の個人蔵書であったといわれています。有名なハンムラビ大王も自分用の個人蔵書を持っていました。彼らは権力の証として，侵略した相手から書物を略奪し，自分のコレクションに加えたのですが，実際にそこに書かれた知識を用いて，世界を知り，戦略を立てました。そのため，書物の収集と保管，そして写本を作成するだけではなく，その書物に書かれた内容を解釈し，探究する学者たちを各地から集め，支配下に置きました。すなわち，はるか紀元前からすでに，統治における知識の重要性が認識され，利用されていたわけです。

こうした書物の収集と保管，そして解釈において，きわめて重要な役割を担ったのが，その地域の支配言語への「翻訳」でした。現在のアルファベットに基づく種々の言語の前身となったギリシア語は，紀元前8世紀ごろにフェニキア文字をもとにギリシア人によってつくり出されたものといわれていますが，粘土板に楔形文字で記録を残すよりも，軽くて持ち運びしやすいパピルスにギリシア語で書くほうが，はるかに速く，効率的だとして好まれるようになりました。ギリシアのアテネでさかんに行われた修辞学・弁論術を用いた対話と議

論に基づく学術は，ギリシア語を用いて書物に記録されることで，西から東，そしてまた西方へと運ばれました。すなわち，軽いコンパクトな書物が誕生したことで，知の探究によって蓄積された知識の集合体としての学問を持ち運び可能にしたわけです。これは画期的なことでした。なぜならば，人々の記憶だけではなく記録したものが，何世紀もかけて世界中に伝えられることを可能にしたからです。

　しかし，もし書物が運ばれただけだったら，それほど大きなインパクトは与えなかったでしょう。なぜなら他国に書物が持ち込まれたとしても，それを読むことができるのは，その書物が書かれた言葉を知っている一握りの人々だけだったからです。しかしその書物を，持ち込まれた国の支配言語に翻訳すれば，その国の文字を扱える人全員がその意味を理解することができます。こうして書物を収集した権力者たちは，学者による翻訳活動を支援することになりました。安原義仁とロイ・ロウが明らかにしたように，世界規模で展開されていくことになる学問の伝搬は，西と東の文化の融合や発展を促していくことになります（安原＝ロウ［2018]）。

　たとえば，紀元前4世紀にアレクサンドロス3世がペルシアを征服し，インドへと侵攻したことによって，ギリシア文化が西アジアや中央アジアに浸透していきました。その一方で，もともとギリシア文化の影響を大きく受けていたローマ帝国は，ギリシアを征服した後も，地中海世界の外交や交易において国際語として認められていたギリシア語をラテン語とともに公用語として用い，ギリシア文化を受容していきます。そのため，ローマの知識人たちもギリシア的教養の重要性を主張し，教育の場においてもギリシア語，ギリシア文化が重要な知識として伝達されました。しかも，このようなギリシア的教養を身につけた人たちは，高い教育を受けた人と見なされたのです。政治的・軍事的にローマに敗れたギリシアが，文化的・教育的にはローマをギリシアの強い影響下に置いたといわれるのもこのためです。とりわけ東ローマ（ビザンティン帝国）は，4世紀にユリアヌス帝が大量のギリシア語古典文献をパピルス巻子体から羊皮紙冊子体に写本させるなど，ギリシア語古典文献を後世に伝える重要な拠点の1つとなっていきました。

　アジアにおいてもこうした翻訳による学問の伝搬は起こりました。たとえば5世紀初頭に仏典を求めて古代インドへと旅立ち，14年かけて中国へと帰国し

た法顕も，7世紀に18年かけて仏教を究めようとインド各地を訪ねた玄奘三蔵（三蔵法師）も，多くの経典や仏典を中国に持ち帰りましたが，これらの書物は皇帝の許しを得て，後に漢語に翻訳され，中国文明のきわめて重要な知の発展を促しました。同時にインドのガンダーラの僧院や，インダス川上流付近にあった学都タクシラなど，各地の学問の中心地を訪れることで，学者同士の交流もさかんに行われ，まさに国際的で豊かな知のネットワークが形成されていきました。

　国家権力や後には教会権力が，積極的に知識の蓄積を後押しした一方で，こうした権力によって特定の知識や知識を持つ人々が追い出される場合もありました。しかしこれもまた，知識の蓄積や発展に大きく貢献しました。たとえば5世紀にビザンティン帝国から異端として追放されエデッサ（現在のトルコ）に赴いたネストリウス派のキリスト教徒たちは，布教のために聖書やギリシア語古典文献を，当時中東全域の主要文語であったシリア語に翻訳しました。こうしてキリスト教がトルコに伝わることになりました。まさに宗教的な迫害によって，学問の伝搬が翻訳を通して起こったのでした。しかしながら，玄奘三蔵が5年滞在して学んだインドの学問の拠点ナーランダ僧院が，1193年にイスラーム軍の侵攻によって破壊されたように，宗教的迫害や戦争によって，学問の中心地が破壊され，その文化が途絶えることもありました。さらには，本章扉頁の絵にもあるように，支配者層の考えとは相容れない書物や異端とされた書物が禁止され，燃やされることも，珍しいことではありませんでした。

　一方で，学問の伝搬，発展は，全体として見れば途切れることなく続いていきました。6世紀には学問の発展を積極的に促進したササン朝ペルシアのホスロー1世が，古代インドのサンスクリット語で書かれた文献とともに，ギリシア語文献をシリア語やパフレヴィー語（中期ペルシア語）に翻訳したことなどから，ギリシア文化は中東地域一帯に伝達されていきました。そしてその後，ムスリム支配下のイスラーム帝国では，ギリシア語やサンスクリット語，ペルシア語で書かれた，占星術，天文学，数学，医学，錬金術，化学，動物学，地理学，製図など，多岐に及ぶ文献を，支配言語であるアラビア語に翻訳したことで，独自のイスラーム学術と知のネットワークをつくり上げることになります。

　ヨーロッパの知識や学問にとってきわめて重要だったのは，アラビア語に翻訳されたことによって，イスラーム圏で醸成されたギリシア文化が，十字軍の

遠征を機に再度，中世ヨーロッパへと流入し，今度はそれをラテン語に翻訳することで「12世紀ルネサンス」と呼ばれる一大翻訳時代が幕を開けたことです。こうして学問の中心地から中心地へと，書物として蓄積された知識は，学者・聖職者・外交官の移動や物流とともに伝搬していきました。

学問の中心地

古代にはすでに存在したことが各地で確認されている学問の中心地は，戦争や支配者の意向，あるいは都市の発展等を理由にして，時代によって移動していきました。十字軍の遠征は，その目的としては失敗したとはいえ，先述のようにイスラーム学術を中世ヨーロッパに持ち込むきっかけとなり，交通網の形成によって都市と都市を結ぶ遠隔地商業を生じさせるなど，地中海世界のヒト・カネ・モノの移動を促しました。結果として，交易圏の拡大と都市の成長は，都市住民に新しい世俗的な法整備の必要性を認識させることになりました。

一方，中世社会に普及し，ローマ教皇庁を頂点に大司教区・司教区・教区といった階層性の教会組織の整備を進めていたキリスト教会においても，十字軍の失敗は教皇の権威を揺るがすなど，大きなインパクトを与えました。ローマ教皇と各地の皇帝・国王が時に対立するなかで，東方からもたらされるイスラーム学術の医学・化学・数学などの高度な科学的知識は，異端と正統のイデオロギー論争を活発化させました。こうしたなかで，世俗世界だけではなく教会においても，神学に対する新しいニーズが生まれ，教会法や教会史等，学問探究もさかんに行われるようになりました。

このように新しい社会のなかで新しい生き方・知識を模索する動きが活発化したことで，現代に続くきわめて重要な，あるシステムが誕生します。それは大学です。みなさんは中世ヨーロッパにおいて，大学がどのように誕生したと思いますか。その答えをヨーロッパにおける最古の大学といわれているボローニャ大学とパリ大学を例にとり，見ていきましょう。

ボローニャ大学は，1088年に創設されたとされていますが，正式にフリードリヒ1世から認可されたのは1158年でした。当時ボローニャでは，著名な法学者であるイルネリウスが，法学校で教鞭をとっていました。またボローニャ近郊には，教会法を理論的に体系化したといわれているヨハンネス・グラティアヌスが住んでいました。これらのことからボローニャは法学の中心地と見

なされ，アルプスを越えて各地から学生が集まり出しました。これがボローニャ大学の始まりとされています。フリードリヒ１世の認可後には，ボローニャ大学には 10 以上の国民団（出身地別に学生が集まって形成した集団）がつくられ，この国民団から学長が選出されました。ボローニャ大学では，学生が団結して大学の運営に大きな影響を与えたことから，学生主導の伝統がつくられたといわれています。

　一方，パリ大学は，聖職者養成の学校であったノートルダムの司教座聖堂学校を起源とする，神学中心の大学として出発します。こちらも神学と哲学の優れた教師であったピエール・アベラールの名声に惹かれて，ヨーロッパ中から学生が集まったことから誕生しました。パリ大学には神学のほかにも医学と法学の学部が用意されていましたが，そうした専門学部の学生が学芸学部（教養部）の教師の職を担い，学長も学芸学部の教師のなかから選出されたため，教師主導の大学といわれました。

　以上のことからわかる通り，団体や組合といった意味を持つウニフェルシタス（universitas）が，大学の語源となり，大学はまさに人々の集団として自発的・自然発生的に誕生したのでした。現在の大学とは異なり，きわめて興味深いのは，それぞれの大学・学生が都市住民や市当局と争い，教皇や国王から特権を獲得して，自治権を発揮していたことです。「タウン（市民・都市）とガウン（学生・大学）の争い」と呼ばれるこの対立に，大学側は集団移住をちらつかせるだけではなく，実際に講義を停止して移住するなどして闘いましたが，それは常に思いつくままに行われた，というわけではありませんでした。移動する大学を迎え受け入れようとする都市を探し，前もって条件について話し合っていた場合もありました。1229 年にパリ大学で酒に酔った学生が官憲に殺されたことを発端に起こった「大離散」のときも，結局，数年後に教師と学生の多くがパリに戻ることとなるのですが，トゥールーズは学生たちの誘致を積極的に行いました。こうした学生たちの集団移住は大学の分派を促しました。すなわち，パリ大学からオルレアン大学，アンジェー大学，オクスフォード大学などが誕生し，オクスフォード大学は後に，ケンブリッジ大学へと派生し，「パリ型」の大学を継承していきました。

　ヨーロッパ各地に大学が誕生して，その社会的有用性と重要性が認識されるようになると，皇帝や教皇が自ら大学を設立する動きが出てくるようになりま

した。たとえば 1224 年には皇帝フリードリヒ 2 世によってナポリ大学が創設されましたし、「大離散」後に教皇の求めでトゥールーズにやってきたパリ大学の教師を中心に組織された学習の場が，1245 年に教皇からの正式な認可を受けて，トゥールーズ大学となりました。こうした「設立型」の大学は 14 世紀以降，とりわけ東欧に広がり，プラハ大学，クラクフ大学，ウィーン大学など，数多くの大学が教皇によって設立され，やがて北欧や南欧にも広がっていきました。

　「設立型」の大学では当然のことながら，「自生型」の大学においても，国王や教皇からの圧力や大学を利用しようとする人々との闘いが続くことになります。そうした闘いに一応の終止符が打たれるのが 19 世紀であり，その後大学は，現在まで続く大衆化・マス化への流れのなかで変貌を遂げていくことになります。

　ヨーロッパにおいて大学は神学・医学・法学の中心地であり，それぞれの知的専門職の養成機関としても機能していました。このように，ヨーロッパでは学問や知識が教育機関である大学と連動して伝搬していったのに対して，アジアでは学問や知識は教育機関において伝達されるのではなく，たとえば知識を自分で獲得することを基本とする中国の科挙制度が日本や韓国で導入されるなど，書物・印刷物による伝搬が行われたといわれています。このように両者を対照的に描く理解が正しいかは，現時点では判断できませんが，いずれにせよ，古代から世界中に学問の中心地が存在し，そこで知識が蓄積される一方で，人や物の移動に伴って伝搬していったことは確かなようです。そして少なくともヨーロッパにおいては，学問の中心地が教育の機能を帯びることとなったのでした。

　知識人のアイデンティティ

知識人の理想郷「学問の共和国」

　中世ヨーロッパにおいて，さまざまな国や地域で大学が設立され，学問研究の進化・凝集化が進む一方で，商業圏の拡大やそれに伴う富裕な市民の出現は，

中世都市の興隆を促すことになりました。新しい社会構造が生み出されるなかで，人々は新しい生き方を求めていきます。こうした人々が辿り着いた先が「古代ギリシア・ローマの古典に学ぶ」ことでした。このギリシア語・ラテン語を重視し，古代ギリシア・ローマの学問や文化の探究を行う，いわゆる文芸復興「ルネサンス」は，学問を新しい地平へと誘いました。

　大学においては神学（スコラ学）と並んで人文主義的知識が研究され，人文主義者たちがキケロやプラトンなどの著作を検討し，再発見したことで，伝統的なアリストテレス主義に対する批判やその絶対性への懐疑が提示されることになりました。しかしながら多くの大学では，神格視されていたアリストテレス主義を捨て去ることはなかったために，たとえば15世紀に設立されたフィレンツェのプラトン・アカデミーのように，大学外で新しい人文主義研究が進展し，当時としては最新の医学的知識や科学的知識が生み出されていきました。その一方で，人文主義を標榜する新しい学校（イギリスのグラマー・スクール，フランスのコレージュ，ドイツのギムナジウムへと連なるラテン語学校）が，大学の準備学校として登場しました。

　こうした動きと連動して，ラテン語を共通語とし，「文芸」(bonae litterae) を重んじる知識人たちは，自らを国家や宗教の境界を越えて結ばれた「学問の共和国」(Respublica litteraria) の住人と考え，相互に交流しました。この「学問の共和国」という表現は，ハンス・ボーツとフランソワーズ・ヴァケによれば，1417年に学者同士の書簡のなかで使われたのが，現時点で確認できる，はじめてのものらしいのですが，その黄金期は1550年から1750年であったとされています（ボーツ゠ヴァケ［2015］）。

　「学問の共和国」を定義するのはとても難しいですが，2つの意味で使用されることが多かったと彼らは述べています。1つは漠然とした「たとえば学者，知，文人，『学問』といった包括的なもの」，もう1つは「もっと深くて豊かなものであり，学者の共同体を意味するもの」でした。いずれにせよ，この言葉を用いた多くの知識人たちが，地理的・社会的・政治的・宗教的な対立を越えた知によって結びつけられる自由で寛容な共同体という意味を込めて使っていました。たとえば「エラスムスにとって，キリストの一体性の名においてあらゆる民族，あらゆる宗教を統合することは，何にも増して重要な目的の一つであった」ことが指摘されています（ボーツ゠ヴァケ［2015］）。

ここで重要なことは、この言葉に込められていたのが、単なる知識ではなく、特別で理想的な知の力であったことです。この特別な知の力を用いて、現実社会を改善し、よりよい世の中をつくり上げたいと彼らは考えていました。しかもその住人は誰でもよいわけではなく、数のうえでも少ないエリートの学者集団でした。実は日本ではこの言葉は「文芸共和国」と訳される場合が多いのですが、本章では、この非常に限られた数少ない集団が信じた「特別な知の力」という意味を強調するために、ボーツとヴァケの書物を翻訳した池端次郎と田村滋男が用いた「学問の共和国」という訳を用いたいと思います。

　もう1つ、ここで使う言葉の問題として「知識人」という言葉についても説明しておきます。一般的に「知識人」という言葉を歴史的に使う場合、19世紀のロシアにおいて官僚としての地位を得る可能性もなく、またそれを望んでもいない教養ある人々のことを言い表すための造語である「インテリゲンチャ」を頭に思い浮かべるかもしれません。しかしここではその意味ではなく、バークが整理したように、サミュエル・コールリッジやアーネスト・ゲルナーらの使用に倣い、知識の専門家のことを「知識人」と呼ぶことにします。バークも『知識の社会史』のなかで、この「知識人」という言葉を使うとき、「letters は文学より学問を意味している」と述べていますし、先ほどの「学問の共和国」という訳語を用いる文脈にも沿っていると考えられます。学問的な知識を学ぶ場は主として大学になりますし、時代や国によっては、ほぼ聖職者を指している場合もありますが、いずれにしても、ここで用いる「知識人」は、学問的な知識を専門的に学び、探究している人々のことを意味しています。

　学問こそが、人々を結びつけ、平和で自由な共同体を形成できるという理想を、国家の枠を越えてヨーロッパの知識人が持つようになり、集団的なアイデンティティを形成したことは、きわめて重要なことでした。なぜなら、彼らが現実の世界でのその実現を諦めるまで、ヨーロッパの知識人たちはともに、学問には現実を変える力がある、普遍的価値を持っていると信じることができたからです。こうして15世紀から18世紀にかけて、彼らは国家や宗教等の壁を越え、1つの「学問の共和国」の住人として、活発に交流していくことになりました。

真実の探究と「信仰の危機」

ルネサンスは，人文学という，その後のヨーロッパにおけるエリートの価値観の基盤となる学問領域を発展させただけではなく，「真実」を自ら探究する態度を醸成するといった学問研究の知的枠組みを形成しました。このルネサンスが宗教改革を促したことは，みなさんもご存知でしょうが，それとともに，いわゆる「科学革命」といわれる新しい学問の知的活動を促したことも，ここでは強調しておきたいと思います。

「科学革命」は，中世に行われたいくつかの重要な自然哲学（natural philosophy，機械・天文・光・音楽・解剖・物理・航海術・鉱山等に関する知識研究）に関する発展を礎に，16 世紀の準備期を経て，17 世紀に起こったといわれています。そして 18 世紀にはそれが普及していく時代を迎えます（これを「第二の科学革命」と呼びます）。「科学革命」が具体的に何を指すのか，たとえばコペルニクスやガリレオ，ケプラー，デカルトやベイコン，そしてニュートンへと至る著名な人々の業績をあげれば，みなさんもすぐに理解できるでしょう。彼らはルネサンスを経て，人文主義研究が進むなかで編み出されていった数学的な手法や実践的あるいは実験的な方法を用いて，自然世界の本性を理解し，人間生活の改善へと結びつけようとしていました。たとえば，伝統的に大学で高い権威を持っていたアリストテレスは数学を重視していませんでしたが，プラトンは数学を確実な知識への道程と考えていました。そのため，プラトン研究によって，数学的な手法を用いてこの世界を理解しようとする態度が急激に高まったといわれています。このことは，哲学と数学が密接な関係を持っていることを端的に示していて興味深いのですが，ここで強調しておきたいことは，こうした知の力を用いて世界を理解し，人間生活を改善しようとする態度は，先に述べた「学問の共和国」の住人が抱いていた想いと一致するということです。コペルニクスやベイコンたちもまた，「学問の共和国」の一員であったわけです。

この時代，すなわち 19 世紀以前の時代のこうした知識を，現代的な「科学」という名前で呼ぶことは大きな誤解を与えます。なぜなら現代的な意味で「科学」という言葉が使われるようになったのは，19 世紀半ばのことであったからです。厳密にいえば，近代初期には，現在考えられているような「科学」は

存在しませんでした。英語の science はそれ以前の時代，知識全般を指していましたし，現在の「科学」に近い言葉として使われていたのは，上述の「自然哲学」でした。もちろん「自然哲学」と「科学」は異なる概念の言葉ですし，まさに「科学革命」によって，自然哲学が以前とは異なる新しい知識へと変貌し，現在の「科学」の姿に近づいたといわれています。しかし「自然哲学」という用語は，当時の自然界を理解しようとする営みを指す言葉として使われており，18 世紀までの科学的知識を示す言葉としてはこれを用いるのが妥当であると考えられています。その一方で，18 世紀以前のことを指す場合でも，現代の「科学」に通じる知識であることや，そのための活動を，あえて「科学」という名称で呼ぶこともあります。「科学革命」はまさにそのような使い方をしている言葉です。

　言葉の問題はさておき，こうした新しい手法を用いた「真実の探究」は，彼らにとって諸刃の剣となりました。というのも，知的探究の結果，社会や道徳とともに自然や人体にも関心が向けられ，先述したように現代の「科学」につながるようないわゆる科学的な実験，研究が行われ，結果として，これまでのキリスト教の解釈とは異なる事実を示すこともあったからです。こうした知識を持った人々は，もはや超自然的な現象や「奇蹟」を鵜呑みにすることはできず，真実を追究するために聖書や教会の主張を規則的な自然法則に則って説明しようとしました。彼らは自然の法則がどのように作用しているかを研究することが，創造主たる神の存在を示すと考えていたのです。そしてまた，神がつくった人間を社会的で自然的な存在として見なし，その本質を探ろうとしました。キリスト教にとって研究すべき対象は神の摂理でしたが，しかし，彼らが具体的に探究すべきと考えたのは，自然であり，社会であり，そのなかで生きる人間そのものでした。たとえば，自然には規則正しい秩序があると信じたニュートンは，引力が太陽系の惑星運動を支配していることを証明しましたし，スコットランドの哲学者トマス・リードは，ニュートンが数理物理学で示した方法論が唯一の正しい経験科学の方法だと述べ，この方法論を用いて「人間本性」に関する研究を行いました。とはいえ，リードに限らず，ニュートン主義者たちは数学を哲学的思考のモデルとすることには反対しており，どのようにしてこの世界を探究するかについては，さまざまな考え方が存在していました（長尾［2001］）。

こうした考え方は「啓蒙主義」とも呼ばれ，18世紀ヨーロッパの知的特徴であるとされています。この啓蒙主義については，多くの研究が蓄積されていますが，これらの研究においては，「学問の共和国」の住人たる知識人に限らず，啓蒙主義に基づいて探究し，主張した人々全般を，啓蒙主義者（philosophe）と呼んでいます。後述するように，まさにこの「18世紀の知的世界が知識人以外の人々に開かれていたこと」が，新しい知的展開を生み出すことになります。

　真実を探究しようとした人々（多くの「学問の共和国」の住人や一部の啓蒙主義者と呼ばれた人々）のなかには，教会内で主張されていたこれまでの知識や理解を覆す発見を生み出すことで，異端として扱われる人々も出てきました。新しい知識の蓄積によって，種々の既存の知識の信憑性が問われるなか，各自が自分の経験と努力を頼りに真実を追究することに力点が置かれるようになっていきます。この知的探究を行った知識人はキリスト教徒であり，その多くが聖職者であったために，神と自らの関係，あるいは自らが生きることを問う文脈にもかかわっていくことになりました。フランスの歴史家ポール・アザールが「信仰の危機」と呼んだこの17世紀の状況は，「信頼に足るほどの確実性をもった知識はどのようにして発見され，確証されるべきかという問題」について，新しい考え方が登場したがゆえに生まれたのでした（アザール［1973］）。この意味で宗教改革と科学革命は共通点を持っています。すなわちルターが，自分で聖書を読み，自分で神の思し召すところを感じ取るように促したのも，単に聖書の権威を自分で再確認させたということではなく，その背後にはこうした知的探究に対する新しい動きがあったわけです。

　知的世界の拡大と普及

アソシエーションの文化

　17世紀後半から18世紀にかけてのヨーロッパにおいては，こうした知的活動の活発化だけではなく，植民地の獲得とそれに伴う外国貿易の発展，国内産業構造の変化と多様化，農業改革による栄養状況の向上による人口増加，都市

化に伴う商工業都市への人々の移住，公衆衛生への注目等の社会的変化が各地で見られました。とりわけ植民地からもたらされる珍しい植物・鉱物・昆虫等の事物の発見・収集・分類が流行し，キャプテン・クックに代表される植民地への探検も行われるようになりました。こうして集められた新しい知識は，展示や見世物として人々の目に直接触れるようになる一方で，18世紀以降，雑誌や新聞等の定期刊行物が出版されるようになったことで，記事として掲載され，各地に伝えられるようになり，信憑性はともかくとしてさまざまな階層の人々に伝えられていきました。また実験的な方法で発見されたさまざまな科学的知識も，巡回実験講義などによって富裕層の家庭で披露されることもありました（三時［2012］）。

そのなかでも，新しい知識の精査と議論をする場所として学問に関連したアソシエーションがヨーロッパ各地に設立されたことを，「第二の科学革命」と呼んでいます。たとえばイギリスでは，1664年に世界で最初の科学アカデミーといわれている王立協会が設立され，特権的な大学から追い出された知識人が集まって知的探究を続けました。王立協会では，ロバート・ボイルやロバート・フックなどが中心となって，自然哲学に関する発見を報告し，協会誌に発表するというシステムをつくり上げました。今日では王立協会の会員（FRS）は，すべて科学者と呼ばれる人々ですが，当初，知識人は約3分の1程度であり，多くが貴族や科学愛好家であったといわれています。先ほどの啓蒙主義の文脈に即していえば，この多様な人々（しかし労働者階級や民衆ではない富裕層）が啓蒙主義者と呼ばれている，ということになります。

この多様な人々の多くがまた，17世紀後半から18世紀にかけて，ヨーロッパ各地で登場した貴族や地主と労働者の間に位置する新しい「層」に属する人たちであったと考えられています。東欧や南欧では，北部イタリアや西部ドイツは別にして，政策を左右できるほど強大ではなかったといわれていますが，イギリスの「中間層」やフランスの「ブルジョワ」，ドイツの「教養市民層」と呼ばれたこれらの人々は，この時期に凝集化し，存在感を増していったといわれています。もちろん伝統的なエリート層との関係など，国による違いはありますが，彼らに共通していたのは，知的啓蒙に基づく知的活動や教育の展開を受け入れ，促進したことでした。

18世紀末にバーミンガムや近郊に住む産業家や自然哲学を研究する聖職者

などが集まって結成したルナ・ソサイエティもまた，科学愛好家／啓蒙主義者／中間層の集まりでした（Uglow [2002]）。満月の夜に集まって，会食しながら，さまざまな自然哲学に関する新しい知識を論じたこの会には，蒸気機関を改良し，実用化させたジェイムズ・ワット，ワットとともに蒸気機関製造と販売を行うボールトン・アンド・ワット会社を設立したマシュー・ボールトン，酸素を発見したジョセフ・プリーストリ，鉄工業主ジョン・ウィルキンソン，陶磁器製造のジョサイア・ウェッジウッド，内科医エラズマス・ダーウィン（チャールズ・ダーウィンの祖父）など，錚々たる人々が集っていました。産業家や貿易商にとって科学的知識の探究は，仲間と楽しく語らう趣味というだけではなく，自らの仕事や発明に役立つ重要な知識を獲得するための有益な活動でした。たとえばウェッジウッドに代表されるように，植民地からもたらされる珍しい植物や昆虫は，商品のデザインに取り入れられて人気を博していきますし，新たに発見された鉱脈やそこで掘り出された鉱物の価値を知ることは，海外貿易商人にとってはきわめて重要な知識でした。1885 年に設立された，イングランド初の地方学会と呼ばれているマンチェスタ文芸哲学協会もまた，知識人のみならず，産業家たちが集う場所となりました（三時 [2012]）。

　こうした有用性という側面に加えて，第二の科学革命は都市文化という文脈でも重要な意味を持っていました。当時のイギリス都市では，都市文化のきわめて重要な特徴の 1 つである「アソシエーションの文化」（各種任意団体の設立・活動）が花開いており，18 世紀後半から 19 世紀にかけて夥しい数の任意団体が設立されていました。任意団体（第 **8** 章で論じる市民結社の一形態）は，一般的に「目的を同じくする者たちの年会費と寄付による信託を基本財産として，明文化された規約に基づいて理事会によって運営された団体」であり，人々の自発的な活動と見なされていました。ピーター・クラークは 18 世紀の大英帝国には 2 万 5000 もの任意団体が設立されており，イングランド内に限るとその種類は 130 にも及んだと推計しています（Clark [2000]）。主なものは大学や学校の同窓会，芸術に関する団体，読書クラブや討論会，ギャンブルに関するクラブ，園芸協会，医学協会，音楽協会，隣人クラブ，慈善や政治，裁判に関する組織，スポーツクラブなどであり，その 1 つが文芸や科学的知識に関する協会でした。これらは基本的には公共目的の活動であるとされ，こうした活動に参加することは，都市住民にとっては，地域社会での評判を上げ，有力者た

ちと親交を深める意味もありました。任意団体は，市民社会の萌芽期に人々を結びつける場や，文化的・政治的公共圏を形成する場として機能していたことも指摘されています（小関 [2000]）。

┃「学問の共和国」の崩壊 ┃

　先述のイングランド初の地方学会といわれているマンチェスタ文芸哲学協会もまた，都市に住む専門職や商業関係者，都市ジェントリなどの富裕層（都市エリート）によって設立・運営された任意団体でした。彼らを中間層として捉える研究もありますが，中間層は，大まかな傾向を捉えるときにはわかりやすい概念である一方で，労働者階級と同じような生活を送る下層の中間層から，大貴族に匹敵するほどの富を抱えた上層の中間層まで，非常に幅広い概念です。そこで，ここでは都市エリートという，都市で活動していた点を強調しつつ，もう少し限定的に彼らを捉えることのできる概念を用います。彼らは自らの職業に有益であることや社会を改善するために，あるいは都市エリートの証として，こうした団体に所属して活動しました。科学的知識に関する組織が，都市エリートの凝集化や知的ネットワークの形成を促すと，これらの知識が都市の有力層にとっての必要な知識として認識され，その階層にとっては必須の知識，すなわち都市エリートの教養とも呼べる位置づけを与えられることになりました。そしてそれは，ウォリントン・アカデミーなどの都市エリートの子弟が学ぶ教育機関で科学的知識を教える動きを生み出すことになりました。この点は，当時，人文主義に基づく聖職者養成を中心に行っていた大学やエリート向けの中等教育機関において，科学的知識が学問としては無視されていた状況とは対照的であったといわれています（三時 [2012]）。

　先述の通り，第二の科学革命の中心となったのは，知識人だけではなく，アマチュアの科学愛好家でした。ボーツとヴァケの言葉を借りると，知の「生産者」たる知識人と，知の「消費者」たる愛好家たちがともに活動していたことになります。そしてこのことが，「学問の共和国」を破滅に導いたと彼らは主張しています（ボーツ゠ヴァケ [2015]）。なぜならば，「生産者」と「消費者」がともに，現実社会を変えるため，あるいは現実に役立てようとして「知」を用いたことで，現実社会に内包されているイデオロギー・宗教・国家対立に縛られることになってしまったからです。もちろんメンバーたちはそうした対立

を避けるために，議論の内容に制限をかけ，メンバーの平等性を主張するなどしていました。しかしながらこれらの取り組みにもかかわらず，メンバー間の多様性と，「生産者」と「消費者」の間に引かれた序列的な線は，彼らの内部分裂を促したのでした。

　啓蒙主義の文脈でも，近年，啓蒙主義が，ヴォルテールやディドロ，ルソーといった一握りの偉大な人々の仕事ではなく，裾野の広い集団的な営みであったことが強調されるようになっており，現実と思想との間で葛藤する彼らが，友人や共鳴者の広範なネットワークを用いて，急進的な活動を展開したことが明らかにされています（ポーター［2004］）。こうした各人の人間・自然・社会を探究する営みが，それぞれの置かれた社会的環境によって，さまざまな方向に向かったことは想像に難くありません。この啓蒙主義者という視点から見ても，先の「学問の共和国」の住人たちという視点から見ても，この18世紀の知的世界の住人の幅の広さと真実を探究しようとする精神が，実際の社会や自然，人間をめぐる議論を生み出し，そこで生み出された知識によって現実世界を改善しようとする動きを促しました。それはもはや，現実世界のイデオロギーや宗教的な対立を越えた理想的な共同体の構築と結びつくものではありませんでした。

　以上述べてきたように，当初，「学問の共和国」の住人たちは，神がつくったこの世界を理解するため，そしてキリスト教的統一を目指して，新しい実験的な方法によって科学的知識を探求し，人間や社会を科学的に検討しようとしました。知的に探求すればするほど，もともと一体であった科学と宗教は分離していくことになりました。すなわち，神の御業で説明しなくても，科学的な言葉でこの世界を説明できてしまうことから，ことさら宗教的な言葉を使う必要がなくなっていったわけです。さらに「学問の共和国」内部に持ち込まれたさまざまな対立を解消することはできず，最終的には宗教的統一の実現は不可能だと認識され，知識人のアイデンティティを決定づけていた普遍性を失ってしまうことになりました（ボーツ゠ヴァケ［2015］）。

　しかしその一方で，18世紀以降の科学的知識の発展によって，科学が新しい普遍性を帯びた言語として捉え直され，科学を新しい宗教のようなものとして捉える人々も出てきました。「科学を用いればこの世界をすべて説明できる。説明できないものはまだ解明されていないからだ」という考え方です。これに

対して逆に，科学によって説明できない部分こそ，神やあるいは何らかの力なのではないかと捉える人々もおり，今日においても，科学と宗教を単純な対立軸と見なす，あるいはまったく異なるものとして捉えることはできません。

　いずれにせよ，「学問の共和国」の普遍性が信じられなくなると，「学問の共和国」の存在理由・価値も失われていきました。「学問の共和国」の住民たちは，「有用性」という名のもとに科学を社会の役に立てようとしました。彼らと彼らがつくり出す知識は，役に立つがゆえに権力化し，それによって政治性を帯びたために，もはや現実の世界と切り離せない存在となり，最終的には，彼らが理想としていた「学問の共和国」を放棄することになってしまいました。しかしその一方で，内部分裂を促し，「学問の共和国」の普遍性に挑戦し，破綻に導いた人々によって展開された第二の科学革命によって，科学的知識は，「自然哲学」から現代的な「科学」へと展開し，近代社会を支える重要な知識となっていったのです。

おわりに

　これまで見てきたように，学問や知識の絶対性や有用性もまた，普遍的なものではなく，社会的に規定されたものでした。知識の有用性に対する理解の変化は，知識の分類を変化させましたし，貴重な知識と，捨ててもよい／忘れてもよい知識，あるいはもっと強固に消し去るべき知識の選別基準も変えていきました。その時々の支配者層のイデオロギーとも相まって，焚書や出版の差し止め・禁止など，国家によって「有益」ではない，あるいは「有害」であるとされた知識の破棄も，重要な国家政策の手段と考えられていました。

　現在でも，研究・政治・行政における記録の改竄や剽窃といった問題が表面化するなど，学問の自律性・信頼性が改めて問われています。かつての知識人たちが，「新しい知識の蓄積によって既存の知識の信憑性が問われるなか，各自が自分の経験と努力を頼りに真実を追究すること」に力を注いだ結果，これまでの社会から異端として迫害される，あるいは旧態依然とした学問の世界から追い出される人々が生まれたことを思い出すと，自ら検証することが怖くなるかもしれません。しかし，それはまた，俯瞰的・長期的な歴史の目で見れば，新たな知的活動を生み出す動力となっていきました。

こうしたことを踏まえて,「知識基盤社会」で生きるみなさんは,インターネットによって世界各地からのさまざまな知識に比較的簡単にアクセスできる状況のなかで,信じるに足る知識を判別し,知ることの意味を踏まえて生きていかなければなりません。自分にとって「知識」はどのような存在か,自分にとっての有益性とは何か,知りたいことを知るために行っている現在の情報収集の方法には,どのような要素が絡んでいるのかについて,改めて考えることが重要なのではないでしょうか。

参考文献 | Reference ●

★アンダーソン,R. D. ／安原義仁・橋本伸也監訳［2012］『近代ヨーロッパ大学史——啓蒙期から 1914 年まで』昭和堂。

バリー,J. = ブルックス,C. 編／山本正監訳［1998］『イギリスのミドリング・ソート——中流層をとおしてみた近世社会』昭和堂。

ボーツ,H. = ヴァケ,F. ／池端次郎・田村滋男訳［2015］『学問の共和国』知泉書館。

★バーク,P. ／井山弘幸・城戸淳訳［2004］『知識の社会史——知と情報はいかにして商品化したか』新曜社。

★バーク,P. ／井山弘幸訳［2015］『知識の社会史 2——百科全書からウィキペディアまで』新曜社。

Clark, P. [2000] *British Clubs and Societies 1580–1800: The Origins of an Associational World*, (Oxford Studies in Social History) Clarendon Press.

エリス,J. M. ／松塚俊三・小西恵美・三時眞貴子訳［2008］『長い 18 世紀のイギリス都市 1680-1840』(りぶらりあ選書) 法政大学出版局。

ハーバーマス,J. ／細谷貞雄・山田正行訳［1994］『公共性の構造転換——市民社会の一カテゴリーについての探究（第 2 版）』未来社。

ハスキンズ,C. H. ／青木靖三・三浦常司訳［2009］『大学の起源』八坂書房。

アザール,P. ／野沢協訳［1973］『ヨーロッパ精神の危機 1680-1715』(叢書・ウニベルシタス) 法政大学出版局。

ヘンリー,J. ／東慎一郎訳［2005］『一七世紀科学革命』(ヨーロッパ史入門) 岩波書店。

児玉善仁［2007］『イタリアの中世大学——その成立と変容』名古屋大学出版会。

小西恵美［2015］『長い 18 世紀イギリスの都市化——成熟する地方都市キングス・リン』日本経済評論社。

小関隆編著［2000］『世紀転換期イギリスの人びと——アソシエイションとシティズンシップ』人文書院。

マンゲル,A. ／原田範行訳［1999］『読書の歴史——あるいは読者の歴史』柏書房。

長尾伸一［2001］『ニュートン主義とスコットランド啓蒙——不完全な機械の喩』名古屋大学出版会。

隠岐さや香［2011］『科学アカデミーと「有用な科学」——フォントネルの夢からコンドルセのユートピアへ』名古屋大学出版会。

★隠岐さや香 [2018] 『文系と理系はなぜ分かれたのか』（星海社新書）星海社。

大野誠 [1998] 『ジェントルマンと科学』（世界史リブレット）山川出版社。

大野誠編著 [2009] 『近代イギリスと公共圏』昭和堂。

ポーター，R. ／見市雅俊訳 [2004] 『啓蒙主義』（ヨーロッパ史入門）岩波書店。

ラシュドール，H. ／横尾壮英訳 [1966-68] 『大学の起源——ヨーロッパ中世大学史』上・中・下，東洋館出版。

三時眞貴子 [2012] 『イギリス都市文化と教育——ウォリントン・アカデミーの教育社会史』昭和堂。

★島田雄次郎 [1990] 『ヨーロッパの大学』玉川大学出版部。

Uglow, J. [2002] *The Lunar Men: Five Friends Whose Curiosity Changed the World*, Farrar, Straus and Giroux.

★安原義仁 = ロウ，R. [2018] 『「学問の府」の起源——知のネットワークと「大学」の形成』知泉書館。

★横尾壮英 [1992] 『中世大学都市への旅』（朝日選書）朝日新聞社。

横尾壮英 [1999] 『大学の誕生と変貌——ヨーロッパ大学史断章』（大学史叢書）東信堂。

文 献 案 内 ▍   **Bookguide** ●

　　知識史や科学史は，教育史を学ぶみなさんにはあまりなじみがないかもしれません。けれど，とても重要な文献がたくさんありますので，ぜひ読んでみてください。多角的な観点によって，中世から現代までの長いスパンで知識がどのように取り扱われてきたかを説明してくれるバーク [2004；2015] を，まず手にとるのがいいかもしれません。安原 = ロウ [2018] も古代の「学問の府」（知識・研究の中心地）についての壮大な旅に誘ってくれる稀少な書物です。

　　一方で，日本において大学史研究の蓄積は豊富で，基本文献をあげるだけでもこのコーナーでは足りません。あえて絞るならば，まずは島田 [1990]，横尾 [1992] を読んで中世大学の誕生を学びつつ，19 世紀以降の高等教育の伝搬と変貌を描いたアンダーソン [2012] を読むとよいでしょう。隠岐 [2018] は現在の文系と理系に分かたれた学問の問題を，また違う角度から論じていてたいへん面白いので，ぜひ読んでみてください。

人々は読み書き能力をどのように使ったか
リ テ ラ シ ー

10c Katsushika Hokusai
"Five Feminine Virtues" single
(© Smithsonian's National
Postal Museum)

Universal
Postal Union
1874-1974

Hokusai

10c US

　1874年10月9日，スイスのベルンで第1回万国郵便大会議が開催され，「万国郵便条約」が締結されることによって，「一般郵便連合」（後に万国郵便連合と改称）が設立された。これにより，加盟国間で交換される国際郵便物は，原則として同一種類のものは均一料金となった。万国郵便連合は最初期の国際機関の1つであり，この事業の成功は国際協調の潜在的な可能性を示すものと考えられた。現在のグローバル・コミュニケーションの起点を，ここに見出すことができるかもしれない。写真は，万国郵便連合設立100周年を記念して，1974年にアメリカでつくられた10セント記念切手。葛飾北斎の美人画の一部（本を読む女性）がデザインされている。

はじめに

　読み書きができるということは，現代の日本あるいは先進国において，人々が当然身につけているはずのスキルになっています。教育を可能にする最も根本的な条件の 1 つであるにもかかわらず，むしろそれゆえに，現在の私たちは識字という問題を，教育問題として意識することすらほとんどないといえるかもしれません。もっとも歴史を遡るならば，人口の大多数が読み書きできるという社会がやってきたのは，西ヨーロッパにおいてすら，たかだか 200 年前のことに過ぎませんでした。そして現代の世界を見渡すならば，非識字者は決して少数の例外的な存在ではありません。2015 年時点で，15 歳以上の非識字者は 7 億 8100 万人いると推計されています（UNESCO［2015］）。

　第 3 章で扱った「知識」はどちらかといえばハイカルチャー，つまり社会のエリートたちのものでした。そして彼ら知識人同士のネットワークは，たしかに複数の地域を横断する普遍性・単一性を持っていましたが，他方で実際に知の世界にアクセスできる人間はきわめて限られてもいました。これに対して本章で扱うのは主に非エリート，つまり民衆が読み書き能力＝リテラシーをいかに獲得し，それを使いこなしたかに関する歴史です。1970 年代以降，歴史学はリテラシーという主題に取り組み，豊かな成果を上げてきました。なぜ歴史学がリテラシーに関心を寄せるようになったのか，その理由は一様ではありません。最も大きな研究関心の 1 つは，経済成長や近代化をもたらした歴史的要因を探ろうとする社会経済的なものでした。これは現在でも決して無視しえない主題です。

　しかし，リテラシーの歴史はこうした社会経済的な関心を超える射程を持ちます。人間にとって言葉を身につけること，言葉を使うことは，自分自身，他者，そして自分たちを取り巻く世界をどのようなものとして理解し，どのような関係性を築くのか，そのあり方を枠づけるものだからです。この意味で，歴史のなかのリテラシーを問うことは，歴史のなかで人々が「生きること」のありようを問うことでもあります。生きることと学ぶことがどのように関係していたのかをも問い直すリテラシーの歴史は，最も教育学的な関心を触発する歴史でもあるのです。

1 中世におけるリテラシー

┃ 二重言語体制 ┃

　もっとも，リテラシーの歴史を描こうとすると，すぐに厄介な問題が発生します。最古の文字は紀元前 4000 年紀後半，シュメール文明（初期のメソポタミア文明）で発明されたといわれています。この意味では，文字は非常に長い歴史を持ちます。しかしある社会が文字を持っていることと，その社会に生きる人々が読み書きできるということは，まったく別のことです。文字を持っている社会にあっても，歴史の大半において，文字を扱うことができる人々はきわめて少数に限られていました。

　さらに厄介なのは，文字で表現される言語と，人々が実際に話している言語が同じものとは限らない場合があるということです。たとえば中世から近世のヨーロッパにおいて読み書きができないということは，単に文字が読めないことではなく，「ラテン語が読めない」ことを指していました。当時の書物の大半は，ラテン語で書かれていたからです。

　「声／文字」と「俗語／ラテン語」という 2 つの異なる境界線がなぜ重なり合ってしまうのか。この起源には，教育が深くかかわっています。8 世紀末から 9 世紀初頭にかけて，中世ヨーロッパを支配したフランク王国では，カロリング・ルネサンスと呼ばれる古典古代文芸復興運動が生じました。なぜフランク王国のカロリング朝でこうした運動が起こったのかには，政治的な理由があります。カロリング朝は事実上のクーデターによって生まれた国で，国家の正統性を王家の血筋に求めることはできませんでした。このため，カロリング朝は自らの正統性を，ローマ教皇の権威に頼りました。カロリング朝は，ローマ教会ひいてはキリスト教の守護者として自らの正統性をアピールしなければならなかったのです。

　こうした背景において，カロリング朝下では古代キリスト教を中心とした学問の奨励や学校設置などが行われたのですが，このカロリング・ルネサンスの中心は，ラテン語の正則化，つまり「古代ローマ帝国で使われていた正しいラ

テン語に戻そう」という運動でした。6 世紀から 7 世紀にかけて，ヨーロッパの言語は，ラテン語からロマンス諸語へと分化していきました。つまり，当時の人々が話している言葉は，古代ローマの言葉とはかなり異なってきており，そうした変化が文字の世界にも反映された結果，「粗野な，汚いラテン語」になっていたのです。これを「昔の正しいラテン語に戻す」というのが，カロリング・ルネサンスの主要な目的でした。キリスト教の正典を写す際，「正しいラテン語」が使用され，また文字を統一するためカロリング小文字という新しく読みやすい文字が発明されました（これは現在の活字体の起源でもあります）。

　しかし後の時代から振り返るならば，このカロリング・ルネサンスの影響は重大な副作用を伴うものでした。文字の世界だけを「昔の正しいラテン語」に戻して固定してしまうならば，それは人々が実際に話す言葉とは乖離してしまいます。こうして文字の世界で使われる言葉は，教育を受けなければほとんどの人々にとって理解することができない，異なる言語になってしまうのです。時代が下るにつれて両者はますます乖離し，文字の世界＝ラテン語＝エリート文化と，声の世界＝俗語（ロマンス語）＝民衆文化という二元的な文化状況がつくり出されました（大黒 [2010]）。これは 19 世紀に至るまで，ヨーロッパ文化を分断する重要な境界線として機能することになります。

俗語の成立と展開

　文字の世界はラテン語，声の世界は俗語という二重体制は，およそ 1000 年間のヨーロッパ中世を通じて残り続けます。しかし中世後期には，俗語は次第に文字の世界にも浸透していきました。俗語のリテラシーを推進したのは，12 世紀以降に成長する都市であり，そこで活動する商人たちでした。13 世紀イタリアのシエナやボローニャに残された最古の商人文書は，俗語で書かれています。これらは遠隔地との商取引記録や帳簿の類ですが，注目すべきは，それが商人が自筆したものであるということです。11 世紀以降，さまざまな契約を結ぶ際，「公証人」という専門業者に依頼して契約書を作成してもらうという慣行はすでに社会の下層にまで広がりを見せていましたが，この公証人文書は基本的にラテン語で書かれていました。これに対してイタリアの商人文書は俗語で自筆されており，商人たちがこの時期に，すでに実用的な目的のために文字を十分に使いこなしていたことを示しています（大黒 [2010]）。

では，商人たちはどこで俗語の読み書きを習得したのでしょうか。答えは「学校」なのですが，中世イタリア諸都市の学校が俗語とラテン語のどちらを基本としていたのかは，研究者によっても見解が分かれているようです。当時のイタリア商人の子どもたちの平均的な教育は，5歳前後で読み書きを習い，10歳ごろから算術学校で勘定と簿記を教わり，その後は徒弟奉公に出されて実地訓練を受けるというものでした。さらに上級の文法学校に進むと，ラテン語の文法と修辞法，そして公証学が教えられましたが，こうした上級学校へ通う者の数はあまり多くはなかったようです（児玉［1993］；徳橋［1995］）。

　中世後期には，都市の中・上層市民にとって俗語リテラシーはすでに必須となっており，彼らはそれを高いレベルで身につけていました。このことは，商人文書だけでなく公文書の俗語訳という事例からも推察することができます。中世の公文書は基本的にラテン語で書かれていました。しかし14世紀から15世紀の北・中部イタリアでは，俗語の都市法やギルド規約がつくられるようになります。彼らにとってラテン語は理解不可能な言語ではなかったにせよ，俗語のほうがより容易に理解できたからです。都市法やギルドの規定は，役職に就いた市民やギルド成員が参照するものであり，その俗語版が多数つくられていたということは，都市中・上層市民が日常的にそれらの文書を参照するために，理解のより容易な俗語が書き言葉として選ばれたという可能性を窺わせます。続く16世紀には，公証人文書を除く公文書の俗語化が進行することになります（徳橋［2012］）。

　さらに俗語リテラシーは，商業や実務といった実用目的を超えて利用されもしました。14世紀から15世紀のイタリアでは，一般市民が自分や家族，親しい人のために手づくりした俗語による写本が大量に流通し，読まれるようになります。その内容は街頭で聞いた説教や，借りた本——聖人伝，宗教書，文学作品，旅行記，医学書など——までを書き写す，多種多様なものでした。なぜ，こうした本がつくられたのでしょうか。作者が本に記した書き込みに，その動機が語られています。「私と本書を読む人の慰めのために」「楽しみのために」「別荘で閑暇を過ごすために」「暇つぶしと憂さ晴らしのために」。ここでは，実用的なリテラシーからさらに進んで，「文学的リテラシー」と呼びうるものをも行使するようになった，ルネサンス期の市井の人々の姿を見出すことができます（大黒［2010］）。

母語の発見

さらに話はここで終わりません。俗人が俗語で書くという事態は，声と文字をめぐるヨーロッパ中世の歴史の到達点を示すものですが，他方で文字を獲得した俗語が「母語」として捉え返されるとき，それは近代の出発点とも重なり合っています。

俗語とは，人々が日常的に使っている言葉です。これに対して，俗語が1つの言語として分析の対象とされ，他の言語と比較されると同時に，その価値を測られたり愛着や思い入れの対象となるとき，俗語は母語として発見されることになります。このような動きは，中世の末期に現れ始めます。それを典型的に示すのが，俗語の文法の発見や正書法の確立です。15世紀半ば，フィレンツェの人文主義者レオン・バッティスタ・アルベルティは，トスカーナ語の文法をラテン語文法の用語を使って分析する『小文法』という俗語文法書を著しました。その少し前の15世紀初頭には，ボヘミアで教会改革者ヤン・フスが『ボヘミア語正書法』を著し，チェコ語の表記を統一しようとします。アルベルティの『小文法』は，トスカーナ語にもラテン語と同様の一貫した法則＝文法があることを示すことで，俗語にもラテン語と同様の尊厳を認めようとするものでした。フスの『正書法』は，12世紀以来の東方植民によって渡来したドイツ人のドイツ語と，南方の「腐敗した」ローマ教会の言葉であるラテン語からチェコ語を救い出そうとするチェコ国民（チェコ貴族）の利害を反映しています。

ごく少数の知識人や社会階層の高い人々を対象としつつも，ヨーロッパ全域を前提とするラテン語とは異なり，母語は一定領域内に住む人々の集団を前提とし，彼らが共有する俗語として発見されました。そして俗語の文法や正書法の確立は，そうした社会集団を「言語共同体」（民族的ネイション）として輪郭づけると同時に，彼らに「正しい言葉づかい」という規範を強制する傾向を生み出すことになります。言語が国家や権力と結びつくという傾向を最もよく示すのが1492年にスペインで出版された『カスティーリャ語文法』です。著者アントニオ・デ・ネブリハによれば，この本の目的はカスティーリャ語の正しい用法を示すことだけではありませんでした。ネブリハによれば，ヘブライ語とユダヤ人，ギリシア語とギリシア人，ラテン語とローマ人といったように，

強力な言語は強力な国家と常に手を取り合って発展します。今やこうした過去の帝国と比肩するまでに強力となったスペイン王国には，それにふさわしい言語が必要だ，というのがネブリハの主張でした。

1492年は，スペイン王国がグラナダを陥落させてイスラーム支配をイベリア半島から一掃した年であると同時に，イサベル女王が資金を提供したクリストファー・コロンブスが西インド諸島に到達する年でもあります。『カスティーリャ語文法』がイサベル女王に捧げられていること，スペイン王国の被征服民にも学習が可能なようにその巻末に動詞や名詞の変化表が示されていることは，母語と国家権力との密接な関係を示すものであるといえるでしょう。もっとも『カスティーリャ語文法』であれ，『小文法』や『ボヘミア語正書法』であれ，それが当時広く知られ普及したということはなく，さしあたり単なるイデオロギーにとどまったようです（大黒[2010]）。この国家語，標準語というイデオロギーが実際の教育制度や教育実践として具体化されるのはおよそ4世紀後，19世紀を待たなければなりませんが，このことは本章の最後に，そしてより詳しくは第9章で再び触れることにしましょう。

声と文字の間：宗教改革的公共性

最後に，ヨーロッパ中世末期のリテラシーにかかわって外すことができないトピックとして，宗教改革に触れておきましょう。マルティン・ルターの「95カ条の提題」がわずか2週間でドイツをかけめぐったこと，聖書がドイツ語訳されたこと，多種多様な宗教改革に関する書籍や小冊子がつくられたことなど，従来，宗教改革を進める要因としてとくに注目されたのが，15世紀中葉から発達した活版印刷業でした。さらに16世紀に入ると，生産される印刷物の量や種類が格段に増加します。宗教改革の中心人物であったルターの著作は，1500年から1540年までの間に出版されたドイツの書籍全体の3分の1を占めていました。「書籍印刷なくして，宗教改革なし」といわれるゆえんです。しかし宗教改革にとって印刷業がどの程度重要だったのかは，近年の研究史において疑義が呈されています。識字率がわずか数％に過ぎなかった社会において，印刷物は公論形成に大きな役割を果たしたといえるのか，というわけです。

それでは，大多数の人々が読み書きできなかった時代に，改革者たちは，どのようにして一般の人々を自分の陣営に引き入れたのでしょうか。その重要な

手段の1つが書籍以外のメディア，つまり印刷術の普及に伴って出回ったパンフレットや1枚刷りのビラです。民衆に宗教改革のメッセージを伝えるためには，木版画による図像が果たした役割が大きく，図像と文字の両方が入った小冊子やビラが大きな影響力を及ぼしたと考えられています（森田［1993］）。さらに，こうしたメディアから類推されるのは，口頭でのコミュニケーションの重要性です。出版物は自分で読むだけではなく，誰かに読んでもらうことも可能でした。ラテン語ではなくドイツ語で書かれた簡便なパンフレット類であれば，読み上げるだけで聴衆にも内容が伝わります。民衆世界においては，声と文字ははっきり分かれたものではありませんでした。説教は印刷されて人々の間に流布し，逆に出版物は牧師によって，聴衆に向かって読まれました。集会や説教の場は，人々の共通の認識，ひいては「公論」をつくり出す基盤を提供しました（スクリブナー゠ディクソン［2009］）。

　宗教改革をめぐる公論は，近代における公論とは，かなりその性格を異にします。メディア史研究の先駆であるユルゲン・ハーバーマスの有名な議論によれば，18世紀啓蒙期には，新聞・雑誌・書物が多数出版され，またその読者たちがコーヒーハウスやクラブ，サロンで討議を行うようになります。この読書する公衆こそが公共性の主たる担い手であり，彼らの誕生こそがアンシャン・レジームの政治的な空間と言説を独占していたエリート体制に市民層が挑む契機となったとされます（ハーバーマス［1994］）。これに対して，宗教改革期では，バラッド（物語詩）や誹謗文書，民衆的儀礼・祝祭のように，民衆文化に根ざしたコミュニケーション手段もまた，公論を形成する重要な要素となりました（蝶野［2010］）。

　声と文字が交じり合う宗教改革期の公共圏は，決して理性的な市民同士の上品なコミュニケーションという枠組みに収まりませんでした。改革者はカトリック教会の権威と秩序を覆そうと，パンフレットに揶揄，攻撃的な姿勢や文体を用い，また韻を踏んだり同じ語を何度も反復するといったレトリックによって，読み手や聴き手の感性や感情を大いに刺激するよう工夫を凝らしました。さらに，その風刺や視覚表現は，動物メタファーを多く織り交ぜ，娯楽的要素で民衆を惹きつけることもありました。宗教改革期のビラやパンフレットは，単独で存在する読者というよりも，何かしら共同で読む・読み聞かせることを想定しており，聴衆を理性的に説得するのではなく，激しい感情をかき立てる

ことをねらっているものが多くあります。声と文字の世界が混じり合い，読書が共同行為としてなされるというタイプの公共圏は，後に触れるイギリスのチャーティストの事例が示すように，19世紀においても民衆世界における急進主義の伝統のなかに残り続けることになります。

識字率研究の動向

過去の識字率はどのような方法によって明らかになるのか

　さて，ここで視点を近世以降における母語のリテラシーに移しましょう。ある時点のある社会において，母語を読み書きできる人々はどのくらいいたのか。これは歴史学的にたいへん興味深い主題ですが，明らかにすることが難しい主題でもあります。とくに信頼できる識字統計が存在しない1850年以前の時代に関して，どのような方法を用いれば識字率を推測できるのでしょうか。

　まず，同時代の記録や言説から識字率の水準を推測するという方法があります。たとえば「全国民の×割が文字を読めない」というような記述を探すという方法です。もう1つの方法は，出版物の種類や発行部数から識字率を推測するというやり方です。また，学校教育もしくは就学の普及度合いを明らかにすることで，それをもとに識字率を推測するという方法もありえます。しかしいずれの方法も間接的な推測の方法であり，標本の偏りが大きい，あるいは標本が限定的であるという欠点を抱えることになります。識字率を直接明らかにできるような史料と方法は存在しないのでしょうか。

　この困難を乗り越えるために，歴史家たちが注目したのは「署名」でした。西ヨーロッパにおいて，人々は古くから承認や保証を意味する署名を求められましたが，その際，署名のできる者は自分の名前を書き，署名ができない者は名前の代わりに十字印をはじめとする何らかのマークを記すという習慣が，16世紀ごろから普及し始めます。そこで，署名することができるならば，少なくともその人は基礎的な読む能力を持っているだろう，と想定するわけです。このように想定すれば，ある時代や地域における署名の自著率を，その時代の識字率と見なすことができます。

もっとも，こうした想定にもかなり大きな飛躍があります。読むことと書くことは，歴史のなかでは必ずしも一体のスキルではなかったからです。たとえば，もし学校で読み方が書き方よりも先に教えられていたとするなら，貧しいがゆえに早めに教育を終えて働かなければならなかった子どもたちは，読めるが書けない大人になったという可能性は十分にあります。また宗教的および社会階層的な慣習から，聖書を読むために必要な読み方は教えるが書き方は教えないという選択がなされた場合，やはり文字は読めるのに，文書には十字印を記す大人が多く存在するということになります。これらを考慮するならば，自著率は，その時代において最低限の読み書き能力を持っていた人々が，少なくともこのくらい存在したという下限を示すラフな指標であるということになるでしょう。

近世・近代におけるヨーロッパの識字率

このことを念頭に置いたうえで，1600年から1850年までの，ヨーロッパにおける識字率について，どのような研究が行われてきたか，概観してみましょう。

ヨーロッパおよびアメリカの識字率研究の先鞭をつけたのはカルロ・チポラの『読み書きの社会史』（1969年刊）です。チポラによれば，1600年にヨーロッパの都市住民のおよそ半数が読み書きできましたが，人口のほとんどが暮らしていた農村地域では，読み書きができる者は全体の4分の1以下でした。したがって当時のヨーロッパ全体の識字率は，35〜40％であろうと推計されます。その後もリテラシーは単線的に発展したわけではなく，戦争や飢餓，病気の蔓延などにより，絶えずその普及は妨げられましたし，初期工業化も識字率を低下させる方向に働きました。したがって，1850年まで，ヨーロッパ全体で均した場合，識字率が5割を大きく超えることはなかったであろう，というのがチポラの見解です（チポラ[1983]）。

その後の研究の成果によれば，自著率としての識字率という点で，ヨーロッパの国々は3つの集団に分けることができます。①スウェーデン，デンマーク，フィンランド，スコットランド，フランス，ドイツ，イギリスなどの国は，半数以上の人口が自著できるという意味で，18世紀にすでにマス・リテラシーといえる水準に到達していました。②ベルギーやアイルランドといった，中流

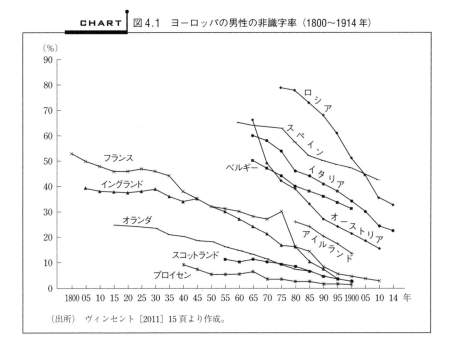

CHART 図4.1　ヨーロッパの男性の非識字率（1800〜1914年）

（出所）　ヴィンセント［2011］15頁より作成。

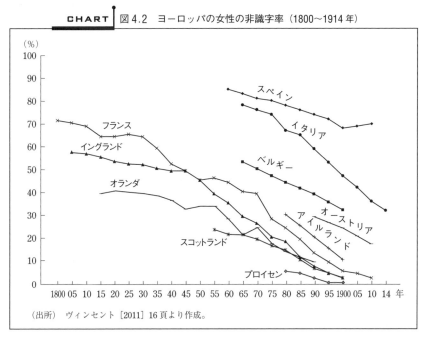

CHART 図4.2　ヨーロッパの女性の非識字率（1800〜1914年）

（出所）　ヴィンセント［2011］16頁より作成。

階級および上流階級の識字率が高い国々がそれに続きます。③ロシア，オーストリア゠ハンガリーをはじめとする東欧，イタリアなどの南欧の国々は，18世紀までの識字率は25％を切っているという水準でした。1800年から1860年代までに，①②グループの非識字率は緩やかに低下しますが，③のグループはあまり変化がありませんでした。しかし1860年代から1914年には，③のグループも含めて，ヨーロッパ全域で非識字率が低下していきます（ヴィンセント［2011］）。

　ここで，日本における識字率に目を転じておきましょう。時に，「江戸時代の識字率は世界一だった」などという俗説が提唱されることがありますが，現在の研究水準から見れば，こうした俗説はまったく支持できません（ルビンジャー［2008］）。近世までの日本の識字率は地域・職業階層・ジェンダーによって多様であり安易な一般化を許しませんが，明治初期に文部省が行った自著率調査によれば，1880年代，滋賀県では男子はほぼ90％，女子でもほぼ半数が読み書きできるとされている一方，鹿児島県では女子の識字率は10％足らず，男子でも50〜60％にとどまります。岡山県は男子50〜60％，女子30％前後となっています（大戸・八鍬［2014］）。いずれにせよ，同時代の北西ヨーロッパには遠く及ばない水準です。

┃ リテラシー神話 ┃

　ところで，これらの研究の目的は，単に識字率の量的傾向を把握することだったわけではありません。チポラが経済史家であったことからもわかるように，歴史のなかで識字率を推計することは，リテラシーが経済成長や工業化，あるいは近代化を推進したはずだという仮説のもとで進められました。

　しかし，チポラの後により細かな実証を行った歴史家たちが到達した結論は，非常に曖昧なものでした。たしかに全般的な傾向としては，農村地域よりも都市部で，南欧よりも北西ヨーロッパで，カトリック地域よりもプロテスタント地域で，下層階級よりも上層階級で，女性よりも男性で，識字率が高くなるという傾向があります。ここでは一見，識字率が地域の経済成長に関係しているように見えます。しかしこれらの研究が同時に示したのは，児童労働や急激な人口増加および工業化は識字率を向上させず，むしろ識字率を押し下げる効果があるということでした。高い識字率と関係するのは，単純な肉体労働を必要

とする工業化ではなく，専門職や学校教育によって支えられる商業化や都市化だったのです。したがって，ラフな意味でのリテラシー，すなわち自著率の向上が経済成長の原因であるという仮説は，実証的な根拠によって証明できませんでした（Graff［2010］）。

　リテラシー史の大家ハーヴェイ・グラフは，リテラシーと近代化を直接的に結びつける想定を「リテラシー神話」と呼んでいます。リテラシーの獲得が，経済成長や民主主義，認識能力の向上や社会移動にとって不可欠な必要条件であり，それらに歴史的に先行するというのは，事実というよりは「神話」，つまり歴史的な根拠のない単なる想定に過ぎないというのです（Graff［1979］）。もちろん，両者にまったく関係がないというわけではありません。しかし，識字率と経済成長や社会移動といった近代化の指標の間の関係は，地域や時代によって一様ではないこと，また両者に関係がある場合でも，むしろ経済成長が識字率向上の原因になっているという，リテラシー神話とは逆の因果関係が推測されるというのが，現在の多くの研究が一致する見解になっています。

　歴史のなかの機能的リテラシー

▌機能的リテラシーとは何か▐

　ここまで論じてきたのは，自著能力としてのリテラシーです。しかしリテラシーを「持つ」ということと，それを「使う」ということは，同じことではありません。1950年代以降，識字教育の分野では「機能的リテラシー」という概念が提唱されています。機能的リテラシーとは，単純に単語や一文が読めるということではなく，文章全体の意味を期待されるレベルまで理解できること，つまりリテラシーを使いこなすことができることを指します。なぜこのような概念が提唱されるようになったのかは，それ自体歴史的な検討に値します――必ずしも手放しの肯定的な歴史というわけではありません――が，ここでは省略します。ともあれ，機能的リテラシーという概念が示唆しているのは，個人および社会にとってリテラシーがどのような意味を持っていたのかを探究するためには，リテラシーを「身につける・持つ」という側面だけではなく，「使

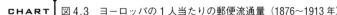
CHART 図4.3　ヨーロッパの1人当たりの郵便流通量（1876〜1913年）

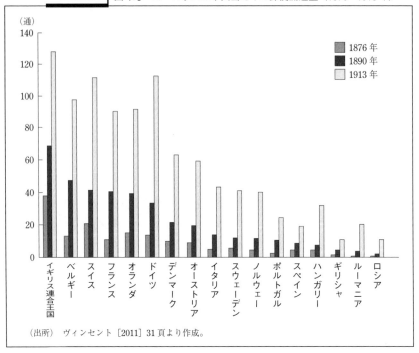

（出所）　ヴィンセント［2011］31頁より作成。

う」という水準でも考察しなければならないということです。

　しかし，機能的リテラシーという複雑な概念を，どうすれば数量的に把握できるのでしょうか。デヴィッド・ヴィンセントという歴史家は，ヨーロッパ各国の郵便流通量を指標として，機能的リテラシーを数量的に把握しようと試みています。つまり，19世紀末から20世紀初頭のヨーロッパ各国においてどれほどリテラシーが使われたかを，万国郵便連合加盟国の国内および国際郵便流通量をその指標として取り出し，比較したのです（ヴィンセント［2011］）。この結果は，自著率によって推計される識字率とはかなり異なった傾向を示します。先に述べたように，自著率としての識字率を見る限り，19世紀末から20世紀初頭は，いまだ各国間の格差がありつつも，全般的に非識字率が低下した時期でした。

　しかし機能的リテラシー＝郵便流通量で比較した場合，それらは各国間で，驚くべき格差が残り続けたことを示します。1人当たりの郵便流通量は，イギリスでは1876年に38通，1890年には69通，1913年には128通に増えていま

す。これに対しロシアでは，1876年に1通，1890年に2通，1913年でも11通にしか増えませんでした（図4.3）。

　このことは，リテラシーをただ所有したからといって，人々はそれをすぐに使うようになるわけではないということを示しています。では，人々がリテラシーを使いこなすようになることは，社会の変化や個人の経験と，どのようにかかわっていたのでしょうか。

┃ リテラシーと経済成長 ┃

　先に述べたように，リテラシーの歴史研究を推進してきた関心の1つは，経済的なものでした。リテラシーがどの程度普及し，人的資本形成がどの程度進めば，実際の経済成長がもたらされるのかという問いです。しかし，リテラシーの所有と利用のどちらに焦点を当てても，両者の明確な関係を取り出すことは困難である，というのが現在の研究の到達点です。

　かつて C. A. アンダーソンは，20世紀中葉に関する世界規模のデータから，「成人の識字率または初等教育の就学率が40％に達すると，経済成長の出発点になる」という命題を提起しました（Anderson［1966］）。この論文は近代化にかかわる多くの文献で引用されてきましたが，19世紀ヨーロッパにこの命題をあてはめた場合，アンダーソンの仮説は実際のケースのかなりの部分を説明できません。19世紀ヨーロッパ諸国の経済は一様に発展したわけではなく各国で差異がありましたが，これらの差異は単純に識字率（自著率）と相関しているわけではないからです。たとえばイギリスでは1820年から1900年にかけて，男性の識字率の3倍の速さで経済成長がなされましたし，フランスでも経済成長の速さは識字率の上昇の2倍でした。逆に，ロシアでは1870年から1900年までの間に国内総生産が増大する7倍の速さで識字率が向上しました。

　他方で，機能的リテラシーの指標である1人当たりの郵便流通量と国内総生産を比較するなら，両者には密接な関係がありました（図4.4）。この意味では，自著率としての識字率よりも，郵便流通量＝機能的リテラシーのほうが，ヨーロッパ各国の経済成長の差異を適切に説明しているといえるかもしれません。

　しかし，ここでも因果関係の問題が生じます。機能的リテラシーが経済成長の原因なのではなく，逆に経済成長の結果であるという可能性です。各国別の実証研究の成果を踏まえた現在の歴史家たちは，後者の解釈をとっています。

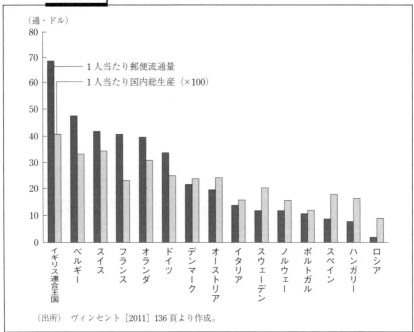

CHART 図4.4　ヨーロッパの1人当たりの郵便流通量と国内総生産（1890年）

（通・ドル）

凡例：
1人当たり郵便流通量
1人当たり国内総生産（×100）

（横軸のラベル）イギリス連合王国／ベルギー／スイス／フランス／オランダ／ドイツ／デンマーク／オーストリア／イタリア／スウェーデン／ノルウェー／ポルトガル／スペイン／ハンガリー／ロシア

（出所）　ヴィンセント［2011］136頁より作成。

　ちなみにこのことは，第**6**章で扱う公教育制度がなぜ近代に整備されたのかという問題にも深くかかわります。公教育を通じて規律化され順応性のある労働者が創り出されたことによって経済成長が起こったと考える人的資本論，あるいはそれを裏返して，資本主義のために公教育制度が創られたのだとする社会統制論的な説明は，どちらも経験的根拠を欠いていることになるからです。

　マクロ経済というレベルでリテラシーの寄与する余地がそれほどなかったとしても，個人の社会移動というレベルではどうだったのでしょうか。デヴィッド・ミッチは19世紀のイギリスを対象として，リテラシーが「要求される職業」（ホワイトカラーや専門職），リテラシーが「おそらく有用な職業」（伝統的な熟練工），「有用なことがある職業」（複雑な工場生産の従業者や小売商），「ほとんど必要のない職業」（単純な製造業の従事者や非熟練労働者）に分けてその推移を検討しています。その結果ミッチは，リテラシーが「要求される」，あるいは「おそらく有用な」職業に従事する男女は，19世紀後半で7〜10％増加したと推計しました（Mitch［1992］）。

　しかしこれは劇的な変化とはいいがたいものです。「リテラシーが要求され

る」部門が全職業に占める割合は，1891年時点でも男性で11％，女性はその半分にとどまっています。19世紀において最も先進的な経済を持っていたイギリスですらこうであったわけですから，個人のレベルでも，機能的リテラシーはせいぜい階級内部での上昇に寄与したに過ぎず，階級を越えた社会移動を促進したり，個人の職業達成をもたらした側面はかなり限定的なものであったといえそうです。

▍人々はリテラシーをどのように使ったか

　以上の検討からわかるのは，19世紀においてすら，社会にとっても個人にとっても，リテラシーは「贅沢品」であったということです。しかし他方で19世紀は，機能的なリテラシーも含めてその普及が進んだ時代でもありました。経済的な投資としての意味が限られていたとするならば，人々はなぜリテラシーを求め，それをどのようにして身につけ，使うようになったのでしょうか。リテラシーの与え手である学校教育については第**3**部で詳しく扱いますので，ここではリテラシーを求めた人々の側に焦点を絞りましょう。

　19世紀にリテラシーを身につけた労働者たちのなかには，後に自分の人生を振り返って自叙伝を書き残した人々がいます。こうした自叙伝を史料とすることで，彼らにとってリテラシーを身につけることがいったいどのような経験だったのか，その一端を窺い知ることができます。1801年に生まれたウィリアム・ラヴェットは，21歳のときにロンドンに出て働きながら独学し，後に労働者階級の政治運動やチャーティスト運動で中心的な役割を果たした人物です。労働者の自己教育運動にも関与し，慈善ではなく権利としての教育を求める公教育思想を唱えた最初期の教育思想家でもあります。ラヴェットが熱心な独学者となったきっかけは，彼がロンドンのジェラード通りで催されていた小さな読書クラブに入ったことでした。時にパンを買うお金さえもクラブの会費にあてながら，彼は読書と独学，そして読書仲間との議論の世界にのめり込んでいきます。

　　私の精神は呼び覚まされ，まったく新たな精神状態に立ち至ったのである。すなわち，新たな感情や希望，大志が，沸々として心に沸き上がったのである。こうして，ほんの少しでも暇があれば，それを利用して何か役

に立つ知識（useful knowledge）を身につけようとするようになった（Lovett
［1876］p. 35）

　リテラシーを身につけ書物の世界に接したとき，まるで自分が生まれ変わる
かのような経験をしたのは，ラヴェットだけではありませんでした。独学者た
ちは自叙伝で，書物の世界との出会いを必ず書き記し，それを「歓喜に燃え
た」「まるで魔法のような影響を心に受けた」「若い気質が目覚めた」「自分が
住んでいると思い込んでいた世界とはまったく別の世界にいた」「感極まった」
と，あたかも宗教的な回心にも似た経験として表現しています。
　労働者階級の独学者たちが求めたのは「役に立つ知識」でした。しかし意外
なことに，彼らにとって役に立つ知識とは，たとえば彼らの職業にかかわる実
用的な知識ではありませんでした。彼らが求めたのは政治，文学，宗教に関す
る真面目な書物であり，つまり「本のなかにしかない知識」（book knowledge）
だったのです。本の知識こそ，自分の意識を変え，そして自分と世界との関係
をも変えることができる力を持つ，そうした意味を込めて彼らは「役に立つ」
という形容詞を使いました。理性の追求にどれくらい力になりえるか，道徳的
な目標に近づくためにどれくらい有効か，こうした観点から役に立つ知識や本
を彼らは求めたのです（ヴィンセント［1991］）。チャーティスト運動は社会経済
的な階級運動という側面だけではなく，18 世紀以来の啓蒙主義と政治的急進
主義を引き継ぐ思想的な傾向を持っていましたが，この独特な労働者階級の階
級意識および運動の性格を形成した 1 つの要因を，労働者たちが行使した機能
的リテラシーに見出すことができます。

4 リテラシーの影

▌ リテラシーと社会統制 ▌

　ラヴェットの事例は，リテラシーの獲得が，階級意識の形成や既存の体制へ
の抵抗へと結びつくありようを示しています。イギリスでは，とくにフランス
革命以降，国内における急進主義の普及を警戒した政府によって，検閲が強化

されたり，新聞に課せられる印紙税が引き上げられます。しかし，このことによって逆に，非合法に出版される新聞や雑誌が生まれ，それらは職場の組合などによって共同で購入され，集団で読まれることになりました。ラヴェットの読書体験は，まさにこうした文脈に位置づけられます。非合法の印刷物を共同で読むという行為は，容易に煽動的な集会に変化し，選挙法改正運動やチャーティスト運動などの急進主義的な政治運動を支えました。

　しかし，リテラシーの普及と印刷物の大量出版は，既存の体制への批判を馴致する，あるいは封殺する方向にも働きました。急進的な出版者を統制し，煽動的な印刷物を封じ込めることは，「知への課税」を行うのではなく，むしろそれを撤廃して資本主義を導入することによって，はるかに効果的になされたからです。1855 年にイギリスで印紙税が廃止されると，エドワード・ロイドのような出版者が，資本主義的な新聞の大量発行を開始します。新聞社が利潤を追求する企業へと変質すれば，それは大規模な投資を無駄にするような真似はせず，その活動はリベラルな世論の枠内にとどまるであろうと，政府側は正しく認識していました。新聞は安価になると同時に煽動的なものではなくなり，読者の関心を政治体制への異議申し立てではなく，消費文化へと向けさせるものになります（Curran［1978］）。この傾向は新聞だけでなく書物にもあてはまります。ヨーロッパ各国で書籍市場は多様でしたが，最終的には同一方向に収斂しました。図書館の貸し出し記録を検討したロバート・ダーントンによれば，19 世紀末までに，ドイツ，イングランド，アメリカの図書館で貸し出された本の 70〜80 ％は小説となり，歴史・伝記・旅行記は 10 ％，宗教書はわずか1 ％未満にとどまりました。近世の蔵書・読書の圧倒的多数が宗教書であったことを考えるならば，劇的な変化が生じたといえます（Darnton［1986］）。

　権威への異議申し立てではなく，むしろ権威への自発的従属を引き出すためにこそリテラシーが有効であるという認識は，第 **6** 章で扱う公教育制度の理念そのものに深く食い込むものでもありました。1867 年にイギリスで第二次選挙法の改正法案が可決された際，それまで教育政策に深くかかわりつつも，国家による公教育制度の構築に一貫して反対してきた保守的自由主義者ロバート・ロウは，一転して公教育制度への国家介入を支持する論陣を張るようになります。ロウの「今や，われわれの将来の主人に読み書きを身につけさせることが絶対に必要不可欠だと信ずるものであります」という発言は，つとに有名

です。「われわれの将来の主人」とは，これから参政権を付与される労働者階級を指しています。しかしロウの主張は，労働者階級を対等な市民として，理性的な公共圏に新たに迎え入れようとするものではありませんでした。それは，上から伝達されるメッセージを無批判に受け入れる程度には，公教育によって大衆にリテラシーを身につけさせなければならないということ，つまり公教育とリテラシーを通じた大衆の動員と社会統制を企図したものだったのです。

リテラシーと分断

　もっとも，リテラシーを使いこなすどころか，学校教育を梃子として人々が話している地方言語を「標準語」に変えていくことにすら，実際には多大な困難が伴いました。国民の均質化を最も志向したフランスにおいてさえ，事態は深刻でした。フランソワ・ギゾーによる国民教育制度の確立から30年が経った1863年の時点においても，人口の5分の1にとってフランス語は外国語であり続けました。イギリスでも，ウェールズでは非国教徒の抵抗によってウェールズ語保護運動が生じ，1890年代においても国民の半数以上がウェールズ語を母語として使用していました。1900年代のドイツ領ポーランドでは，ポーランド人をドイツ化しようとする教育政策に対して，広範な学校ストライキが生じました（Furet and Ozouf［1982］；平田［2016］；伊藤［1989］）。

　しかし注目すべきは，標準語教育による市民化＝国民化が失敗したということではなく，その失敗が何をもたらしたのかにあります。国家による教育政策は言語の分断を埋めるというよりも，その溝を深くしました。言語政策の失敗は，「標準語を話すことができない人々」を創り出しただけではありません。それは，彼らが単に特定の言語の習得が不十分な人々なのではなく，知的・道徳的・宗教的に「劣った人々」であるのだとする価値観を創り出すことに「成功」します。20世紀ブルターニュを代表する文学者ピエール–ジャケス・エリアスは，幼いころ自分の両親がフランス語を満足に話すことができないというだけで受けた仕打ちを次のように回想しています。

　　　〔フランス語が話せない両親は〕キリスト教徒らしい話し方ができないのなら
　　　地獄に落ちろ，と暴言を浴びせられた。ブルトン語を話すブルターニュ人
　　　は，フランス語を操ることができないという理由だけで（略）間抜け，も

しくは知恵遅れだと見なされた（ヴィンセント［2011］224頁）

　歴史のどこかの時点で，基礎的な読み書き能力は，市民＝国民の資質としては不十分なものとなり，基礎的リテラシーしか持ちえなかった人々はむしろ公共圏の外側ないし周縁にしか居場所を与えられないという事態が生じたのです。さらに，標準語にかかわる基礎的なリテラシーすら持ちえない人々は，表向きは平等な国民というカテゴリーの内部で最下層に位置づけられ，新たな差別を受けることになります。エリアスが子どもだった20世紀前半は，大多数の人々が国民へと包摂される大衆社会への転換が生じた時期でした。財産と教養の有無によって実質的な差別を受ける市民社会＝自由主義国家ではなく，人種と言語に関して均質な国民＝大衆が福祉の恩恵に与る福祉国家が形成されることになります。そこで標準語（国語）のリテラシーは，たしかに人々を国民として相互に結びつけました。しかしそれ以上に，リテラシーは，「誰が国民であるか」という境界線をめぐって人々を細かく分断し序列化する機能をも果たすことになるのです。このことは，第8章および第9章で詳しく論じられます。

おわりに

　ここまで，人々が生きるということと文字がどのようにかかわってきたのかを辿ってきました。そして生きることと文字とのかかわりを知るためには，単一のリテラシーではなく，多様なリテラシーを歴史のなかに探さなければならないことも理解できたと思います。それを踏まえたうえで，最後にやや挑発的な問題提起をしてみましょう。そうであるならば，リテラシーという概念は，1つのイデオロギーでもあるのではないか，と。

　それぞれの時代に「読み書きができる」という意味で使われていたものであれ，歴史家たちが後から分析概念として考案するものであれ，リテラシーという概念は，人間や社会に関する多様な評価や期待に沿って，さまざまに定義することが可能です。たしかに，歴史のある時点から，アイデンティティや人生の意味とリテラシーは切り離しがたく結びついたのかもしれません。しかしそうであればこそ，リテラシーとは何かを定義することは，リテラシーを「持

つ」者と「持たない」者，「望ましい」リテラシーが普及している社会とそうでない社会とを区別し，序列化する機能をも果たしてしまったのではないでしょうか。このことは，とくに近代において，国家と民族と言語をめぐって教育がどのように人々を国民として統合したか，そしてそれ以上に人々を半国民，非国民として分断し序列化したかという重い問いと結びついています。

　本章の冒頭で，現在の世界には約8億人の非識字者がいることに触れました。ここで意味されているリテラシーは，単純な識字能力です。つまり，文字の読み書きができないことで得られる情報が不足し，社会的な権利が大幅に制約されたり，犯罪や疾病，虐待や貧困に出会うリスクが高まってしまうことが問題とされているのです。他方で，経済協力開発機構（OECD）が主催する学力調査である PISA は認知的な能力だけでなく，ICT や対人関係にかかわるスキル，さらに人格特性・態度なども含む人間の全体的な能力を「リテラシー」に含めています。こうした能力こそが，グローバルな知識資本主義社会に適合的な新しい学力だと想定され，各国の「教育改革」を方向づけているわけです。同じリテラシーという言葉で表現される2つの世界が，これほどまでにかけ離れたものであるという現状を，教育史という観点からどのように捉え返すことができるでしょうか。ぜひ，考えてみてください。

参考文献 ┃　　　　　　　　　　　　　　　　　　　　Reference ●

Anderson, C. A. [1966] "Patterns and variability in distribution and diffusion of schooling," in C. A. Anderson and M. J. Bowman eds., *Education and Economic Development*, Frank Cass.

★シャルティエ，R. = カヴァッロ，G. 編／田村毅ほか訳 [2000]『読むことの歴史——ヨーロッパ読書史』大修館書店。

蝶野立彦 [2010]「宗教改革期のドイツにおける読書・コミュニケーション・公共性——《宗教改革的公共性》をめぐって」松塚俊三・八鍬友広編『識字と読書——リテラシーの比較社会史』昭和堂，所収。

★チポラ，C. M. ／佐田玄治訳 [1983]『読み書きの社会史——文盲から文明へ』御茶の水書房。

Curran, J. [1978] "The press as an agency of social control: An historical perspective," in G. Boyce, J. Curran and P. Wingate eds., *Newspaper History from the Seventeenth Century to the Present Day*, (Communication and Society) Constable, Sage Publications.

Darnton, R. [1986] "First steps toward a history of reading," *Australian Journal of French Studies*, vol. 23, no. 1, pp. 5-30.

Furet, F., and Ozouf, J. [1982] *Reading and Writing: Literacy in France from Calvin to Jules Ferry*, (Cambridge Studies in Oral and Literate Culture) Cambridge University Press. （原著：

1977 年）

Graff, H. J. [1979] *The Literacy Myth: Literacy and Social Structure in the Nineteenth-century City*, (Studies in Social Discontinuity) Academic Press.

Graff, H. J. [1987] *The Legacies of Literacy: Continuities and Contradictions in Western Culture and Society*, Indiana University Press.

Graff, H. J. [2010] "The literacy myth at thirty," *Journal of Social History*, vol. 43, no. 3, pp. 635-661.

ハーバーマス，J.／細谷貞雄・山田正行訳 [1994]『公共性の構造転換——市民社会の一カテゴリーについての探究（第 2 版）』未來社。

平田雅博 [2016]『ウェールズの教育・言語・歴史——哀れな民，したたかな民』晃洋書房。

ホガート，R.／香内三郎訳 [1986]『読み書き能力の効用（新装版）』（晶文社アルヒーフ）晶文社。

Houston, R. A. [2002] *Literacy in Early Modern Europe: Culture and Education 1500–1800 (2nd ed.)*, Routledge.

イリイチ，I.／岡部佳世訳 [1995]『テクストのぶどう畑で』（叢書・ウニベルシタス）法政大学出版局。

伊藤定良 [1989]「ドイツ第二帝政期におけるポーランド人問題」油井大三郎ほか『世紀転換期の世界——帝国主義支配の重層構造』未來社，所収。

児玉善仁 [1993]『ヴェネツィアの放浪教師——中世都市と学生の誕生』平凡社。

Lovett, W. [1876] *The Life and Struggles of William Lovett, In His Pursuit of Bread, Knowledge, and Freedom: With Some Short Account of the Different Associations He Belonged To, and of the Opinions He Entertained*, Trübner.

Mitch, D. [1992] *The Rise of Popular Literacy in Victorian England: The Influence of Private Choice and Public Policy*, University of Pennsylvania Press.

森田安一 [1993]『ルターの首引き猫——木版画で読む宗教改革』（歴史のフロンティア）山川出版社。

★大黒俊二 [2010]『声と文字』（ヨーロッパの中世 第 6 巻）岩波書店。

オング，W. J.／桜井直文・林正寛・糟谷啓介訳 [1991]『声の文化と文字の文化』藤原書店。

★大戸安弘・八鍬友広編 [2014]『識字と学びの社会史——日本におけるリテラシーの諸相』思文閣出版。

★ルビンジャー，R.／川村肇訳 [2008]『日本人のリテラシー——1600-1900 年』柏書房。

Schofield, R. S. [1981] "Dimensions of Illiteracy in England 1750-1850," in H. J. Graff ed., *Literacy and Social Development in the West: A Reader*, (Cambridge Studies in Oral and Literate Culture) Cambridge University Press.

スクリブナー，R. W.＝ディクソン，C. S.／森田安一訳 [2009]『ドイツ宗教改革』（ヨーロッパ史入門）岩波書店。

Stephens, W. B. [1987] *Education, Literacy and Society, 1830–70: The Geography of Diversity in Provincial England*, Manchester University Press.

徳橋曜 [1995]「中世末期のイタリアの教育と都市文化」『富山大学教育学部紀要 A（文科系）』第 47 号，45-57 頁。

徳橋曜 [2012]「ラテン語で書くか俗語で書くか——14〜15 世紀のフィレンツェ共和国の文書作成」岡崎敦ほか『西欧中世文書の史料論的研究——平成 23 年度 研究成果年次報告書』九州大学，所収。

UNESCO ［2015］*Education for all 2000–2015: Achievements and Challenges*（EFA Global Monitoring Report, 2015）．

ヴィンセント，D.／川北稔・松浦京子訳［1991］『パンと知識と解放と──19 世紀イギリス労働者階級の自叙伝を読む』岩波書店。

★ヴィンセント，D.／北本正章監訳［2011］『マス・リテラシーの時代──近代ヨーロッパにおける読み書きの普及と教育』新曜社。

文献案内 | Bookguide ●

　現在では入手しにくいのですが，チポラ［1983］は現在でも再読に耐えるリテラシー史の古典です（図書館で借りてみてください）。これを読めば，リテラシー史が，経済史的な研究関心から始められたことについてもよく理解できるでしょう。他方で文化史としての読書の歴史は，フランスの社会史研究者集団（アナール派）が取り組んできた主要なテーマでもあり，シャルティエ＝カヴァッロ［2000］がその到達点となります。

　もっとも，それらの前に，まず大黒［2010］を読むべきかもしれません。中世ヨーロッパ 700 年あまりのリテラシーの歴史を卓抜な筆致で描き切っているだけでなく，読書とリテラシーの史学史を非常に明晰かつコンパクトに整理している点でも素晴らしい著作です。

　日本における識字研究の最前線を知りたければ，ルビンジャー［2008］と，大戸・八鍬［2014］が必読文献となります。

　近現代ヨーロッパのリテラシーに関しては，ヴィンセント［2011］が，目配りの利いた概説書になっており，ここから勉強を始めることができます。さらに同書は，国際郵便流通量を指標として使うというコロンブスの卵的な発想で，リテラシーの所有ではなく利用（機能的リテラシー）の数量的な歴史を描こうとする挑戦的な研究書にもなっています。

第**5**章

教育は働くこととどのようにかかわってきたか

職業教育の社会的機能

ラクチョウ（有楽町）の靴磨き（1948 年 2 月 5 日，撮影：影山光洋）

　この写真は，写真家・影山光洋さんが 1948 年 2 月に東京で撮影したものです（影山光洋『芋っ子ヨッチャンの一生』新潮社より転載）。第二次世界大戦は，親きょうだいを亡くした多くの戦争孤児を生み出しました。保護者のいない彼らが生きていくためには，働かなければならず，当時，貧しい人々の仕事と認知されていた靴みがきを生業にしていた子どもも多くいました。

は じ め に

第2部で最後に扱うのは，教育と働くこととの関係です。第3章と第4章では獲得する能力，すなわち知識やリテラシーに焦点を当てて論じてきましたが，本章では，教育（ここでは自己学習や訓練も含めた包括的な概念として用います）によって何らかの知識を身につけることやそれを使うことについて，働くこととの関係を軸にして読み解いていこうと思います。

働くという言葉でみなさんがイメージするのは，まず成人男性の姿かもしれません。逆に，「働く女性」を歴史的にイメージすること，また現代の「働く子ども」をイメージすることは容易ではないでしょう。そこには性別役割分業と近代的子ども期（▶第1章）を当然のことと見なす偏見が存在しているといえます。

しかし，トルコで出土した紀元前4000年前の遺跡からは，男女が狩猟採集という食料確保のための労働を共同で行っていたことが指摘されていますし，その後の農耕社会でも男性と女性がともに，そして大人も子どもも農作業に従事してきたことは，多くの国で実証されています（Maynes and Waltner [2012]）。本章ではこの点に着目し，働くという行為は人生の一時期に，特定の人（成人男性）が担うものではなく，さまざまな人々の多様な生活の一部として存在してきたという視点に立ちます。そのうえで，人々がどのように働くための術を身につけてきたのか，そしてそのことが社会にとってどのような意味を持ったのかについて，ひもといてみたいと思います。

1 職業訓練の場と方法はどのように変遷してきたか
▶▶ 徒弟制とギルド

▌ 社会のなかの職業訓練 ▐

熟練者に指導されつつ，実地訓練を通じて学習を積み重ねる方法や仕組みは，徒弟制度と呼ばれます。親方のもとに弟子入りし，その技や知識を伝授される

という徒弟修業は，ハムラビ法典にも規定されており，イスラームのムタアリム，中国の行や作（同業組合）での修業，江戸期日本の丁稚奉公など，世界各国で見られた形態でした。さまざまな時代や地域で，人々が職を得るための条件として，徒弟修業が一定程度，機能していたことは間違いないでしょう。

　ヨーロッパにおいて，この徒弟制度を担っていたのが，「ギルド」（ドイツ語ではツンフト）と呼ばれる同業組合です。その起源はカロリング時代まで遡ることができるそうですが，本格的にギルドが結成されていくのは，中世都市の成立が始まる 11 世紀以降であり，近世がその最盛期です。ギルドの正式な成員は親方だけですが，ギルドの規制と支配は親方のもとにある職人と徒弟にも及びました。

　ギルドの最も重要な機能は，営業特権の独占です。現在の私たちにとって自分が選んだ職業を営む「営業の自由」は当然の権利に思われるでしょう。しかしこれは決して歴史的に普遍のものではなく，近代においてはじめて認められた経済的自由権です。近世以前には，ギルドのような身分集団や社団が，特権としての権利を独占するというのが社会の一般的なあり方でした。各成員がギルドの加盟にあたり守ることを誓う誓約条項には，技術や労働時間，製品価格や賃金などの規程，仕事場における生産手段や従事者の数の制限，品質検査，職人・徒弟の修業のための制度などが盛り込まれ，それへの違反に対する裁判や処罰の権限が，都市当局によりギルドに認められていました。さらには，ギルドは各都市において，経済だけではなく行政活動においても重要な役割を果たしました。ギルドの代表者は，他の有力な上層市民とともに，市場税やかまど税などを財源に行政活動に従事していました。

　ギルドが中世から近世にかけて都市のなかできわめて重要な役割を持ったことはよく知られていますが，こうしたギルドを前近代的・保守的団体と見なす歴史像は，1980 年代以降，修正が試みられています。たとえばステファン・エプスタインというイギリスの経済史家は，ギルドが中・近世ヨーロッパの経済発展にとって大きな貢献をしたと主張しており，ギルド制とそれに付随する徒弟制度が職業教育と技術革新を促進したと述べています。このギルド再評価論に対して，カナダの経済史家シェイラ・オーグルヴィが反論し，2000 年代には，両者の間で活発な論争が行われました。オーグルヴィはギルドの目的はあくまでも営業の独占と競争の排除であり，職業訓練や技術革新に対してギル

ドはマイナスに機能したと述べています。評価が分かれてしまう一因として，議論の根拠としている地域がそれぞれ異なっていた（エプスタインが念頭に置いているのはイングランドやネーデルラントのギルドであるのに対して，オーグルヴィが根拠としているのはドイツのそれ）ことが指摘されており，どちらが「正しい」解釈なのかを問うことは困難です（唐澤［2010］）。いずれにしろ，中世から近世にかけて，人々を働くことへとつなげた職業訓練や身につけた知識を用いて社会をも変革した技術革新は，ギルドを通じて都市の経済・行政活動に大きな影響を受けながら展開されたのでした。

　職業教育は働くために行われるものであり，人によってどのような教育を受けたのか，受けることができたのかはさまざまです。その意味で職業教育は個人の状況に左右されるものでありますが，同時に，教育の内容も方法も目的でさえも，経済や政治の状況，法律やギルドを含めた種々の組織が定めたルール，あるいは慣習など社会的営みに大きく影響を受けるものでした。社会的状況から教育を切り離し，「普遍的な」教育の意味や「教える側と学ぶ側の関係をどのようにすべきか」といったことを問う，いわゆる「教育の論理」をもとに，教育目的や内容，方法を考えようとすることがありますが，歴史的に見ていくと，現実的には社会から切り離して教育を考えることなど不可能であり，実際には，むしろ社会的文脈こそが教育を規定していたことをここでは改めて指摘しておきましょう。

┃ ギルドの衰退／徒弟制の柔軟化／分業の進展 ┃

　中世から近世にかけて，ヨーロッパにおいては，ギルドの強制力が衰退し，住み込みで学ぶだけではなく，通いや結婚が認められるなど，徒弟修業の形態が多様になってきた地域もあれば，逆にギルドが発展した地域もあり，国・地域によってさまざまでした（三時［2012］；唐澤［2010］）。たとえばイングランドの徒弟制は長期間で，前半の訓練期間と後半の無償労働期間からなるとされていましたが，この期間も半分程度に短縮されるようになっていきました。一方で，パトリック・ワリスは，こうしたギルドの衰退化が本格的に始まる以前から，多様な徒弟修業の姿が見られたことを指摘しています。具体的には，ロンドンの徒弟修業の場においては，訓練と労働が同時並行的に行われており，いつでも中断でき，かつ短期間で終わる契約が存在し，徒弟のなかには労働機会

を求めて，通常の長期的な契約を結ばずに，数年で親方のもとを離れる者も数多くいたことを指摘しています。その結果，都市は徒弟や半熟練工にとってトレーニング・センターの機能を果たし，技術を拡散させることになったと分析しています（Minns and Wallis［2011］）。

ワリスの議論の背景にあるのは，「非登録徒弟」という存在です。つまり，正規の徒弟とは異なり，親方との契約が公的機関に登録されていない徒弟が実際には多数存在し，彼らが流動的な労働力を形成したというのです。ワリスはこうした非登録徒弟をロンドンに固有の存在と考えているようですが，最近の研究では，イングランドの地方都市においても非登録徒弟がかなりの数存在していたことが明らかにされています。以下では，米山秀によるグロスター市（イングランド南西部）の非登録徒弟の研究を参照してみましょう（米山［2016］）。

米山は，17世紀後半のグロスター市において非登録徒弟出身の正市民（市参事会員等に互選される正市民権を持った人を指す。グロスター市では，徒弟契約を結び，7年間の修業を終えると正市民になれた）や親方が，大きな比率（正市民のなかで非登録徒弟出身者が占める割合は34.9％，親方のなかで非登録徒弟出身者が占める割合はなんと66.4％）を占めていたことを，正市民認可簿や徒弟登録簿といった史料から明らかにしています。なぜここまで非登録徒弟が増加したのかについては複数の要因があるようですが，注目すべきはグロスター市を囲む後背農村の状況だと米山は指摘しています。グロスター市の北側の耕作地域では，近世にすでに囲い込みが始まっており，没落小農民が市内へと流入していました。17世紀後半以降，「非登録徒弟」の取り締まりが弛緩したことと並行して，これらの小農民は正規の徒弟ではなく，「非登録徒弟」として手工業の担い手となっていった，と米山は主張しています。

では，これらの非登録徒弟は，具体的にどのような仕事に従事していたのでしょうか。グロスターの主要産業はピン工業でしたが，この時期には，ピン製造工程は表5.1のような形で分業化されていました。

工程は，成人男子が担当する熟練工程と，女性や子どもが担当する非熟練工程に大別されます。しかし，最も熟練を要する，ピンの重さを注文に対応させる引伸工程（工程1）以外の熟練工程は，必ずしも高度の熟練が必要とされたわけではありませんでした。では，こうした高度な技術を必要としない熟練工程は誰が担ったのでしょうか。17世紀後半には，グロスター市全体で190人

	熟練工程					非熟練工程				
工程番号	1	2	3	4	8	5	6	7	9	10
工程	引伸	切断	尖端	研磨	洗浄・メッキ	頭（コイル）巻き付け	コイル調整焼き入れ	頭を押打	ピン揃え置き	箱詰め
作業者	男性	男性	男性	男性	男性	女性年長女子	男子	男子	女性女子	女性

（出所）　米山［2016］23頁を一部修正。

の徒弟が69人のピン製造工と契約していますが，親方が同時に契約するのは通常徒弟1人だけであり，したがって1作業場に正規の徒弟はせいぜい1人だけであったことになります。とすれば，実際の熟練工程の大部分を担ったのは「非登録徒弟」と考えられます。非登録徒弟は，分業によって細分化されたがゆえに，習得に長期間は必要ないけれども，ある程度の熟練が必要な技術を学ぶための短期の徒弟期間に適合的だったといわれています。徒弟を雇う側としても，年季の規制がなく親方への専属関係を持たない非登録徒弟のほうが，熟練の程度に応じて多様な作業を担当させるのに好都合だったと見なされています。逆にいえば，正規の登録徒弟になることができたのは，親方の息子もしくは中上層市民の子どもに限られていたということです。身分の継承システムは「非登録徒弟」の登場によっても，依然として機能し続けていたということになります。一方で，こうした非登録徒弟出身の職人のなかから，やがて富裕層の資金を利用して独立のピン製造工（これが非登録徒弟出身の親方ということになります）になる者も現れます。

　ワリスや米山が主張するように，短期的に職場を変えてその都度必要なスキルを身につける非登録徒弟によってこそ，技術の拡散と経済発展が支えられたとするなら，学ぶ側，知識を身につける側に学びの自由が与えられることの重要性に気がつきます。一方で，現在の非正規雇用の人々と同様，非登録徒弟は雇用の安定性や保障という点からすれば，登録徒弟以上に不安がつきまとっていたのではないかと考えられます。もちろん，非登録徒弟ならではのよさ（身につけたい技術を求めて渡り歩くことが可能で，自分の意思でさまざまな工房で働くことができるといったこと）を目当てに自ら選択して非登録徒弟になった者もいた

でしょう。しかし，ほかに生きる手段がなく，そうした形態でしか契約できなかった者たちがいたことも想像に難くありません。親方と専属契約を交わす登録徒弟であっても，さまざまな問題が起こり，逃亡や裁判にまで発展することもあった状況のなかで，非登録徒弟がどう生きたのかに思いを馳せると，「自由」であることの意味の重さを考えずにはいられません。

　こうした事実は，知識を身につけることの責任を誰が負うのか，学ぶ側の「主体性」を強調することがもたらす利点とともに，そこに潜む危険性は何かを考えるきっかけを与えてくれます。一方で，この知見は，徒弟制モデルや現場での実地訓練で学ぶことを過度に美化するような学習論に対して，その歴史的根拠の問い直しを迫るものでもあります。どのような制度があったのかだけではなく，実際の教育現場の実態を知ることの意味はここにもあるのです。

実地訓練の多様な機能

▶搾取，チャリティ，技能の獲得，社会への包摂

実地訓練による搾取

　徒弟制モデルを美化することへの問い直しの必要性は，徒弟制度の実態を見ていくなかからも浮かび上がります。というのも実地訓練が知識やスキルの付与というよりも，あからさまな搾取となった事例もあるからです。この点をイギリスの煙突掃除夫見習いの話から見ていきましょう。

　イギリスでは，17世紀以降，専門の煙突掃除夫が親方として徒弟を引き受ける際，比較的幼い子どもが重宝されていたといわれています。19世紀末の煙突掃除夫の徒弟は，公式には8歳以上とされていますが，実際には3,4歳で開始することもありました。なぜなら，煙突掃除は，煙突内部の狭い煙道を登って掃除をするために，体格の小さな子どもが適していると考えられたからです。しかし，その実態はきわめて悲惨なものでした。19世紀後半イギリスのジャーナリスト，ヘンリー・メイヒューによる，煙突掃除の徒弟に関して議会が行った調査の結果に関する記事を見てみましょう。

明らかになった点の第一は，幼児たちが親の元から盗み出され，（略）あるいは親によって売られ，（略）救貧院から釣り出されていること。第二は，幼児たちの労働として要求されている煙突掃除のために狭くて危険な煙突に登ろうとすれば，彼らは当然強い反発を感じる。それを抑えつけるために，段打が加えられ，後ろについて煙突に入った先輩少年によって，上へ押し上げるために足の裏にピンをつきさしたり，下からわらを燃やしたりすること。そして第三は，子どもたちの大腿や膝，臀などには，痛みや擦り傷，怪我ややけどの絶え間がなく，臀や膝のあたりがしっかり固まって，最初のうちのように表皮剥離が起こらなくなるまでには，何か月もの時間がかかるということ（メイヒュー［2009］196-197頁）

　危険な煙突掃除夫の徒弟として子どもを送り出すことは，一般的には忌避されることであったために，売られた子どもや誘拐された子ども，あるいは教区の生活保護を受けていた救貧児童（教区徒弟）がその対象になりやすかったというのです。煙突掃除親方のJ. ハーディングは，議会で「子どもが攫われてこの世界に入るのは，ざらにあることなんで」と述べ，「特に救貧院の子どもたちは，狙われやすい。救貧院出身の小僧なら大ぜいおりますぜ」と証言しています。さらに，子どもたちを煙突掃除の徒弟とするために，詐欺ともいえるようなやり方がとられることすらありました。

　　新参の少年は，一か月あるいは合意の上での一定期間，「試験」あるいは，「仕事に対する適性を測るためのテスト」にかけられる。この試験期間中には全般的に待遇がよく，食事も十分（親方の人がらの如何にかかわらず），仕事といってもせいぜい使い走りか，熟練職人の仕事ぶりを見学するくらいだ（メイヒュー［2009］200頁）

　そして，実際に徒弟修業を始めると，先述のような過酷な「修業」に従事させられてしまうわけです。子どもたちは煤による咳と喘息，やけど，発育不全等の仕事による病気や怪我だけではなく，事故や虐待，過労など，その過酷な労働条件のなかで，身体を壊し，場合によっては死に至ることもあった，とメイヒューは書き記しています。メイヒューの記事や議会の報告書がどの程度，

この煙突掃除の徒弟たちの実態を「正確」に示しているかは明らかではありません。しかし，種々の記録を読むと，子どもたちのなかに，労働のための訓練と称した過酷な労働に従事させられた者がいたことは事実のようです。徒弟修業や工場労働などで，悲惨な生活・労働を強いられた子どもたちがいたことは，ノンフィクション文学『あゝ野麦峠——ある製糸工女哀史』（山本茂実著，朝日新聞社，1968 年刊）に描かれた製糸工場の女工たちのように，日本についても明らかにされています。職業訓練や教育を行うと称する場が，子どもを搾取する隠れ蓑ともなりうることが，これらの事例からわかるでしょう。

┃ チャリティとしての実地訓練 ┃

　職業訓練が，知識の付与だけではなく，搾取（雇用者にとっての利益）も含めて，人々を労働市場に送り出すうえで重要な意味を持った一方で，職業訓練を受ける機会そのものから長期的に排除され続けた人々も存在しました。その最たる例は障害者です。しかし，19 世紀になると，医学や心理学などの学問領域の展開によって新たな認識が生み出され，多くの国で障害を持つ人々に対する処遇に変化が現れました。たとえばドイツでは，19 世紀末に肢体不自由児（「クリュッペル」と呼ばれました）に対する職業教育がキリスト教系チャリティ団体によって開始されました。この活動においては，クリュッペルの子どもたちを集めて施設に収容し，治療とともに，基礎教育と職業訓練，とりわけ手工業職人となるための訓練を提供し，彼らが「自分の手で日々のパンを稼ぐ」ことが目指されました（中野［2016］）。

　ここで気をつけておかなければならないことは，前提として，たとえば中度・重度の知的障害児など，働く技術を身につけることが見込めないとされた人たちは，この種の活動では最初から排除されていたことです。障害児に限らず，第 **2** 章で参照した，極貧の子どもや虐待児を対象としたマンチェスタの認定インダストリアル・スクールにおいても同様であり，同校では入学前に外科医によって子どもが職業訓練に耐えられる身体能力を備えているかが検査され，実際に病気や障害を理由に入学が取り消された子どもたちもいました。「教育を受けるに値する者」を選別することが前提となっている教育システムが存在していたこと，この点については，**終章**で改めて論じることにしましょう。

　訓練によって働く技術を身につけることができると見込まれた子どもたちで

あっても，当然のことながら，障害の重さに応じて，「熟練の技」を習得できた子どもたちもいれば，ネジを緩めるだけという簡単な作業しかできない子どももいました。とはいえ程度の差こそあれ，何らかの技術を獲得できたことは，彼らに生きる希望を与えたようです。しかし，実際には，現実の労働市場のなかで彼らがその価値を高めることができたかというと，それはなかなか難しかったようで，雇ってもらえないことや賃金格差など差別的待遇を嘆く声があちこちで聞かれました（中野［2016］）。

　障害児だけではなく，貧しい子どもたちも，職業訓練を提供するチャリティ活動の対象となりました。その事例の1つとして，第**2**章で紹介したトムソンの写真から「流しの靴みがき」を見ていきましょう。靴みがきは，本章扉頁の写真にあるように，戦後日本において貧しい子どもたちが生きていくための生業として機能していましたが，19世紀のイギリスにおいても，貧しい子どもの仕事と考えられていました。1851年には，慈善家でもあったシャフツベリ卿が中心となって，貧しい子どもたちが社会で生計を立てられるように，靴みがきの技術を教え，靴みがきの仕事をすることを支援する「靴みがき協会」（9つの支部を持つ団体）が設立されました。結果として，1870年代後半には385人の子どもがこの協会に所属していたといわれています。しかし，協会に所属して仕事を続けるには協会の規則を遵守しなければならず，なかには協会のやり方に合わずに脱会し，そこで学んだ知識と技術を生かして「流しの靴みがき」になった子どももいました。ここに掲載した写真に写っている子どももその1人です。トムソンの相棒スミスの解説文を引用してみましょう。

　　彼の母親は病身の夫を介護せねばならず，あわせて大家族を養っていかねばならない。そういう境遇にあっては，息子からの援助なしではなかなか楽じゃない。そんなとき息子が流しの靴みがきになって，好きな時間に出かけては稼いできてくれたので，苦労をかかえた母親としてたいへん助かったものだ。家族にとっても，少年がわずかの時間を割いて外へとび出し，紳士の靴をみがいて小銭にありつけることを思うたび，大いに助けられる気持ちだった（トムソン＝スミス［2015］224頁）

もっとも，靴みがきの少年たちは，その後も靴みがきを続けて暮らしていく

流しの靴みがき
（トムソン＝スミス［2015］225頁）

わけではありませんでした。写真の少年が，年齢的にそろそろ靴みがきをやめ
て水夫になろうと考えていることも，解説で述べられています。彼の人生の初
期に，稼ぐことが可能な職業として靴みがきが捉えられており，その知識と技
術をチャリティによって学ぶ機会を得た少年は，チャリティ団体から離れた後
も，そこで得た靴みがきの技を用いて家計を助けていたわけです。

　煙突掃除の方法や靴みがきの技術は，働くために必要な技術であり，徒弟修
業や技術教育によって獲得されました。このように書くと，教育が子どもの労
働者としての価値を高める役割を「しっかりと」果たしていたように聞こえま
す。しかしここで見られたのは，労働者としての価値を高めるはずの教育の場
がそのまま搾取する場となっていたこと，あるいは慈善家が実地訓練を貧しい
子どもたちが社会で生きるための術を身につける方法だと捉えていた一方で，
そうした技術を得たとしても，現実的には彼らが自活して生きていくのは難し
かったこと，さらにはそうした困難な状況のなかで，子どもたちもまた，自分
たちの生活に合わせてそれを利用していたことです。当然のことではあります
が，職業訓練を提供したからといって，それを受けた子どもたちがそのまま条
件のよい職を手に入れたわけではないということが，この事例から見て取れま
す。

3 学歴・職業システムの再編と女性
Ⅲ▶日本の電話交換手とドイツにおける教育福祉職

徒弟制の再編と学校教育

近代において，徒弟制は大きく変容します。第**8**章で詳しく検討しますが，近代における自由主義は，ギルドのような中間団体を廃止していきました。もっとも，自由主義によって廃棄されたのは「営業独占」としてのギルドであって，「職業訓練」の場としてのギルドや徒弟制は，単に廃棄されたのではなく，近代的なやり方で再編されました。たとえばヨーロッパにおいて近代的な再編のモデルとなったのは，ドイツの工業教育システムであったといわれています。ドイツ領邦各地に設立され，エリート技術者ではなく生産現場の技術者を育成した「工科大学」や多数の下位の技術教育機関を中心として展開されたドイツの工業教育は，やがて企業の「研究室」等，産業界と結びついた研究施設の設置を促し，アメリカをはじめとする各国のお手本となっていきました。

この再編において，とくに学校教育との関係は重要な論点です。これまで述べてきたギルドは，近世において特定の職業を営むことができ，またそのスキルがあることを保証する排他的かつ身分的な特権として機能していました。近代には，こうした身分的特権に代えて，教育資格と職業資格が労働市場に参入する新たなパスポートになります。そしてここでの職業資格はもはや身分集団による特権ではなく，形式的にはスキルと知識を身につけさえすれば万人に開かれている，しかし実際には家庭環境や階級によって左右された，教育による能力主義的な指標となります。つまり，職業教育と学校教育は，職業資格の付与を媒介として結びつくわけです。両者の関係がいつどのように生まれたのか，これが19世紀を対象とする教育史の主要な関心の1つになります。

第**8**章でも論じられますが，先述のドイツの工業教育モデルに代表されるように，19世紀を通じて中等教育は，職業世界と密接に関係しながらシステムとして再編されていったことが数々の研究で明らかになっています。中等教育は，エリートコース，サブエリートコース，ノンエリートコースという3層の

構造に階層化し（これをフリッツ・リンガーは中等教育システムの「複線型分節化」と呼び，ピエール・ブルデューは「文化資本の優位」と呼びました），再生産機能を帯びることになりました。エリートコースは大学への進学や社会的威信の高い職業と結びつき，サブエリートコースやノンエリートコースは大学進学と結びつかないか，あるいは大学進学への制限がかけられ，より社会的威信の低い職業と結びつきます。こうして中等教育は階級別に分岐し，中等教育のエリートコースが，ほぼ中産上層階級の子弟に独占されるのに対して，中産下層階級や労働者階級の子弟はサブエリートコース，ノンエリートコースへと振り分けられることになったといわれています（ミュラーほか［1989］；望田［2003］）。こうした階級や家庭環境に規定され，家庭の文化資本が学業達成に強い影響を与えるという解釈は，現在，否定されるどころか，さまざまなデータを用いてその正当性が主張され続けています。この点については第**8**章および**終章**で改めて考えてみましょう。

　複線型分節化した教育システムは，かなりの異同はあれ，近代日本にも導入されます。第二次世界大戦以前の日本の学校体系は何度も変遷して非常に複雑ですが，あえて単純化すれば，中学校から旧制高校（そして帝国大学へ）という正系のエリートコースに対して，高等小学校から師範学校や実業学校への進学が，傍系のコースとなります。他方，中等教育を受けることができなかった子どもたちに対しては，ジェンダーによる差別構造を内包しつつ，多様な初等後学校が，高等小学校卒業後から職業世界に至るまでの連絡口のような役割を担いました。とくに，職業教育を目的とする実業補習学校と，男子青年に軍事教練を施すことを目的とした青年訓練所は，1935年に青年学校として統合され，農村を中心に，小学校に併設されて広がっていきました。他方で都市部では，大工場や商店の内部に私立の青年学校が設置され，独自の展開を見せることになります。

　学問的な学びを中心としない実業教育や職業訓練であっても，それを徒弟制に任せず，あえて学校という方式で組織化しようとする試みは，1920年代以降の日本に広く見られた現象です。その背景には，多くの青少年が都市に流入し，彼らを新たに都市社会生活に適応させなければならない（不良化させてはならない）という配慮や，とりわけ1930年代以降には，人的資源を効率的に運用管理して総力戦体制を築こうとするねらいがありました。その一方で，当然

のことながら，こうした学校に入学した子どもたちは，それぞれ独自の理由で入学を希望しました。たとえば，1920年代以降，中等教育が飛躍的に拡大し，同世代のほぼ3人に1人が中等教育を受けているという状況で，こうした正規の中等教育を受けることができなかった子どもたちが，高等小学校卒業後も就学を続けたいという意向を強く持ち，職業訓練を行う学校を選択したことが先行研究から明らかになっています（木村ほか [2006]）。働くことと学ぶことを何とか折り合わせようとした彼らの姿を通じて，働くことと学ぶことの柔軟な関係性や，働きながら学ぶことを支える仕組みの重要性が，改めて浮かび上がります。

性別役割分業と女性への職業教育

　学校教育を介して職業世界へと参入するという方法は，女性の教育機会と就業機会を開くものでもありました。もっとも事態は単純ではなく，19世紀末から20世紀初頭には，2つの相反する動きが進んでいきます。1つは，高い学歴を得て（準）専門職に就く女性の存在です。19世紀後半から徐々に各国の大学が女性に門戸を開くことにより，教職を中心に医師，看護師，ソーシャルワーカーや公務員，事務職などとして働く女性が登場してきます。しかしその一方で，大多数の労働者階級の女性たちは逆に，この時期に専業主婦化することになりました。なぜなら，高い学歴を持ち，専門職に従事する女性はかなり限定的であり，その一方で「男性労働者の賃金は，家族を賄うに足る額を払うべきである」という考え方（家族賃金）が広まることで，一般的な男性労働者の所得が向上したからです。この性別役割分業は第二次世界大戦後の福祉国家安定期まで継続し，再び女性の就労率が上昇するのは，20世紀後半を待たなければなりません（ただし社会主義圏では，かなり早期から女性の高学歴化と就労が普及します）。

　日本においても，状況は類似しています。もちろん，農業・漁業を中心とする第一次産業セクターで就労する女性はずっと存在していましたし，明治末から大正期にかけては，教師，医師，看護師，百貨店店員，電話交換手，タイピスト，事務員といった「近代的」職業に就く女性が登場してきます。しかし同時期には，女子の本来の任務は家を整え子を育てることにあるとする「良妻賢母」イデオロギーが普及し，実際に中等教育・高等教育を受けることのできた

女性たちですら，その多くは結婚へと向かったというのが，この時代の大まかな概観となります。

　女性が職業世界に参入するときに，教育が重要であったことは，昔も今も変わりません。しかし，教育を受けるという経験は，働くこと，あるいは女性が差別や抑圧から解放されることにそのまま寄与したわけではありませんでした。このことを理解するために，電話交換手に注目してみましょう。電話通信の初期には，電話で通話を行う場合には，電話機同士を1本の電話回線で結ぶ必要がありました。このため，電話をかけるには，まず各地域の電話局で待機している電話交換手を呼び出し，接続先を口頭で伝え，交換手が手作業で電話回線をつなぎ換える，という作業が必要だったのです。

　石井香江によれば，日本とドイツでは，初期の電話交換手は女性ではなく男性の仕事でした。というのも，初期に使われていたのは，操作に体力を要する単式交換機だったからです。しかしその後，多数の加入者に対応可能な複式交換機が登場し，交換作業は1人の交換手，とくに女性の手に委ねられることになります。他方，モールス信号の知識や熟練が必要な電信技士からは，次第に女性が排除されます。こうして世紀転換期には，電信業務は「男の仕事」，電話交換業務は「女の仕事」というジェンダー間の職務分離が形成されました。また，管理職を男性が占有し，女性が顧客への応対を担当するサービス業務に集中するというタテ方向の職務分離も継続します。このタテ方向とヨコ方向の職務分離は両義的に機能しました。つまりジェンダーに基づく職務分離によって，女性は男性の既得権を侵すことなく，女性のみに特化した職域を切り拓くことが可能となりますが，同時に女性が男性の仕事を担うことができなくなったのです（石井［2018］）。

　サービス業務に特化した交換手は，給与や待遇が低く，また利用者からのクレームを最前線で引き受けなければならない，つらい職業でした。日本では1910年代以降に電話交換業務が繁忙化する一方，交換手以外の職業における女子労働力需要が高まったことで，電話局では慢性的な人手不足に陥ります。このため，交換手の職業訓練には大きな力が入れられるようになりました。1920年代には，実務訓練が組織化されるだけでなく，交換手養成のための学校がつくられるようになりました。たとえば，大阪の電話局には，相愛高等女学校附属の相愛家政補習学校が，東京の電話局のなかには，実業補習学校とし

て誠和女学校が設立されます。東京や大阪のように学校を設立することが難しい地方都市では，電話局に高等女学校の教師を招いて講義を実施していたところもありました。というのも，交換手養成「学校」では，職業訓練というより一般教養や「花嫁修業」的な教育がなされていたからです。職業訓練のための学校であっても，女性が結婚という道から外れることを奨励するような教育はできませんでした（木村・髙瀬・富澤［2006]）。

一方でこうしたカリキュラムを「嬉しく」感じた女学生たちも数多くいました。魅力的に映った理由の一部は，交換手の出身階層や学歴にかかわっています。交換手は成績優秀な，しかし比較的貧しい家庭出身のために上級学校に進学できなかった女子が選んだ進路でした。彼女たちと働く必要のない無業女性の間には，「花嫁修業」に費やすことのできる時間の格差がありました。また電話交換手と，より職業的な威信の高い事務員や百貨店員などの職業婦人の間には，学歴格差がありました。交換手養成における学校教育の導入は，働きながら学校に通う，ないしは「花嫁修業」をする機会を与え，彼女たちの「引け目」を緩和させることに寄与したようです。また中等学校から招聘された教師による正規の学校教育を受けることで，小学校卒業以上の教育を受けることのない女工と自分たちを差別化することができたという側面もありました（木村・髙瀬・富澤［2006]）。

このように，電話交換手になるための教育をひもとくだけでも，女子教育に対する良妻賢母イデオロギーの強さ，ジェンダーによる差別構造，あるいは女性というジェンダー内部での分断や差別の再生産といった複雑に絡み合う諸要素を見て取ることができます。この女性内部の分断について，もう少し詳しく見てみましょう。

┃ 分断と排除 ┃

「女性の特性」と呼ばれるものを生かして社会のなかで「女性にしかできない」といわれる役割を果たすのか，それとも男性と同じように働くことで女性の能力が低いわけではないことを示すのか，いつの時代も女性たちはその選択を迫られてきました。「教育」と「女性らしさ」が職業訓練と結びつくとき，女性の解放というよりも，女性たちの内部で分断や差別が生じてしまうということは，専門職養成においても生じました。このことを，20世紀ドイツの教

育福祉職をめぐる議論から具体的に見ていきます。

　教育福祉職というのは聞き慣れない言葉かもしれません。ドイツでは社会福祉専門職の国家資格に関して，「ゾツィアル・アルバイター」と「ゾツィアル・ペダゴーゲ」の2種類が存在します。前者はいわゆるソーシャルワーカーで，後者は学校教員以外の保育，幼児教育，青少年救護などに携わる教育専門職を指します（吉岡［2007］）。後者が教育福祉職ですが，ここではさしあたって幼児教育を軸にこの専門職の歴史を追ってみましょう。

　ドイツの幼児教育史を語るうえで外せないのは，フリードリッヒ・フレーベルでしょう。そもそも「幼稚園」という日本語が彼による造語 Kindergarten に由来しているように，フレーベルの幼児教育運動は，ドイツのみならず国際的な影響力を持ちました。ところで，もともとのフレーベルの構想では，幼稚園教諭に性差の区別は想定されていませんでした。しかしその後フレーベルの後継者たちによって，幼稚園の教育者は，女性のみに許された特権的な職と位置づけられていきます。幼稚園運動の担い手ヘンリエッタ・シュラーダー--ブライマンは，こうした議論を展開する際に，「精神的母性」という概念を提唱しました。女性は子どもを出産するしないにかかわらず，母性的な資質がある。社会にはこのような資質を発揮する女性特有の活動分野があり，それは男性には代替不可能である。この女性特有の活動分野の1つが幼稚園の幼児教育者である，というわけです（小玉［2011］）。

　同様の思想は，ゲルトルート・ボイマーにも見られます。ボイマーは20世紀初頭に活躍した社会解放運動の活動家であり，政治家としてだけではなく，個人としても教育福祉職養成学校の設立や運営に携わるなど，ドイツにおける教育福祉職の形成にきわめて重要な役割を果たした人物です。彼女が主張したのもまた，「母性」でした。彼女は，「母性」が女性特有の天性であり，保育や教育，保護や福祉を，女性だからこそ活躍できる領域と見なしました。当時，ドイツにおいても女性が社会で働くことに対しては厳しい眼差しが向けられており，性別役割分業を脅かすことが危惧されていました。しかし「母性」が必要とされる領域で女性が活動することを求めたボイマーらの活動は，そうした批判を回避することが可能だったわけです。

　「母性」や「女らしさ」に依拠して女性の社会的意義を説く議論は，後のドイツの穏健派女性解放運動の理論的支えとなっていきます。しかしこの戦略は，

重大な副作用をもたらすものでした。たとえば，先述のシュラーダー–ブライマンは，幼稚園の組織は学校ではなく家庭生活に基づいて組織されるべきであり，また幼稚園の女性教員は教師としてではなく母親としての性格を持つべきであると論じています。ここで注意しておかなくてはならないことは，こうした主張が，女性全体を対象としたものではなく，中上流階級女性の体面を損なわない職業である幼稚園教育者の地位を向上させるための運動として行われたことです。ここには幼稚園教育者と，子どものケア労働に従事する他の女性たち（たとえば保育園や養護施設で働く保育士）を区別し，幼稚園教育者の地位を向上させようとする中上流階級の女性たちのねらいが透けて見えます。それは，幼児教育内部の職種を分岐化・差別化し，女性たちのなかに分断・分裂を持ち込もうとするものでした。

　皮肉なことに，結局この戦略は，幼稚園教師たち自身にとっても裏目に出てしまうことになります。幼稚園の教育者は教師ではなく母親的なものだという論理は，学校教育体系から幼稚園を分離させ，学校教員身分から幼稚園教育者を分離させることになってしまったからです。最終的に，1920年のヴァイマル学校会議において，幼児教育は学校体系から排除され，ヴァイマル青少年福祉法のなかに位置づけられることになります。「母性」は女性に備わる気質であって，教育や訓練によって獲得されるものではないという主張は，保育士だけでなく幼稚園教師すら「学校教員」というカテゴリーから排除し，彼女たちを学校教師に比べてより社会的威信の低い教育福祉職として位置づけることにつながってしまったのでした。現在でもドイツにおいて教育福祉職は，学校教員に比して社会的威信の低いセクターとして位置づけられ，給与や待遇においても格差が存在し続けています。

　日本の幼児教育および児童福祉もまた，歴史的な経緯に由来する同様の問題を抱え続けているといえます。高等教育機関で長期にわたる訓練を受け，公的な専門職資格を有しているにもかかわらず，日本における幼稚園教諭や保育士の給与は低く，その待遇も不安定です。その構造的な要因として，就学前教育および児童福祉に対して公費補助がきわめて低い水準でしかなされず，そのほとんどが私的セクターによって担われてきたということがあげられます。しかし公費補助をせずともよい，そこで働く者の待遇も低くても構わないとする社会的コンセンサスが保持されている背景には，先述したような歴史のなかで構

築され温存されてきた教育とジェンダー，職業をめぐる差別と抑圧，そして政治力学があります。

　さらにいうならば，この問題はジェンダーという視点を外し，幼児教育や児童福祉という限定を外しても，なお教育専門職全般にあてはまることかもしれません。たしかに，学校教師の劣悪な労働環境は近年においてようやく報道され，社会的な関心を集めるようになりました。しかし他方で政治や行政が状況の改善にほとんど関心を示していないこと，そして「教師は労働者ではなく聖職である」「働く者としての権利を主張するような人物は，教育者としてふさわしくない」という反応が（社会の「ごく一部」からと信じたいところですが）必ず返ってくることを，教育史という視点からどのように説明することができるでしょうか。とくに教職を目指しているみなさんには，このことをぜひ考えてもらいたいと思います。

おわりに

　どちらかといえば，本章は「働くこと」と「学ぶこと」について，両者が相互に補い合うというよりも，両者の間に鋭い矛盾が孕まれる局面を強調してしまったかもしれません。もちろん，働くことを通じて人が学び，成長するということは，過去のあらゆる社会で生じていましたし，また現在においても，常にありうることでしょう。

　本章が主として対象とした近代という時代に，教育機会や，教育を通じた就業機会は，たしかに拡大しました。しかし同時に，働くことと学ぶことの間の矛盾や緊張が最も高まったのも，近代においてでした。本章で跡づけてきたのは，この矛盾を何とかして解消しようとする努力であったともいえます。結局のところ，そこでの問いは，学校教育と職業世界をどのように結びつけるべきか，ということに集約されるのでしょう。

　しかし，問題はそれに尽きるのでしょうか。本章が扱ったいずれの事例も，そこで生じた矛盾は教育と職業世界との関係からもたらされた（両者がうまくマッチングしていないだけだ）というよりも，教育と職業世界双方に貫徹する差別・抑圧・排除・搾取に由来するのではないでしょうか。もしそうであるとするならば，学校教育と職業世界の結びつきを成り立たせている近代社会の仕組

みそのものを，改めて考察と批判の対象にする必要がありそうです。この問題
は，第**4**部で詳しく検討します。

参考文献 ▌   Reference ●

赤木登代［2011］「ドイツ第一波女性運動における女子教育（第2報）——ゲルトルート・ボ
　　イマーの思想と実践（その1）」『大阪教育大学紀要 第Ⅰ部門 人文科学』第59巻第2号，
　　1-14頁。
赤木登代［2012］「ドイツ第一波女子運動における女子教育（第3報）——女子教育の改善か
　　ら婦人参政権に向けた闘い」『大阪教育大学紀要 第Ⅰ部門 人文科学』第60巻第2号，
　　1-14頁。
★ブルデュー，P.＝パスロン，J.-C.／宮島喬訳［1991］『再生産——教育・社会・文化』藤原書
　　店。
グライネルト，W. D.／寺田盛紀監訳［1998］『ドイツ職業社会の伝統と変容——職業教育の
　　ドイツ的システムの歴史・組織・展望』晃洋書房。
★橋本伸也・藤井泰・渡辺和行・進藤修一・安原義仁［2001］『近代ヨーロッパの探究4 エリー
　　ト教育』ミネルヴァ書房。
姫岡とし子［1993］『近代ドイツの母性主義フェミニズム』勁草書房。
広瀬信［2012］『イギリス技術者養成史の研究——技術者生成期から第2次世界大戦まで』風
　　間書房。
Humphries, J.［2010］*Childhood and Child Labour in the British Industrial Revolution*,
　　Cambridge University Press.
★石井香江［2018］『電話交換手はなぜ「女の仕事」になったのか——技術とジェンダーの日独
　　比較社会史』ミネルヴァ書房。
唐澤達之［2010］「ヨーロッパ・ギルド史研究の一動向——オーグルヴィとエプスタインの論
　　争を中心に」『産業研究』（高崎経済大学附属産業研究所）第45巻第2号，72-86頁。
木村元・高瀬雅弘・富澤知佳子［2006］「学校方式の時代——一九二〇〜四〇年代の青少年労
　　働を巡る転換の諸相」『社会学研究』（一橋大学）第44巻，281-417頁。
小玉亮子［2011］「幼児教育をめぐるポリティクス——国民国家・階層・ジェンダー」『教育社
　　会学研究』第88巻，7-25頁。
Maynes, M. J., and Waltner, A.［2012］*The Family: A World History*, Oxford University Press.
Minns, C., and Wallis, P.［2011］"Rules and reality: quantifying the practice of apprenticeship in
　　early modern England," *Economic History Review*, vol. 65, no. 2, pp. 556-579.
メイヒュー，H.／松村昌家・新野緑編訳［2009］『ヴィクトリア朝ロンドンの下層社会』
　　（MINERVA西洋史ライブラリー）ミネルヴァ書房。
★望田幸男編［2003］『近代ドイツ＝資格社会の展開』名古屋大学出版会。
★望田幸男・広田照幸編［2004］『実業世界の教育社会史』（叢書・比較教育社会史）昭和堂。
★ミュラー，D. K.＝リンガー，F.＝サイモン，B. 編／望田幸男監訳［1989］『国際セミナー 現
　　代教育システムの形成——構造変動と社会的再生産 1870-1920』晃洋書房。
中野智世［2016］「障害児の就労支援——ドイツ・クリュッペルハイムの職業教育」三時眞貴
　　子ほか編『教育支援と排除の比較社会史——「生存」をめぐる家族・労働・福祉』昭和堂，

所収。

三時眞貴子［2012］『イギリス都市文化と教育——ウォリントン・アカデミーの教育社会史』昭和堂。

三時眞貴子・三時範裕［2017］「なぜ働かないといけないのか？」小川佳万・三時眞貴子編著『教育学ってどんなもの？』協同出版，所収。

杉原薫［2009］「ヴァイマル期ドイツにおけるアリス・ザロモンの女性社会福祉職教育——『女性社会福祉職・教育職のためのドイツ・アカデミー』に注目して」『日本の教育史学』第52集，95-107頁。

トムソン，J.＝スミス，A.／梅宮創造訳［2015］『写真と文による　ヴィクトリア朝ロンドンの街頭生活』アティーナ・プレス。

米山秀［2016］「非登録徒弟と工業化——産業革命以前のグロスタ市の事例」『比較都市史研究』第35巻第2号，9-36頁。

吉岡真佐樹［2007］「教育福祉専門職の養成と教育学教育——ドイツにおける教育福祉専門職養成制度の発展と現状」『教育学研究』第74巻第2号，226-239頁。

文献案内　　　　　　　　　　　　　　　　　　　　　　　　　　　Bookguide ●

　ドイツ，イギリス，フランス，日本，ロシアの職業教育システムを実業世界との関係から幅広く論じた望田・広田［2004］を，まずは手がかりに読んでみるとよいでしょう。この本ではエリートだけではなく，非エリートの人たちが対象とされていますが，そうしたエリート／非エリート研究の視点から学校教育が人々の働き方・生き方にどのような影響を与えたかについての研究が，国際的にも国内的にも蓄積されています。この点から，やはりブルデュー＝パスロン［1991］の再生産論は，教育学を学ぶ学生には必読書です。また，ミュラーほか［1989］の翻訳書をはじめ，橋本ほか［2001］，望田［2003］らの一連の研究も基本書になります。ジェンダーの視点からは石井［2018］が，男女の本質的な違いということではなく，違いが生み出される過程を描いているという点で，とても学びの多い良書です。

第**3**部

学校を創る／学校に行く

PART

第6章

公教育制度はいつ，どのようにして創られたのか

"The Dame School," by Isaac Cruikshank（© Victoria and Albert Museum, London）

19世紀には私たちになじみの公教育制度が構築される一方，そうした制度の外部にあった私塾の世界が簡単に消滅することはなかった。しばしば肉体労働ができない高齢の独身女性や寡婦によって営まれた私塾は，イングランドでは「デイム・スクール」（おばさん学校）と呼ばれた。同時代の教育改革者からはきわめて質の悪い学校，果ては学校などではなく単なる託児所に過ぎないと蔑視され続けたとはいえ，こうした学校が存続した歴史的な背景には，そこにあえて子どもを通わせた親の選択があった。風刺画家アイザック・クルックシャンクがデイム・スクールを描いた上掲作品には，台所を教室にして，温かな雰囲気でくつろぎながら学ぶ子どもたちの姿が表現される一方で，教師のそばの卓上には，体罰に用いる笞が描き込まれてもいる。

はじめに

　どのような社会も，次の世代を育て，彼らに文化的な遺産を継承させなければ存続できません。この意味では，教え学ぶという行為は歴史的に普遍であるといえます。しかし，次世代の再生産が常に「教育」，すなわち他者による意図的・組織的な働きかけを通じた社会化という形をとるとは限りません。さらにそれが「学校教育」という形をとるようになるのは，歴史的に見て最近のことです。

　もちろん，学校という制度それ自体は長い歴史を持ちます。ただし，**第3章**で扱った大学が典型的なように，近世以前の学校とは，ごく少数の人々に特別な知識やスキルを伝授するためのものであって，あらゆる子どもや若者が行かなければならない場所ではありませんでした。一人前になるために，誰もが一定期間，学校で教育を受けなければならないという社会は，長く見積もっても西ヨーロッパを中心とした地域で，ここ200年の間に創られたものに過ぎません。

　全国津々浦々に学校を設立し，共通のカリキュラムを策定し，有資格教師を養成・配置し，一定の期間あらゆる子どもたちを学校に通わせ，その大部分の費用を公費によって賄う。現在の私たちにとっては当たり前のことに見えるとしても，公教育というプロジェクトは，社会が途方もないコストとエネルギーを投じてようやく可能となる，歴史上類例のないほど野心的な試みでした。本章では，とりわけ近代における公教育制度の展開を跡づけながら，その歴史的な意味を考えてみたいと思います。

1　近代以前の公教育

▎中世の公教育 ▎

　もっとも，近代以前に公教育と呼びうるものは存在しなかったと考えるならば，それは著しく偏った歴史認識になるでしょう。「公」を何と捉えるかによ

って公教育の定義自体が変わってしまいますが，仮に公＝「国家ないし地方政府」，公教育＝「公的権力が介入する教育」というきわめて限定的な理解をした場合ですら，近代をはるかに遡った時代に，公教育を見出すことができます。最も有名なものは，おそらく8世紀のフランク王国でしょう。第4章でも述べたように，最盛期にはブリテンを除く西ヨーロッパをほぼ手中に収めたフランク王国が，古典古代文芸復興運動，ラテン語正則化運動，修道院と宮廷学校の創設などの文教政策と並行して，一般民衆の教化を行ったことは，カロリング・ルネサンスとしてよく知られています（多田［2014］）。789年にカール大帝が発したカピトゥラリア（通常「勅令」と訳されます）には，各修道院が地域に学校を設立し，一般民衆を教育すべしという文言があり，時に「ヨーロッパ最古の教育令」といわれることもあります。ただし，カピトゥラリアは現在の私たちがイメージする法的拘束力のある「勅令」とは異なるというのが最近の中世史研究が指摘するところですので，これを近代の教育令と同一視するのにはかなり無理があるようです。

　ヨーロッパが成長する12世紀以降では，都市型公教育と呼ぶべき事例が見られます。その先駆けとなったのは多数の放浪教師が集まる大都市ではなく，そのままでは教師を引きつける経済的基盤を持たない小都市でした。たとえばイタリアのトスカーナ地方では，サン・ジミニャーノという町が教師に給与を補助したり，ピストイアという町では，役人が教師を求めて地方全域に出張したりしています。その後14世紀後半から15世紀になると，たとえば大都市ヴェネツィアでも，公的学校を設立したり授業料を公費補助するような動きが現れてきます（児玉［1993］）。もっとも，ここでの公教育の目的はあくまでも市民層を対象とした中級官吏養成で，あらゆる人々に開かれた公教育という近代的な意味合いのものではありませんでした。

┃近世の公教育┃

　時代を下るならば，近世ドイツにおけるポリツァイ条令が，より近代的な教育の法制化のイメージに近いかもしれません。「ポリツァイ」とは現代ドイツ語では警察を指しますが，近世においては意味がまったく異なります（近世には現在私たちがイメージする警察はまだ存在しません）。抽象的にいえば，ポリツァイとは共同体においてよき秩序と公益を維持し増進すること，およびそれに関

連する領域および機関といった意味になります。具体的には，開墾，農制，公共施設（街路や水道），都市の建設，人口増加政策，産業政策，教育や道徳などです。いずれもポリツァイという現在の言葉の響きとはむしろ正反対で，軍事・外交・治安維持以外のあらゆる内政を包括するものであることがわかります。実際のポリツァイ条令や条項には，非定住者の取り締まり，風俗の乱れの監視，賃金・価格統制，金貸しや独占業者の処罰，衣服・宴会・冠婚葬祭などに関する非常に細かな規定が含まれました。

　臣民の生活に介入し，その細かな振る舞いまでを規制しようとする近世絶対主義国家の諸改革を貫く理念として，ゲルハルト・エストライヒという歴史家はこれを「社会的紀律化」と名づけました（エストライヒ［1993］）。この紀律化の場として想定されたのが学校および学校が位置する教区であり，それゆえ教区に学校設置を義務づけたり住民の就学を義務化するといった学校教育に関する法的規定は，まさにポリツァイ条令の重要な一部を構成していました。もっとも，条令に実効性があったかどうかは別の問題で，実際にはあまり成果を上げることのなかった「紙の上の改革」であることも多かったようです。

　しかし，その実効性に疑問符が付くとはいえ，学校教育を振興し，子どもを道徳化しようとする風紀改革としての教育改革の機運は，17世紀末から18世紀のヨーロッパに広く見られる特徴でした。プロイセンのフリードリヒ大王やハプスブルクのヨーゼフ2世ら，啓蒙絶対君主がこうした改革を進めたことはよく知られていますが，その影響は東はロシア，西はポルトガル・スペインにまで及びました。ちなみに第**4**章で触れた「公共性」（公共圏）の創出は，この社会的紀律化への対抗運動として理解できます。ユルゲン・ハーバーマスによれば，近世国家による私的領域への介入に対抗して，私人として集まった公衆がコミュニケーション行為を通じて形成する空間が公共圏です（ハーバーマス［1994］）。ハーバーマスは，18世紀に多数出版されるようになる新聞・雑誌・書物による言説空間であると同時に，その読者たちが集い討議を行うコーヒーハウスやクラブ，サロンという物理的空間を公共圏としてイメージしています。しかし，後にハーバーマスの影響を受けた歴史家たちは，公共圏という概念を拡張して理解しようとしました。この拡張された公共圏概念の具体的な事例として彼らが検討したのが，自由で平等な市民同士が結成する市民結社でした（大野［2009］；ホフマン［2009］）。

ヨーロッパ的近代を，市民結社（自由主義）をモデルとして考えることの重要性は，本書でも第**8**章で詳しく議論されますが，公共圏という概念を市民結社や市民社会として拡張して理解した場合，「国家による紀律化 vs. 市民社会による対抗」というハーバーマス的な図式は曖昧になります。というのも，絶対主義を早い段階で放棄し，立憲主義を採用したイギリス（イングランド）では，ポリツァイに相当するものを国家ではなく市民社会の側に見出すことができるからです。「チャリティ」と呼ばれる領域および団体がそれにあたります。ポリツァイと同じように，近世イギリスにおけるチャリティは，現在その言葉でイメージされるような慈善（だけ）を意味していませんでした。当時チャリティとは公益事業ないし公益団体を意味し，インフラ整備，医療，福祉，衛生，文化施設といった広範囲の社会領域，あるいはそうした事業を推進する団体を意味する言葉でした。内容としては，ほとんど「ポリツァイ」≒「チャリティ」といってしまってよいほど，両者は似ています。大陸ヨーロッパとの違いをあげるとすれば，イングランドではチャリティは国家や官側ではなく，民間領域で行われたということです。18世紀イングランドでは慈善学校や日曜学校といった民衆教育機関が叢生しますが，これらはほぼ民間のチャリティ事業として展開されました（金澤 [2008；2014]）。

　もっとも，イングランドの民衆教育振興が，国家とまったく無関係に進んだと理解するのは早計です。慈善学校運動は18世紀初頭，日曜学校運動は18世紀末に盛り上がりを迎えますが，前者は名誉革命体制成立直後，後者はアメリカ独立革命からフランス革命の時期であり，ともに18世紀イギリス国家が非常に不安定な時代でした。教育を含む風紀改革運動は，動揺した国家体制を民衆の紀律化によって補完しようとする動きでもあり，同時にそうした紀律化を行う指導力と道徳性を備えた中産階級の存在をアピールする政治的な示威運動でもあったのです（長谷川 [2014]）。この意味では，国家主導の大陸ヨーロッパ，民間主導のイギリスという対比はあまり意味を持ちません。むしろそうした差異を踏まえたうえで，「社会的紀律化としての公教育」という両者の共通性を指摘することができそうです。

▍近世日本における民衆教化

　ヨーロッパの教育改革と直接的な影響関係にあったわけではありませんが，

日本社会の全般的な規律化が進行したのも，近世においてでした。中世の日本社会では，民衆は物理的暴力と宗教的な結束を通じて，実力行使によって自己利益を実現していました。しかし近世になると，一揆や私戦私闘による民衆の実力行使は否定され，法と訴訟によって紛争が調停されるようになります。軍事的支配から法的支配への移行が日本における近世のメルクマールとなるわけですが，この法的支配を補う形で推進されたのが民衆教化であり，教諭・教令による支配でした。近世では，君主による民衆への説諭や教化が繰り返しなされるようになります。たとえば岡山藩の池田光政のように，好学の藩主が，民衆教化を目的として独自に学問所や手習所を設置することもありました。また幕府の側でも，徳川吉宗が儒学教育を奨励したほか，江戸の手習師匠に幕府の法度・触書類を手本として使用せよとする介入を行ったり，明で流通していた民衆修身書『六諭衍義』の簡易訳を普及させようとしたりします。とくに18世紀以降の日本では上からの民衆教化，すなわち日本版「社会的紀律化」とでも呼ぶべき現象が生まれていたといえます。

　他方で，こうした紀律化の動きは上から降ってきただけではなく，民衆の側からも「主体的に」展開されました。18世紀中頃から，勤勉，倹約，謙譲，孝行，忍従といった，現在の私たちにもなじみの生活規範（いわゆる「日本人の美徳」？）を重視する運動が，民衆の間で広まっていきます。安丸良夫は，これを「通俗道徳」と呼びました（ちなみに，この通俗道徳論者を代表する人物の1人が，農村改革指導者の二宮尊徳〔金次郎〕です。みなさんのなかには，薪を背負って本を読んでいる二宮の銅像を，小学校で見たことがある人もいるのではないでしょうか）。こうした道徳が民衆の間に普及した背景にあったのは，商品経済の発展と近世家族の成立でした（▶第1部）。商品経済の発展は人々に伝統的な諸関係を打破して上昇する機会を与えますが，他方で没落のリスクももたらします。実際に家が没落する背景には，税金の高騰や高利の借金などの政治的・社会的要因がありました。しかし，政治や社会が悪いといってもしかたがない（お上は助けてくれない）。現在の貧困から逃れるためには，民衆の側が既存の生活習慣を変えて，新たな禁欲的生活規律を打ち立てなければならない，というのが二宮の一貫した立場でした。通俗道徳の普及は，民衆の厳しい自己形成・自己鍛錬をもたらし，後に日本を近代化する原動力となるが，他方で社会問題を個人化し，すべてを「心がけ」へと還元してしまう思想的素地をつくり出すこと

で，ファナティックな天皇制イデオロギーを支えるものにもなった。安丸のこの指摘は，日本の近代化に対する思想史的解釈として，今なお傾聴に値するものです（安丸［1999］）。

　もっとも，最近の研究では，近世における民衆の自己規律化は道徳化の次元にとどまるものではなく，政治的な主体を創り出すというラディカルな役割を果たす場合もあったことが明らかにされています。民衆のための教科書であった往来物研究の最新の成果は，こうした側面に光を当てています。江戸期の庶民たちは，先人の一揆に関する訴状（目安往来物）をお手本としながら，読み書きと同時に，訴訟制度の利用の仕方を学んで自らの要求や正当性を訴える方法を身につけていました。民衆は，訴訟記録である目安往来物を教科書とすることで，藩や幕府への訴状の書き方を学び，理不尽な圧政を告発し，自分たちの怒りや決意を伝えるという，反権力の作法を学んでもいたのです（八鍬［2017］）。こうした視点から見れば，江戸時代の民衆たちは，一揆に立ち上がった先人たちの闘いの精神や犠牲を記憶し，それを糧に，自らを抵抗の政治主体として育んでいたことになります。一見風変わりな種類の往来物を掘り起こし，丹念に読み解いた八鍬友広の研究から，日本の近代化の歴史においても，通俗道徳的な主体化とは別の道がありえた可能性に，思いを馳せることができます。

近代公教育とは何か

近代公教育制度の展開

　このように，歴史を遡るならば，近代以前にも公教育を見出すことができます。しかし，教育史研究が努力を傾けてきたのは，やはり19世紀ヨーロッパにおける公教育の展開の解明です。ここではひとまず，19世紀ヨーロッパにおける公教育制度の展開の歴史的な特徴を，おおまかに整理しておきましょう。ちなみに公教育といっても，本章では主として基礎教育段階のみを扱います（近代における中等・高等教育の機能に関しては，第5章および第8章を参照してください）。

近世以前の学校教育は，教会や地域社会によって担われていました。実際の学校の設立や運営は，教区を単位とする地域社会や，宗教を背景とする中間団体などに委ねられていました。国家は，実際に個々の学校の教育を直接管轄することはできませんでした。国家ができたことは，所領や教区を単位とした教育を監督制度のもとに組み込むということに過ぎなかったのです。しかし19世紀を通じて，国家は教会や地域社会に委ねていた教育管轄を自ら行うようになります。それは，ハード面とソフト面の双方に及びました。学校を建設し，教師を雇い，教科書や教具を用意し，個々の学校を視察することには，当然ながら財源が必要です。近世に民間の篤志家や宗教団体によって賄われていた教育の財源は，近代では次第に国家と地方政府によって担われ，民間寄付金ではなく税金があてられるようになります。

　教育費の公共化は，教育の中身にかかわる事項に関しても公的介入を促しました。国民からあまねく徴収される税金が投入される以上，その税金が一部の人々のためではなく，国民全体のために適切に使用されることを保証しなければならなくなるからです。こうして近代国家は，それまで実際に教育財源を賄い，教育内容を統制していた教会との関係を再編していきました。国家は，聖職者や教会協力者に代えて資格を持つ専門職者としての教員を養成，配置し，特定の宗派によらない非宗派的な宗教教育，あるいは宗教そのものを排した世俗的道徳教育や国民意識の涵養を行い，読み書き算を超えた高度なカリキュラムをも策定するようになります。そして教育統制を可能にするための中央教育当局が設立・運用されていきます（広田・橋本・岩下［2013］）。

教育費の公共化

　国家は同時に，親が子どもに対して持つ権利（親権）にも介入を始めました。第2章で触れたように，19世紀を通じて児童労働に段階的な規制が設けられることと並行して，子どもに一定期間教育を受けさせる義務が親に課され，罰則を含む法的権限を持った就学督促が行われるようになります。そして，これと対をなす形で，段階的に教育費の無償化も進められました。19世紀前半においては，公教育の財源といえども，保護者からの授業料徴収，地域住民による教育経費の共同負担，国庫補助金や王室の寄付などが，複雑に組み合わされていました。このことは，教育機会の提供が，国民の教育を受ける権利を保障

するためというよりも，受益者の私的利益の追求や貧困層への慈善（≒貧困層の規律化）として把握されていたということを意味しています。

　しかし，19世紀末には，近代化を達成した先進諸国において，ほぼ同時期に授業料の無償化が達成されます（フランスでは1881年，イギリスでは1891年，ドイツ〔プロイセン〕では1888年，日本では1900年）。後に改めて触れることになりますが，中央教育行政が創出されたり，公立学校における宗教教育が禁止あるいは制限（特定の宗派によらない非宗派教育に限られる）されたり，就学強制法が成立する時期は，各国で大きな差異がありました。これに対して，授業料の無償化は先進諸国において，ほぼ同時期に行われたことになりますが，その背景の1つとして，19世紀末から進行する大衆社会の成立があげられるでしょう。

　19世紀のほとんどを通じて，「国民」とは財産と教養を備えた白人中産階級の男性に限られていました。彼らを国民（エリート）として他の人々から区別するのは中等教育の有無であり，さらにそうした中等教育は，それが国家や公的権力が管轄する公立学校であっても，ほとんどの場合，高額な私費負担を伴うものでした（ちなみに当然予想されることでしょうが，中産階級と労働者階級は，そもそも初等教育に関しても，利用する教育機関がまったく異なっていました。19世紀を通じて，母語による基礎的な読み書き算〔と宗教〕を教えるだけの「公教育」は，あくまでも労働者階級の子どもたちのみを対象としていました。この意味では，労働者階級が通った学校は，古典語カリキュラムを中心とする「中等学校」〔secondary school〕と接続していないので，それを「初等学校」〔primary school〕と呼ぶのは実は不正確です。聞き慣れない言葉でしょうが，読み書き算などの基礎的スキルを教えることを「基礎教育」〔elementary education〕，そうした教育を行うだけで中等教育とは接続していない学校を「基礎学校」〔elementary school〕と呼ぶのが，教育史における厳密な用語の使い方になります）。これに対して19世紀末になると，中産階級を越えて，国民という概念が拡張されていきます。このとき，公教育はもはや一部の貧民を対象とした恩恵的なものではなく，社会の共同責務であるという認識が生まれてきます。授業料の無償化によって，受益者負担の原則が是正され，国民的規模での教育の機会均等が目指された，とひとまずはいうことができます。

　ただし，些細に見えて実は重要な話をするならば，授業料の無償化が直ちに「教育の無償化」を意味するわけではありません。教科書や筆記用具をはじめ

とする消耗品や，制服や給食，暖房費といった衣食住にかかわるコストも，教育費として考えることができますし，むしろ教育費として考えるべきでしょう。授業料を徴収しないという措置は，就学義務を保護者に果たさせるため，その負担を軽減するという発想に過ぎません。つまり教育の公費負担が授業料の無償化にとどまるならば，それは教育費の受益者負担という発想から抜け出せておらず，あらゆる人々に教育の機会を保障するための制度的措置にはなっていないということです。19 世紀において達成された無償化は，教育機会を平等に保障するという観点から見れば，限定的なものでした（こうした観点に立てば，現在の日本においても，教育の無償化はいまだ完全には達成されていないといえます。第 7 章も参照してください）。ここで詳しく追うことはできませんが，授業料以外の教育費に関して，その私費負担が各地域でどの程度異なっているのか，その違いがどのような歴史的背景に由来しているのかは，教育の公共性を考えるうえで重要な主題です。興味のある方は，ぜひ調べてみてください。

　ともあれ，最終的に 19 世紀末から 20 世紀初頭にかけて，ヨーロッパ諸国では，基礎教育に関して比較的類似した制度が構築されることになりました。19 世紀における公教育制度の展開は，近代ヨーロッパにおける国家がナショナリズム・世俗化・自由主義によって特徴づけられる国民国家へとどのように生まれ変わっていったのか，その過程の中核的な要素であるという意味で，「近代とは何か」という歴史学的に重要な主題を構成しています（この詳しい検討は，第 4 部で行われます）。

 ## 3 近代公教育の展開が持つ教育史上の意義

伝統的教育史と修正主義

　こうして 20 世紀初頭の時点では，制度としての公教育は各国で比較的類似した構造をとることになりますので，その特徴をあげることは難しくありません。しかしシンプルな，そして重要な問いが残っています。なぜ 19 世紀＝近代だったのか。近代において，歴史上はじめて公教育制度を全面的に展開させる要因とはいったい何だったのか。

20世紀前半まで教育学部や教職課程で教えられていた「教育学的教育史」の伝統的な説明は，教育の重要性に目覚めた博愛主義者が，人道主義的な熱意をもって公教育制度を創ってきたとするものでした。こうした「リベラルな」解釈は，教育を基本的に善きものと想定し，教育を受ける機会を法的・制度的に保障する動きが全般化した同時代の時代状況を反映しています。またそれは同時に，教育学部や教職課程といった新興の学部や学問の意義を社会的にアピールし，正当化する機能をも期待されていたのでしょう。

しかしこの伝統的な解釈に対して，1960年代から1970年代にかけて，アントニオ・グラムシやルイ・アルチュセールなどの構造主義的マルクス主義の議論に基礎を置く，よりラディカルな解釈が現れます。アメリカにおいてネオ・マルクス主義の立場を代表したのが，サミュエル・ボウルズとハーバート・ギンタスの『アメリカ資本主義と学校教育』（1976年刊）という著作でした。ボウルズとギンタスによれば，アメリカ公教育制度が19世紀半ばに生まれたのは，決して人道主義的努力のおかげではありませんでした。公教育制度を生み出したのは産業資本主義の発展であり，より生産性の高い労働力として，読み書きができ規律に従順な労働者が求められたからでした。したがって，公立学校は資本家が労働者に対して階級支配を行うために創り出した社会統制の手段に過ぎず，公教育制度は階級的な不平等を再生産すると同時に，その不平等を正当化する機能を果たしている，というわけです（ボウルズ＝ギンタス［1986-87］）。こうした議論は，従来の教育学的教育史を根本から批判し修正するという意味で，「リヴィジョニズム」（修正主義）と呼ばれています（ちなみに，これはホロコーストを否定するといった，現在の右派による歴史修正主義とはまったく異なる潮流です）。

修正主義への批判

ボウルズとギンタスの議論は，1960年代以降の修正主義的研究の到達点の1つとして大きなインパクトをもって迎えられましたが，同時に他方面にわたる批判にさらされることになります。彼らに寄せられた多くの批判のなかでも重要なものの1つは，公教育制度の創出の主導権を支配階級のみが握ったと想定することによって，労働者階級が徹底的に受動的な存在として描かれてしまっているというものでした。これに対して，イギリスの教育史家たちは，労働者

階級は中産階級とは異なる独自の教育要求を持っていたのであり，そうした教育要求が，公教育制度の成立と展開にも大きな役割を果たしたことを強調しました。この立場に従えば，公教育制度は中産階級の一方的な支配の結果ではなく，中産階級と労働者階級の対立や葛藤の結果として生み出されたということになります。これは，社会統制論に対して葛藤論と呼ばれ，イギリスにおける教育史研究のスタンダードな立場となります（サイモン［1977-84］；ロースン＝シルバー［2007］）。

しかしボウルズとギンタスに対するより重要な批判は，産業資本主義の発展と公教育制度の成立の間に地域的かつ時間的なズレが存在する，という指摘でした。たとえば，アイルランドとアッパー・カナダ（カナダ西部）は，19世紀を通じて産業資本主義の発展が遅れた地域でした。にもかかわらず，両地域で公教育制度が成立したのは，先進的な工業地域であったイングランドよりはるかに早い1830年代から1840年代だったのです（イングランドは1870年までいわゆる「公立学校」自体が存在しません）。資本主義の進展が公教育制度の成立をもたらすのであれば，なぜこのようなことが起こるのか，ボウルズとギンタスの議論では説明ができませんでした。実は，アイルランドやカナダでは，イングランド本国で行うことができなかった急進的な教育改革を1つの社会実験として行ったという側面があり，公教育制度の成立は国民国家という単位ではなく，帝国─植民地という関係性を考慮に入れなければ説明できないわけです（Curtis［1984］）。

┃ 新制度学派と国民国家論 ┃

階級政治を軸にした修正主義の説明が間国家的な分析の視点を欠いているという批判は，19世紀におけるヨーロッパ全般を論じようとする場合にもあてはまります。固有の社会的特徴や歴史を持つにもかかわらず，なぜ19世紀を通じてほとんどのヨーロッパ諸国が似通った公教育制度を組織化したのかという問いに，一国内部の社会階級を軸にした説明は十分に答えることができませんでした。この点を問題化したのは，ジョン・ボリやフランシスコ・ラミレッツら，比較教育社会学のなかの新制度学派と呼ばれるグループでした。

新制度学派の基本的な発想は，教育制度は他の社会システムとそれほど機能的につながっているわけではないという想定にあります。彼らが重視するのは

各国の文化や歴史を超えた世界システムであり，そのシステムにおける意味です。彼らによれば，ヨーロッパ諸国で公教育制度が推進されたのは，それが国民国家を形成する意味を持ったからでした。しかしその意味は，機能的なものというよりも，象徴的なものだったのです。このようにいうとわかりにくいですが，くだけた言い方をすれば，国民を創り出すといった実際の機能が重要だったというよりも，公教育制度を持っていることそれ自体が「カッコいい」「一流の文明国の証」とされたからこそ，それが制度化されたということです。

　これはにわかに信じがたい仮説に見えるかもしれませんが，たとえば近年の日本における「教育のグローバル化」論を思い浮かべてもらえると，そのエッセンスが理解できます。どの大学のどの学部学科でも，英語の授業をやみくもに増やすといった「改革」が進んでいると思いませんか。本当にその内容の授業を英語でやる必要があるのか，英語の授業をどのくらい増やすとどのような効果がどの程度期待できるのか，といった素朴な疑問が浮かびますよね。しかし「グローバル化」推進派にとって，教育の実際の効果などはどうでもよいことなのです。ともかく英語の授業を増やし，「本学はグローバル化を推進しています」とさえいっていれば，「教育を頑張っている大学」と見なされるからです。近代において公教育制度が持った意味は，現在の「スーパーグローバル大学」（英語として意味不明ですが，おそらくキャンパスが宇宙ステーションにでもあるのでしょう）と同じようなものだ，というわけです。

　ラミレッツとボリによれば，近世西ヨーロッパは宗教改革と対抗宗教改革によって普遍的な権力を失い，主権国家体制が形成され，さらに交換経済が勝利を収めるという歴史的な経緯を辿りました。こうした経緯は，国民は中間団体ではなく自立した個人の集合体であり，国民の進歩を促進する鍵となるのは子どもの社会化であり，国家がそれを保障しなければならない，という神話を生み出します。この神話＝「ヨーロッパ的国民共同体モデル」を目指して各国が競合した結果，近代ヨーロッパではどこでも似たような国家による公教育制度が構築された，というわけです（Ramirez and Boli［1987］)。これは一国内部の社会経済的な要因ではなく，間国家的システムにおける政治的な要因によって公教育制度の展開を説明するものです。

4 国家と市民社会の関係

19世紀の中間団体・民間セクターの再評価

しかし，新制度学派による説明は，なお不十分さを残しています。たしかに19世紀末から20世紀初頭の時期，つまり公教育制度が完成した姿から歴史を振り返るならば，それは同一の理念が普及し，最終的に同じような制度が構築された歴史となります。しかし19世紀前半では，公教育制度の姿は各国で多様なものでした。また，就学強制法が成立するタイミングや実際の就学率には，各国間で無視しえないズレが存在しました。新制度学派の議論では，なぜこのような各国間の差異が生じたのかを説明することができません。

この点に関して，1989年という早い段階で発表されたヤスミン・ソイサルとデイヴィッド・ストラングの論文は，後の研究潮流を予言していたかのような革新的なものでした。ボリやラミレッツと同じ新制度学派の潮流に位置しながらも，彼らの論文は，国民教会（national church）というファクターを制度化の説明に取り入れた議論として，とりわけ注目に値します。彼らは，強制就学の法制化と初等教育機関への就学率を公教育制度成立の指標として使用しつつ，1870年から1920年までの期間においてどのような要因が公教育制度の形成に寄与したのかを，ヨーロッパの17カ国を事例として比較研究を行いました。

この検討から明らかになったのは，驚くべき結果でした。まず，国民国家形成と公教育制度が深い関係を持つという新制度学派の主張に反して，国家歳入の多さや主権国家であるか否かといった国家の強さを示す特徴は，実際の就学率にも強制就学の法制化のタイミングにもほとんど影響を与えていませんでした。では，何が公教育制度の推進要因として浮上したのでしょう。彼らの命題は2つです。第1に，ある国が国民教会を持っている場合，強制就学法の制定と実際の就学は早い段階で達成され，公教育制度は早くに構築されます。第2に，驚くべきことですが，指標同士の関係を見ると，強制就学の法制化の早さは，就学率と負の相関を持ちます。つまり就学を義務化する法律が早く成立すればするほど，実際の就学率は伸びないという不思議な結果が出てきてしまう

のです（Soysal and Strang［1989］）。

公教育制度構築の３つのパターン

　この矛盾をどう理解すればよいのでしょうか。ソイサルとストラングは，公教育制度の構築プロセスを３つのパターンに分類して，この矛盾を説明します。１つは「国家による教育制度の構築」パターンであり，デンマーク，ノルウェー，プロイセン，スウェーデンなどがあてはまります。これらの国の場合では，国家が教育制度を法制上でも組織的にもきわめて早い段階でつくり上げます。もう１つは「社会による教育制度の構築」パターンで，フランス，オランダ，スイス，イギリス（イングランド），アメリカが該当します。ここでは社会集団（主に宗教団体）による学校教育の普及が，国家介入に先んじて進行します。最後に「名目的な教育制度の構築」パターンであり，ギリシャ，イタリア，ポルトガル，スペインなどが該当します。ここでは，就学強制が早い段階で法制化されますが，実際の就学はあまり進みません。

　ソイサルとストラングは，第１のパターンである「国家による教育制度の構築」の場合においても，重要なのは国家ではなく国民教会の存在であったと解釈しています。就学強制は国家の教育への直接的な介入と統制を意味しましたが，その際国家はさまざまな社会集団による抵抗に直面します。近代において国家は教会の機能を奪取しようとするので，教会が主要な抵抗勢力となるというのはわかりやすい話です。したがって，国家と教会が連携できた場合にのみこの抵抗は克服され，強制就学の法制化と実際の就学の双方が早期に実現します。国家と国民教会の連携は，イデオロギーの面でも組織の面でも公教育制度の基礎を提供するのです。この場合，就学強制のタイミングと就学率は正の相関関係になります。

　それに対して第２のパターンの国々では，特権的な国民教会が存在しないため，さまざまな社会集団が競合しつつ教育を供給する一方で，国家による介入はさまざまな抵抗に遭い，比較的小規模なものにとどまります。逆に第３のパターンでは，社会集団の力が弱いために教育法は抵抗を受けず早々と成立しますが，実際の教育供給を担う社会集団が脆弱ゆえ，就学はあまり進みません。先に就学強制の法制化の早さと就学率に負の相関が出てくると述べましたが，第２のパターンと第３のパターンによって第１のパターンにおける正の相関が

打ち消され，負の相関が創り出されるということになります。

　ソイサルとストラングの議論は，伝統的な教育史学の想定とはかけ離れた枠組みを出しているという点でも興味深いものです。というのも伝統的な教育史学は，フランスを世俗的な公教育制度が国家主導で構築された事例，イングランドを国家介入に抵抗する教会や宗教団体の役割が永く残った事例として，対照的に理解してきたからです。しかしソイサルとストラングの分類では，イングランドとフランスは「社会集団が主導するパターン」として共通に括られます（ここでイギリスに詳しい方は，なぜ国教会制度を擁するイングランドが「国民教会のない」パターンに括られるのか，疑問に思うかもしれません。ソイサルとストラングの解釈では，イングランドでは19世紀後半において諸宗派の平等が確立しており，国教会は事実上特権を失っていたため，「国民教会を持っていない」国に分類されています）。一見突飛な発想に見えますが，彼らの議論は，その後に進められた実証研究の成果ともかなり整合的です。現在のフランス教育史ではカトリック教会のプレゼンスや民間団体の役割が改めて発見されていますし，逆にイングランド教育史では自由主義的教育改革期においても，間接的な，しかし強力な国家介入が存在したことが強調されているからです（前田［2012］；岡田［1987］；松塚［2001］）。

 ## 公教育と公共性

学区と市民的公共性？

　近代公教育制度の成立と展開に関する研究史から得られた視点は，中間団体の重要性でした。このことは，一見不思議に思えます。というのも，近代を特徴づける自由主義とは，特定の集団にだけ与えられる特別な権利（特権）——普遍的な人権ではない——を独占する旧い中間団体（社団）を解体することだったはずだからです。しかし近代における公教育の普及に関して中間団体の関与が不可避であったとすれば，国家と，近代において再編された新しい中間団体との関係性がどのようなものだったのか，その関係性は公教育を通じてどのように表れたのかを，改めて検討する必要が出てきます。

ここで注目すべきは，日本教育史の成果です。とくに「学区」と「教育費」に関する教育史研究は，公教育＝「国家による教育」という先入観を揺さぶる知見を提供してくれます。現在の私たちにとって，学区とは，そこに必ず1校以上の学校を設置しなければならない区画以上のものではないかもしれません。しかし，中央集権的な教育行政制度が整備される以前の時代，つまり明治初期においては，学区は単なる教育行政上の区画にとどまらない役割を果たしていました。というのも，当時は，学校を設置・運営する費用のほとんどを学区内で賄わなければならなかったからであり，学区こそが学校を設立・運営する主体だったからです。学区は住民から教育目的のお金を徴収する権限を持つと同時に，そのお金を使って学校をどのように創り，運営するかを住民自身が協議して決定する場でもありました。教育費を授業料や市町村負担ではなく，住民による協議費によって負担していた時期には，学区は時に国家や地方行政と対抗的な，自律的で公的な自治組織という性格を持つことになったのです。

　一部の名望家層だけではなく，地域住民からあまねく寄付金を徴収し，学校を実際に建てる労役すら住民が負担した豊田郡深見村学区（現在の静岡県袋井市域）では，国家や府県ではなく「われらが学校」という意識が住民の間で強固に形成されることになりました。第7章で詳しく検討される番組小学校があった京都市も，近世の自治組織である町組の伝統を強固に受け継いだ地域であり，自治組織が再編された学区は，社団的な性格を強く持っていました。京都市内の学区は互いに連合し，時に国家（文部省）・京都府・京都市と対峙します。1904（明治37）年には，学区の統廃合をめぐって学区連合と京都市の間で激しい対立が生じ，最終的に従来通りの学区を維持する（学区連合側の勝利）という形で決着しました。静岡県駿東郡御宿村外十ヶ村でも，1886（明治19）年，学区の統廃合をめぐって教育連合村会で議論が闘わされました。ここで注目されるのは，圧倒的に富裕で多額の寄付金を教育に投じ，政治的影響力もあった議長がいたにもかかわらず，自作農を中心とする議員同士が対等に議論を重ね，教育をめぐる合意形成が図られたということです。

　いずれの事例でも，学区や学区連合は，協議を重ねることで学区住民の意思を代表しました。そして，ここで代表された住民の意思＝公益をもって，公権力（国益）と対峙・折衝したのです。私的個人の集合でも国民共同体でもない「われら」という感覚，これを市民と呼ぶことができるとするなら，学区と教

育費の歴史のなかで現れるのは，ハーバーマスが「市民的公共性」と呼んだ，非国家的かつ非経済的な人々のつながりでした。こうした観点からすれば，近代公教育の歴史は国家行政機構の整備というよりも，むしろ市民社会の生成と発展の歴史として理解する必要があるということになります（森川・増井[2014]）。

　もっとも，ここでの「市民」とは実際には誰のことなのか，そこで追求された「公益＝公共性」がいかなる性格のものなのかは，より突っ込んだ検討を要するでしょう。対等に協議する議員は教養と財産を有した上層・中上層の住民であり，そこには下層の人々も女性も含まれてはいませんでした。学校や敷地を学区の所有財産であるとし，それゆえに学区廃止を憲法で保障された所有権の侵害であるとして反対の論陣を張った京都市学区連合の住民たちは，シティズンというよりもブルジョワと呼ぶほうが適切でしょう。「市民的公共性」と「ブルジョワ的共同所有意識」を区別することは果たしてできるでしょうか。

　さらに，中上層市民の共同所有によって支えられていた「われらが学校」という意識は，歴史のなかで決して常に国家と対峙できたわけでもありません。日露戦争後，社会矛盾の激化や講和への不満で動揺した民心を国家主義で統合することを目指して地方改良運動という上からの官製運動が行われますが，この運動の中心として民衆を統合するために最大限に利用されたのが，「われらが学校」にほかなりませんでした。

非正規教育機関と民衆的共同性？

　国家や地方政府とは異なるものとしての「われら（が学校）」という意識は，公教育＝正規の学校の外側において，より顕著に認められます。19世紀全般を通じて，公教育制度の外側には私塾や非正規教育機関の世界が広がっていました。イングランドのデイム・スクール，アイルランドのヘッジ・スクール，プロイセンやオーストリアのヴィンケル・シューレ，バイエルンの巡回学校などの私塾や非正規学校，無認可学校は，決して公教育との競争に単純に敗れ去って消えていったわけではありませんでした。むしろイングランドでは，非正規教育機関は19世紀後半に至るまで大きなプレゼンスを持ち続け，民衆教育を支えていました。19世紀に国家と教会が協同しつつ公教育制度の構築に乗り出したのは，学校が不足していたからというよりも，非正規学校が数多く，

また執拗に存続したからでした。公教育制度の発展に関する研究と並行する形で，1980年代以降，こうした非正規教育機関を再評価する研究が現れてきます。

これらの研究が持つ重要な含意は，教育史家によって過小評価ないし無視されてきた非正規教育機関の存在を改めて提示したことにとどまりません。非正規教育機関の存在は，19世紀における教育構造全体を再解釈する必要性を示唆しています。なぜなら，非正規教育機関が体現していたのは，労働者階級の教育要求だったからです。非正規教育機関は営利事業であることが多く，教えているのは無資格の，しばしば専門的な訓練さえ受けていない教師で，授業料もとっていました。そうであるにもかかわらず，労働者家族の一部は，国家や教会が後援する無償の（あるいは非常に安価な）かつ有資格教員がいる正規学校ではなく，あえて私費を投じて非正規学校に子どもを通わせました。彼らにとって，国家や教会が提供する無償の公教育は「施し」であり，プライドを賭して拒否すべきものでした。また学校で時間や服装，振る舞いを厳しく規制されることは，彼らの生活規範とは異質な中産階級的エートスを押しつけられ，文化的な階級支配に屈することでもありました。

他方で彼らにとって，自らと同じ共同体や階級に属することの多かった非正規学校の教師は「仲間」であり，またそこでの教育は，宗教教育や生活規律ではなく，読み書き算を教えてくれるという意味で実利的な要求に応えるものでした。また，学校を託児所としても利用することが不可避であった親たちにとって，柔軟に時間を都合してくれるという意味でも，非正規教育機関は利便性が高いものでした。非正規教育機関という視点から見た場合，「公／私」という境界線は，国家と教会の間に引かれていたわけではありません。むしろ国家と教会が連携して構成していた公教育こそが中産階級主導の社会統制の場であり，それが民衆世界に基盤を置いていた私教育の世界と対立していたということになります。公教育とは何だったのかという問いは，公教育の外側の世界や，公教育を拒否した人々からも照射すべき事柄であるということを，これらの研究は示しています（Gardner［1984］；Laquer［1976］；松塚［2001］）。

もっとも，非正規教育機関を「民衆の真の教育要求に根差した教育」として美化する傾向に関しては，慎重な留保が必要でしょう。実際の非正規教育機関における教育経験は，決してポジティブなものだけではなかったからです。専

門的な訓練を受けていない素人同然の教師が与えることができる知的刺激は限定的なものであることも多かったですし，場合によってはほぼ託児所以外の役割は果たしていないという「学校」も多々ありました。数年かけて何校もの私塾に通いながら，単純な読み書きすら満足に学ぶことができなかったという学校経験をした子どもたちも少なくなかったのです（ヴィンセント［2011］）。

教育の受け手にとっての公教育・就学の意味

　本章は，主として公教育の制度的な側面を論じてきました。しかし，公教育とは果たして何だったのかという問いは，与え手の側だけでなく，受け手の側からも検討されるべき問題です。教育の受け手に注目した場合，就学と不就学ははっきりと分けられるものではなく，両者の間にはグレーゾーンが存在し続けました。たとえば日本では，近代学校制度が誕生して普及した当時，学齢——1875 年の文部省布達によれば 6 歳から 14 歳まで——とされた年齢の子どもたちは，子守などのアルバイトや家業の補助労働に従事していました。その期間に家庭や仕事から離れて学校に通うことは，人々のライフサイクルの大きな変更を迫るものであり，一朝一夕に成し遂げられることではありませんでした。とくに農村女児は家計補助や子守を理由にかなりの数が中途退学し，卒業を待たずに尋常小学校をやめていました（土方［1994］）。

　また，近世以来の伝統的な学習観を持ち続けていた人々にとって，学校は行っても行かなくてもどちらでもよいものに過ぎませんでした。人々の就学に対する多様な要求やかかわり方，階層的な差異に応じて，初期の公教育制度は実質的に階層別の構造が組み込まれたり，温習科や補習科といった変則的なコースが設けられました（柏木［2012］）。階層やジェンダーにかかわらず，人々が同一の公立小学校に通うようになるという事態は，1920 年代になってようやく実現したに過ぎませんでした。さらに夜間学校に通っていた貧困層の子どもたちまで 1 種類の学校に包摂されるようになるのは，第二次世界大戦後を待たなければなりません。就学と「学童としての子ども期」は，このように長く錯綜した経緯を辿って，ようやく人々のライフサイクルに入り込んでいくことになるのです。

　就学が，近代の民衆・労働者階級にとって主体的な選択ではなく，当たり前の制度的慣行となるには，長い時間がかかりました。その理由はかなりの程度

経済的なものでしたが，教育や就学の普及を遅らせるものとして，階級文化的な要因があったことも否定できません。しかし，公立学校が中産階級文化の場であったとしても，そこでの民衆の経験は，決して異なる文化の間の対立・葛藤・疎外という否定的なものにとどまったわけではありませんでした。第1章で触れたように，最近のオーラル・ヒストリー研究は，19世紀末から20世紀に普遍化する就学という経験が，子どもたちにとって非常にポジティブな意味を持っていたこと明らかにしています（大門［2019］；Rose［2010］）。たしかに公立学校は民衆文化や労働者階級文化とはまったく異なったものでしたが，むしろそうした文化の違いゆえに，学校から絶大な知的刺激を受けたり，「喜んで学校に通う」子どもたちもまた多く存在したのです。とくに女子にとっては，学校は男子と平等な教育機会が得られる唯一の場所でした。また，暖房や照明などを含めて公立学校が提供した環境や共感的な教師の存在は，虐待やネグレクトを受けていた子どもにとって保護膜としての役割を果たしました。学校に通うという経験の多面的な意味は，次の第7章で詳しく検討されます。

おわりに

　ここまで，公教育制度の成立と展開が持つ歴史的な意味について述べてきました。しかし「公教育とは何か」という問いと解答は，歴史的な事実や解釈をめぐる問題であるだけでなく，教育政治を構成する主題でもあります。最後にこの点について触れておきましょう。

　公教育の歴史をどのように理解するかという議論は，1950年代後半から1960年代における日本の教育学の中心的なテーマでした。この時期の教育学者が公教育の歴史に熱心に取り組んだことは，同時代の教育をめぐる政治状況と深く関係しています。保守と革新の対立構造が明確化するいわゆる55年体制の成立と軌を一にして，教育領域においても「文部省対日教組」という対立軸がつくり上げられました。この時期の革新派教育学者にとって，主要な実践的関心の1つは，文部省（と自民党）による教育への介入をいかにブロックするか，という問題でした。具体的には文部省が行おうとした学力テストや勤務評定への反対闘争で訴追された組合教師を弁護するため，教育をめぐる法学的な立論をすることが，革新派教育学者が取り組んだ仕事だったわけです。

近代西ヨーロッパを対象とする公教育史研究は，この革新派教育学の理論を補強するための知的資源を提供しました。たとえば，近代公教育の基本的な原理は良心の自由や信仰の自由といった市民的権利に由来するものであり，むしろ国家的介入とは対立する「私事の組織化」であったとする解釈は，近代フランスやイギリスの教育思想にその根拠を求めつつ，国家による教育介入の限界設定を行おうとする教育法学の理論的根拠として使われました（堀尾［1992］）。また，1960年代に日本教育史において自由民権運動に大きな関心が払われたのも，自由民権運動が，国家による公教育に対する最初期の抵抗運動として理解されたからでした。上からの公教育の組織化に対抗的な「もう1つの，下からの公教育」という歴史解釈は，革新派の教育理論の構築に寄与し，1970年代の教育裁判の判例にも一定の影響を与えることになります。

　革新派の歴史解釈が果たして正確なものだったのかどうかは，ひとまず措いておきましょう。ここで注目すべきは，公教育の歴史をいかに描くかということは，同時代（つまり歴史家が位置する「現在」）の公教育をどのように理解し，未来の公教育をどのようなものとして構想するかという教育学の理論的・規範的な議論と切り離しがたく結びついているということです。本章で述べてきたように，修正主義的な批判を経て，1980年代から現在までの公教育史は，国家や地方公共団体だけではなく，地域社会，任意団体，教会，市場といったアクターを説明図式に取り込み，公教育をめぐる各アクターの複合的な関係を明らかにしてきました。「上（国家）からの公教育／下（民衆）からの公教育」というそれまでの図式に対して，「中間（市民社会）からの公教育」という第三極の構造を示したといえるかもしれません。しかし他方で，公教育の担い手の多様性を強調したり非正規教育機関に注目する研究は，1980年代以降，福祉国家が共通に経験した教育批判を追い風にしてもいました。つまり専門家・官僚制支配の弊害を指摘する声や，親・子どもの教育の自由を求める風潮にも支えられていたのです。さらにこうした歴史研究の一部は，同時代の新自由主義的な教育改革を擁護するためになされてもいました（West［1994］）。

　「新しい公共」という概念が歴史的に見てまったく新しくないばかりか，その内容がきわめて空疎であるのと同じように，公教育が公権力以外のさまざまなアクターによって支えられるという事態も，それ自体は歴史的にありふれたことであり，多様なアクターの存在を指摘することに特段の意味があるわけで

はありません。そして公権力以外のアクターが関与したからといって，教育がより公共的・包摂的なものになったり，教育から権力や差別・抑圧が解除されるわけでもありません。2000年代以降，教育学では「新しい公教育」を標榜する論者が，学校選択制やチャーター・スクールを称揚しつつ市民社会や参加民主主義の再評価を行ってきました。これらの論者によって，非国家的なアクターに注目してきた1980年代以降の公教育史は，「新しい公教育」の原型が過去に実際に存在し，それなりに機能していた事例として美化・規範化されてしまう場合すらあります。たとえば専門職・官僚制に支配された近代公教育制度が創られる以前には，任意団体が組織する学校教育や私塾，非正規教育機関など，民間社会がより自由で豊かな教育を提供していたのだ，といったようにです。しかし，そうした非歴史的で粗雑な議論に与するのではなく，むしろ「新しい〜」を標榜する議論が過去を恣意的に利用することに抵抗し，そうした主張が孕む歴史性と政治性を批判的に捉え返すためにこそ，公教育史のヒストリオグラフィは読み直される必要があります（岩下［2018］）。

参考文献 | Reference ●

アルチュセール，L.／柳内隆・山本哲士訳［2005］『アルチュセールの〈イデオロギー〉論（新装版）』（プラチック論叢）三交社。

★ボウルズ，S.＝ギンタス，H.／宇沢弘文訳［1986-87］『アメリカ資本主義と学校教育——教育改革と経済制度の矛盾』1，2，（岩波現代選書）岩波書店。

Curtis, B. ［1984］ "Capitalist development and educational reform: Comparative material from England, Ireland and upper Canada to 1850," *Theory and Society*, vol. 13, no. 1, pp. 41-68.

Gardner, P. W. ［1984］ *The Lost Elementary Schools of Victorian England: The People's Education*, Croom Helm.

グラムシ，A.／松田博編訳［2013］『知識人とヘゲモニー 「知識人論ノート」注解——イタリア知識人史・文化史についての覚書』（グラムシ『獄中ノート』著作集）明石書店。

ハーバーマス，J.／細谷貞雄・山田正行訳［1994］『公共性の構造転換——市民社会の一カテゴリーについての探究（第2版）』未來社。

長谷川貴彦［2014］『イギリス福祉国家の歴史的源流——近世・近代転換期の中間団体』東京大学出版会。

橋本伸也［2004］『エカテリーナの夢 ソフィアの旅——帝制期ロシア女子教育の社会史』ミネルヴァ書房。

橋本伸也［2010］『帝国・身分・学校——帝制期ロシアにおける教育の社会文化史』名古屋大学出版会。

土方苑子［1994］『近代日本の学校と地域社会——村の子どもはどう生きたか』東京大学出版

会。

土方苑子［2002］『東京の近代小学校――「国民」教育制度の成立過程』東京大学出版会。

★広田照幸・橋本伸也・岩下誠編［2013］『福祉国家と教育――比較教育社会史の新たな展開に向けて』（叢書・比較教育社会史）昭和堂。

ホフマン, S.-L.／山本秀行訳［2009］『市民結社と民主主義 1750-1914』（ヨーロッパ史入門）岩波書店。

堀尾輝久［1992］『現代教育の思想と構造――国民の教育権と教育の自由の確立のために』（岩波同時代ライブラリー）岩波書店。（初版：1971年）

ハンフリーズ, S.／山田潤＝P. ビリングズリー＝呉宏明監訳［1990］『大英帝国の子どもたち――聞き取りによる非行と抵抗の社会史』柏植書房。

岩下誠［2018］「市民社会と民主主義的排除――19世紀前半イギリスの教育ヴォランタリズムを再考する」『教育学研究』第85巻第4号，458-470頁。

金澤周作［2008］『チャリティとイギリス近代』京都大学学術出版会。

金澤周作［2014］「チャリティとポリス――近代イギリスにおける奇妙な関係」橋本伸也・沢山美果子編『保護と遺棄の子ども史』（叢書・比較教育社会史）昭和堂，所収。

柏木敦［2012］『日本近代就学慣行成立史研究』学文社。

カッツ, M. B.／藤田英典・早川操・伊藤彰浩訳［1989］『階級・官僚制と学校――アメリカ教育社会史入門』有信堂高文社。

児玉善仁［1993］『ヴェネツィアの放浪教師――中世都市と学校の誕生』平凡社。

Laquer, T. W. [1976] *Religion and Respectability: Sunday Schools and Working Class Culture, 1780–1850*, Yale University Press.

ローソン, J.＝シルバー, H.／北斗・研究サークル訳［2007］『イギリス教育社会史』学文社。

前田更子［2012］「19世紀前半フランスにおける初等学校と博愛主義者たち――パリ，リヨンの基礎教育協会をめぐって」『明治大学人文科学研究所紀要』第70冊，125-150頁。

松塚俊三［2001］『歴史のなかの教師――近代イギリスの国家と民衆文化』山川出版社。

★松塚俊三・安原義仁編［2006］『国家・共同体・教師の戦略――教師の比較社会史』（叢書・比較教育社会史）昭和堂。

Meyer, J. W., Ramirez, F. O., and Soysal, Y. N. [1992] "World expansion of mass education, 1870-1980," *Sociology of Education*, vol. 65, no. 2, pp. 128-149.

★森川輝記・増井三夫編著［2014］『論集 現代日本の教育史5 公共性・ナショナリズムと教育』日本図書センター。

中野智世・前田更子・渡邊千秋・尾崎修治編著［2016］『近代ヨーロッパとキリスト教――カトリシズムの社会史』勁草書房。

エストライヒ, G.／阪口修平・千葉徳夫・山内進編訳［1993］『近代国家の覚醒――新ストア主義・身分制・ポリツァイ』創文社。

岡田与好［1987］『経済的自由主義――資本主義と自由』東京大学出版会。

★大門正克［2019］『民衆の教育経験――戦前・戦中の子どもたち（増補版）』（岩波現代文庫）岩波書店。

小野征夫［2013］『民衆は学校とどう向き合ったのか――イギリス教育社会史断章』大月書店。

大野誠編［2009］『近代イギリスと公共圏』昭和堂。

ポーター, R.／見市雅俊訳［2004］『啓蒙主義』（ヨーロッパ史入門）岩波書店。

Ramirez, F. O., and Boli, J. [1987] "The political construction of mass schooling: European origins and worldwide institutionalization," *Sociology of Education*, vol. 60, no. 1, pp. 2-17.

★Rose, J.［2010］*The Intellectual Life of the British Working Classes (2nd ed.)*, Yale University Press.

阪上孝［1999］『近代的統治の誕生──人口・世論・家族』岩波書店。

サイモン，B.／成田克矢・岩下俊郎訳［1977-84］『イギリス教育史』1-3，亜紀書房。

Soysal, Y. N., and Strang, D.［1989］"Construction of the first mass education systems in nineteenth-century Europe," *Sociology of Education*, vol. 62, no. 4, pp. 277-288.

多田哲［2014］『ヨーロッパ中世の民衆教化と聖人崇敬──カロリング時代のオルレアンとリエージュ』創文社。

谷川稔［1997］『十字架と三色旗──近代フランスにおける政教分離』山川出版社。

ヴィンセント，D.／川北稔・松浦京子訳［1991］『パンと知識と解放と──19世紀イギリス労働者階級の自叙伝を読む』岩波書店。

ヴィンセント，D.／北本正章監訳［2011］『マス・リテラシーの時代──近代ヨーロッパにおける読み書きの普及と教育』新曜社。

West, E. G.／foreword by A. Seldon／introduction by M. Lieberman［1994］*Education and the State: A Study in Political Economy (3rd ed.)*, Liberty Fund.

八鍬友広［2017］『闘いを記憶する百姓たち──江戸時代の裁判学習帳』（歴史文化ライブラリー）吉川弘文館。

安丸良夫［1999］『日本の近代化と民衆思想』（平凡社ライブラリー）平凡社。

文献案内　　　　　　　　　　　　　　　　　　Bookguide ●

　公教育の歴史に関しては，ボウルズ゠ギンタス［1986］が1950年代から始まる修正主義（リヴィジョニズム）の到達点であり，まずはここから読み始めるべきでしょう。

　もっとも，1980年代以降の公教育史研究では，階級政治という視角から制度を分析するよりも，公教育の歴史的な多様性や，国家的公教育と公共圏・市民社会・民衆文化との対立や葛藤に注目する潮流が現れてきます。松塚・安原［2006］と森川・増井［2014］は，こうした潮流に位置づく論文集・リーディングスです。両者は公教育史研究を制度政策史から社会史・文化史へと転換させたという意味で公教育史における1つのブレイクスルーといえますが，むしろ広田・橋本・岩下［2013］のとくに第3部は，そうした潮流への批判として読むことができます。両方を読むことで，公教育の歴史において何が論点となっているのかをつかむことができるでしょう。

　他方で，**Rose**［2010］や大門［2019］は，中産階級文化による民衆の抑圧というステレオタイプな学校経験イメージを覆す刺激的な成果であり，公立学校への就学が受け手にとってどのような経験だったのかについて，理解を深めてくれます。

第**7**章

学校は〈子どもが集まり勉強する場所〉なのか

コミュニティ，「装・食・住・癒」，居場所

（筆者撮影）

　誰もが学校に行く（いる）時代の到来を決定づける役割を果たしたのが，アメリカのビジティング・ティーチャーだった。それに伴い教育観も大きく転換する。写真は，20世紀初め，ビジティング・ティーチャーの司令塔であるニューヨーク市公教育協会のオフィスがあった西40番街8番地。世界一の繁華街のど真ん中に，当時の面影はない。

はじめに

　私たちはこれまで，子どもと大人の区別が歴史的につくられたある種の「制度」であること（第1章），そして公教育制度整備の要因はさまざまで，産業化や技術革新以外にも多くの事柄を考慮に入れなければならないこと（第6章）を学びました。学校や教育の歴史についての見方も，ずいぶん柔らかくなったことでしょう。本章ではさらに一歩進んで，学校は「子ども」のための場で，その目的は「勉強すること」だという根強い思い込みにメスを入れてみましょう。ただ急いで付け加えたいのは，ここでの話はよくある「知育偏重」批判とは，まったく違うものだということです。学校で知育・徳育・体育の3つがバランスよく行われることが大切，という話はよく聞きます。これらはどれも，現在を犠牲にして子どもに将来に向けて備えさせることを本質とし，それゆえ広い意味での「勉強」の範疇に収まるものです。「学校は子どもが集まり勉強するところである」という思い込みに揺さぶりをかけるには，もっと新しい視点が必要です。そのためのキーワードとして，本章では，「コミュニティ」，「装・食・住・癒」，そして「居場所」という3つを導入してみたいと思います。

　最初のキーワード，「コミュニティ」は，学校が地域のセンター的存在として，子どもだけでなく大人たちの政治・文化活動の拠点となっており，地域の人々のアイデンティティの中核になっていた歴史的事実に，私たちの注意を向けさせます。ここでまず取り上げるのは，近代学校草創期の京都における「番組小学校」発足の経緯です。また海外にも共通する要素を持つ事例が見られることを，20世紀初めのアメリカにおけるゲーリー・プラン（ゲーリー・スクール）の事例を通して見てみたいと思います。

　次のキーワードは「装・食・住・癒」です。人間の生活を成り立たせる3本柱が衣食住であることにそれほど異論はないでしょう。そして学校もまた，ただ授業が行われ子どもが勉強しただけでなく，人間が生き，住まい，暮らした場所であったとすれば，「衣・食・住」の観点から学校の歴史を捉えることも可能なはずです。「衣」といえば制服がすぐ思い浮かびますが，ここでは頭髪等への介入問題も視野に入れた「装」という視点をとりましょう。また「食」といえば給食，「住」といえば学校建築です。この3つに加え，人間の心や身

体を扱う「癒」という4本目の柱を加えましょう。これは学校の機能を狭義の教育面で捉えるだけでなく，医療や福祉にまで及ぶものとして見ようとする視点につながっていきます。

　最後の視点が「居場所」です。これは，近代学校教育の持つ管理的・抑圧的な性格を批判し，それを克服していこうとする教育運動の歩みに関連します。よく知られるのが自由学校（フリー・スクール）運動とかオルタナティブ教育運動などと呼ばれる，20世紀後半に西ヨーロッパで活発化するものです。そしてこの動きを準備したのが，半世紀ほど早くアメリカに起こった精神衛生運動でした。そこでは学校の根本原理が問われ，勉強とか教育以前に，子どもにとって学校が居心地よい場であることに至上の価値を置きました。教育という営みそのものが批判に付されたとき，学校に残された思想的砦こそが「居場所」だったのです。

1　「コミュニティ」という視点
▶︎ 京都・番組小学校とゲーリー・スクール

地域の複合施設としての小学校

　日本の近代公教育の出発点は，1872（明治5）年の学制「発布」からと考えられることが多いのですが，それに先立って日本で最初の学区制小学校が1869年，京都に生まれました。それが「番組小学校」です。他国に比べて国家主導による「上からの」性格が強かったといわれる日本の公教育ですが，番組小学校は国家による教育制度がない以前に市井の人々によって自律的に設立されたものです。さらに興味深いのは，学校制度の樹立が，京都の町の「再建・復興」を期した事業であったことです。このことが，本節で論じるコミュニティの中心としての学校という視点と密接に関連します。まずは番組小学校ができる経緯を，辻［1999］，京都市学校歴史博物館［2016］などを参照して簡単に見てみましょう。

　京都の小学校設立運動は西谷良圃という人物から始まりました。官僚でも政治家でもなく，江戸後期から続く町の寺子屋「篤志軒」の先生だった人です。

西谷は 1866（慶応 2）年，市中に「教学所」をつくるべしという建白を奉行所に対して行いますが，このときは聞き入れられませんでした。しかし 2 年後の1868 年 8 月，「御一新」のもと新たに設置された京都府に対して，西谷は再び同様の趣旨の「口上書」を提出します。このときには「小学校」という文言が使われました。市中に 10 カ所から 12 カ所，1 校当たり収容人員は 1000 人から 1200 人程度といった具体的な構想まで披瀝されています（辻 [1999] 112 頁）。開明派知識人の旗手・福沢諭吉が 1866 年に著した『西洋事情』初編に「人生レテ六七歳男女皆学校ニ入ル（略）初テ入ル学校ヲ小学校ト云フ」とあり（福沢 [1969]），西谷は福沢の熱心な読者だったので（京都市学校歴史博物館 [2016] 10 頁），教学所から小学校への呼称の変更はその影響かもしれません。この西谷の提案が容れられ，同年 9 月，ほぼ同内容の小学校設立計画が京都府から示達されることになります。近代学校の源流が，市井の一介の寺子屋師匠の行動に端を発するというのは実に興味深いことです。

　ところで維新直後の京都は実に不穏な空気に包まれていました。1868（慶応4）年 7 月に江戸が東京と改められ，9 月に年号が明治と改められます。「東京」が出現したことで遷都が現実的可能性を帯び，京都の人々は動揺します。その一方で以前，京都の警備にあたっていた有力諸藩に代わり，京都府が自立的に治安行政にあたらなければならなくなりました。京都の市中にはもともと，応仁の乱以来，町組という町人の自治的組織がありましたが，府はこれを統治の要になるよう改組したうえで，同年 11 月，行政・自警・相互扶助のために各町組ごとに会所を設けるよう指示します（辻 [1999] 115 頁）。府員の詰所，府兵の屯所とするという意図から，役場と警察署を兼ねた場としてこの町会所を位置づけていたことがわかります。ところが同じころ，町衆たちはすでに，上述した府による小学校設立示達でてんやわんやでした。当初，府の小学校設立構想には金銭負担の面などで種々の無理があり，到底認められないと否定的態度をとる町組が多かったそうです。一方，府当局も，少なくともポーズだけでも町衆の意見をよく聞く姿勢で応じ，ここは京都に根づいた自治の伝統や気概を感じさせるところです。とまれ，小学校設立問題で右往左往していたところに町会所の話がさらに降ってきたわけで，この 2 つをくっつけ複合施設にして設立しようという流れはごく自然なものでした。心配の種だった建設費については府から下付金が出されることになり（とはいえ不足分は寄付や献金で補っ

た），学校建設に同意する町組が次第に増えていきます。

　番組小学校といえば有名なのが竈金です。組内のすべての世帯に，小学校の運営費を拠出することを求める仕組みで，竈の数に応じて出金高が決められたことに，この名が由来します。竈金の負担に堪えられない世帯への対応など制度設計上の難点は残っていましたが，家族に学校に通う者がいるか否かにかかわらず，全住民から広く徴収したお金で学校を運営するという点で，公費で賄われる公教育制度の原型がすでにこのときでき上がっていたのです。この竈金制度を有効に機能させるため，1869年1月に町組の再改編が行われ，組の大小が均されました。

　1869（明治2）年になると東京遷都の流れがいよいよ決定的になり，京都府当局にとって小学校設立には，没落都市・京都の再興の事業という意味合いが加わることになります（もともと，幕末期に幾多の動乱の舞台となったため京都市街は荒廃のなかにありました）。先頭を切って開業式をあげたのは5月21日，上京二十七番組（柳池）小学校でした（辻［1999］118頁）。年内に64校の番組小学校が開校することになります。すでに述べましたように，番組小学校はコミュニティ・センターの機能を併せ持つ複合施設でした。そこに町会所が併設された理由は上述の経緯の通りですが，ほかに徴税，戸籍，消防，警察，府兵駐屯所などの機能も備わっていました。こうした性格を象徴するのが，たとえば番組小学校の校舎に，望火楼（火の見櫓）が設置されたり，住民に時刻を知らせる報時鼓を備えた鼓楼が設えられたりしたことです。また番組小学校には講堂が設置されていました。地域住民の話し合いや役人が来て説明会を開くことに，この講堂が使われました（京都市学校歴史博物館［2016］13-14頁）。

　なお，学校を中核とする京都のコミュニティのその後の変遷を，駆け足で追っておきましょう。町組（番組）はその後，「区」「小学区」「組」と目まぐるしく名前が変わりますが，1892（明治25）年に「学区」となり，その後1940（昭和15）年まで長く続きます。京都の学区は公的な自治組織で，学区会が置かれ選挙で選ばれた学区会議員によって，教員給与など重要事項の決定が行われました（京都市学校歴史博物館［2016］22-23頁）。戦後になってもその影響力は健在で，元学区単位で地域の祭や運動会が今でも行われ，自治連合会が組織されたりしています（並松［2018］240-242頁）。

　このように，番組小学校に端を発する京都（市）の初等学校の歴史は，「上

からの強制」というイメージが強い日本公教育史像に見直しを迫る，たいへん重要なエピソードといえるでしょう。しかし，あまり手放しに番組小学校を称賛してばかりはいられないかもしれません。たしかに小学校設営の提案は「お上」でなく市井の人々からなされたものであり，また町衆は府との間できっちり話し合い納得したうえで，示達を自ら進んで受け入れました。ここには民衆の側の自主性や主体性が見られるようです。しかしその代償として，京都の多くの人々は，学校設営のための多大な負担にあえぐことになりました。

　竈金制度は今日，京都の先進性を示すものとして一部首長により熱心に語られていますが，これも美談としてやり過ごすのは危険です。これと同型の問題が全国に拡大されたのが1872（明治5）年の学制ではないでしょうか。「邑に不学の戸なく家に不学の人なからしめん事を期す」ことが謳われる一方，教育の目的として強調されたのが，学問は「身を立るの基たる」こと，つまり個人の立身出世でした。教育は国家のためという発想がなく予想外に「リベラル」に感じますが，実際は，「不学の人なからしめん」のに必要な国家予算が圧倒的に不足し，私費負担に依存せざるをえない財政状況がありました。一見リベラルなポーズの背後には，強制によらずして主体的・自発的に，何としても民衆に教育に参加してもらわずにはいられない政府の事情があったのです（辻[1999] 148頁）。何だかんだいいくるめて，すべての町組に小学校設立を実行させた京都府当局の手腕は，見事に民衆の自発的服従を勝ち取った点においてこそ「称賛」に値するものだったのかもしれません。

▎ 新興工業都市に出現した巨大教育施設 ▎

　京都の番組小学校の事例は，学校が単に子どもが集まり勉強する場所ではなく，大人も含めた地域全体の要，コミュニティ・センターでもあった姿を鮮やかに示すものでした。その舞台となった京都は千年もの歴史と伝統が蓄積した大都市でしたが，もう1つの事例の舞台，アメリカ・インディアナ州ゲーリーは，忽然と工業都市（工場町というべきか）が出現するまで，ほとんど住む人とてない荒野でした。京都のようなぶ厚い文化の蓄積が皆無の地で構想され，実現に移された奇想天外な都市・学校計画，ゲーリー・スクールについて次に見ていきましょう。時計は40年弱進んで，1906（明治39）年のことです。

　20世紀初頭のアメリカ合衆国は，大企業中心の資本主義が比類ない発展を

遂げていました。同時にこの時期は革新主義の時代とも呼ばれます。企業資本主義が生み出す種々の社会的ひずみを解決するための合理的な方法の探求が，社会をあげて熱心に行われました。ミシガン湖沿岸の寒村に U. S. スチールの巨大工場が突然でき，人口が急増したことで惹起された社会問題に対処するべく考え出された "発明品" ゲーリー・スクール（もしくはプラトーン・スクール）は，まさに，こうした時代に咲いた徒花というにふさわしいものです。

　以下のゲーリー・スクールに関する記述は，アメリカ進歩主義教育運動を詳細に論じた宮本健市郎の研究（宮本［2005；2018］）に依拠しながら進めていきます。ゲーリー・スクールの指揮をとったのは，1906 年から 1938 年まで一貫してこの町の教育長の職にあったウィリアム・ワートという人物です（Cohen［2002］p. xiii）。彼はジョン・デューイの講義も聞き，学校は民主主義の原理に裏打ちされた小社会（コミュニティ）でなければならない，というデューイの思想をヒントにアイデアを固めていきます。それが「学校がコミュニティになる以上に，コミュニティが学校になること」（宮本［2005］285 頁）を目標とするものでした。

　コミュニティ全体を学校にする，そんな壮大な使命を担ってゲーリーに建設された学校は，あたかも工場プラントのような巨大施設でした。そこには小学校 1 年生からハイスクール 12 年生まで，地域のすべての子どもが通います。たとえば 1912 年に開校したフレーベル校の校舎は 3 層構造からなり，地階（事実上の 1 階）には自然学習室，図書室，音楽室，倉庫，幼稚園，プール（男女別），1 階に校長室，保健室，体育館（男女別），講堂など，2 階には生物室，美術室，音楽室，工作室などが配置されています。このほか，教科をとくに指定しない普通教室が各フロアにあります。また校外には運動場や動物飼育場がありました（宮本［2005］25 頁）。この巨大施設のなかを，大勢の生徒が 1 日中ぐるぐる動き回るのがゲーリー・スクールの日常でした。名高い「労働・学習・遊び」（work-study-play）プランです。

　このプランは，知育に偏しない全人教育（educating the whole child）という進歩主義の理念を体現したもののように見えますが，実は裏にはいわゆる大人の事情が隠されていました。人口が急増したゲーリーの学校では普通教室が足りず，すべての子どものための座席が確保できなかったのです。そこで考え出されたのが，1 日のタイム・スケジュールを 3 分割し，教室で授業を受けている

ウラで別の子どもたちが労働作業に励んだり遊び（運動）に興じている，とい う効率的な施設利用法でした。

　ゲーリー・スクールで興味深いのは，学校での多忙な1日の行動をともにす る学級集団の存在です。アメリカでは年ごとの進級試験をクリアして上級に進 んでいくので，学級は厳密には「等級」（grade）と呼ぶべきものです。学習進 度が同水準の者から構成された集団に過ぎず，生活共同体としての日本の学級 に比べ，その結合力ははるかに控え目なのが一般的です。しかしゲーリー・ス クールでは，学級集団の存在は重要なものでした（宮本［2005］285頁）。結果 的に，学校を通して共同体（コミュニティ）形成を図ろうとする計画全体のコ ンセプトと，学級集団の位置づけとは順接的でした。

　ゲーリー・スクールは，あたかも夜中まで稼働し続ける工場のように，日が 暮れてからも活動が続きました。U. S. スチールにおける労働者には，当時ピー クに達しつつあったヨーロッパからの移民ラッシュの波に乗って渡米した 人々が多く含まれていて，彼らの「アメリカ化」が急務の課題でした。夜間の 校舎を利用して，そうした大人や青年に対する英語教育あるいはその他の市民 教育が行われました。ゲーリー・スクールはまさに不夜城の様相を呈していた のです。

　こうしたユニークな教育活動を続けたゲーリー・スクールは，デューイが 『明日の学校』で称賛したこともあり（Cohen［2002］p.17），全米の教育関係者 の注目の的となり，見学者がひきもきらず訪れます。しかし関係者を魅了した のは，生き生きと活動する子どもの姿より，無駄のない施設運営で効率的に目 標を達成するそのシステムでした。これもまた紛れもなく，進歩主義教育の真 実の一面だったのです。プラトーン・スクールの移植は各地で試みられました が，ニューヨーク市では猛反対を受けました（宮本［2018］90頁）。

┃ コミュニティと学校の力関係 ┃

　京都の番組小学校とゲーリー・スクールに共通するのは，都市やコミュニ ティが直面した危機的状況への対応において，学校に大きな期待や希望が託され たことです。ただし京都とゲーリーでは，伝統や文化の蓄積において天と地ほ どの格差がありました。番組小学校にはたしかに町会所が設置され，コミュニ ティ・センターとしての機能を果たしました。しかしそれは学校がコミュニテ

ィに有機的に組み込まれたということに過ぎず，学校が地域に及ぼす影響力は限定的なものでした。大抵の町衆はすでに一通り教養を身につけていたので，ゲーリー・スクールのようにそこで大人が読み書きや文化を学んだりすることもありませんでした。他方，荒野に忽然と登場したゲーリー・スクールはまさに巨大な文化プラントでした。地域住民の多くが英語の読み書きもおぼつかず，アメリカ社会の仕組みに不案内でした。コミュニティを学校化するという途方もない理念が，それなりに説得力を持つ環境がそこにあったのです。こう考えると，高度な文化が集積したニューヨークの地でゲーリー・プランが総スカンを食った理由もよくわかるような気がします。

 ## 2 「装・食・住・癒」という柱
⯮ 生活空間・住まう場としての学校

▎ 学校という場所の不思議 ▎

　学校は単に勉強や心身の鍛錬が行われるだけでなく，それ自体，生活が営まれる場でもありました。ただし生活空間といっても，それは少々奇妙な場であることは確かです。義務教育制度により，所定の地域内の子どもたちが等し並みに，第一の生活空間である家庭から引き離され，一定の時間，学校への拘束を余儀なくされます。そこには一種の強制力が付随しました。後にそれが子どもの「自然」に反するものだとする批判が，たとえば次の第3節で見る自由学校（フリー・スクール）運動などから寄せられます。

　しかしながら，事実問題として子どもが学校で過ごす時間が長期化し，そこにある種の厚みが蓄積されていくなかで，そこには「生活」とおぼしき日常的な営みが生じ，学校独自の文化さえ見られるようになります。だから，学校での「生活」を支える衣食住（さらに「癒」も）に注目した歴史記述を試みることによって，カリキュラムや教授法を追跡するそれとはかなり違う教育史像を得ることができるのではないでしょうか。なお，学校の「住」への視点，すなわち学校建築物については，第1節の番組小学校やゲーリー・スクールの内容とも重複するのでここでは割愛します。

以下，まず衣の視点を拡充した「装」，次に「食」，最後に「癒」の視点の順に，そこからどんな教育史像が描き出されるかを見ていきましょう。なお，世界中の衣食住が実にバラエティに満ちあふれたものであるのと同様に，学校の「装・食・(住)・癒」も多様です。ここでは話を日本に限定して進めます。学校の「装」（および「住」）に関しては，「学校のモノ・コト」に注目したユニークな教育史研究で知られる佐藤秀夫の仕事（佐藤 [2004；2005a；2005b；2005c]）が手がかりになります。「食」に関しては『給食の歴史』など食に関する歴史学で知られる藤原辰史（藤原 [2018]）の研究が，「癒」に関してはすぎむらなおみによる学校看護婦（後の養護教諭，いわゆる保健室の先生）に関する研究（すぎむら [2014]）を参照しましょう。

装いの規制問題と学校

装（よそおい）の柱から見た学校史の中心課題が「制服」にあることは容易に推測できますが，前出の佐藤秀夫は，制服を着るのは子ども（生徒）だけではないことに再三注意を促しました（佐藤 [2005c]）。では，生徒以外に誰が着たのかといえば，教員であり，使丁（小使という蔑称が長く使われていましたが，今日の技能職員）でした。制服には，それを着る人間に私人から公人への変質を迫る作用があります。学校以外でも，警察官の制服や僧衣，法服などにはその機能があり，民間企業では今でも女性一般職（いわゆる OL）の制服着用が広く見られます。こうした発想から，日本では近代公教育の成立とともに教員の服装規制を目指した動きも始まりました（文部省が制服について法規で定めたのは教員の制服だけ，というのも目から鱗ですね）。

初代文相・森有礼の文政期，まず正規の教員養成機関であった尋常師範学校の教員に対して制服着用が義務づけられます。1888（明治 21）年のことです。この動きはその後小学校教員にも波及し，府県単位で教員の服装を定めるところが相次ぎました。どんな制服かといえば，師範学校生徒の制服を模したものでした。師範学校は教員の供給源です。だから彼らが学生時代に着ていた制服を，そのまま就職後も着続けられるようにしたようです。具体的には，今日まで続くいわゆる学生服スタイル，黒色詰襟金ボタンの上着に同色のズボンという格好で，それ自体 1880 年代後半に確立したものでした。これは当時の陸軍服制の下士官略装を模したものだったということです。1898 年，この訓令は

いったん廃止されますが，第二次世界大戦下で教員制服を復活させた府県もありました。これに対し，女性教員に対する服装規制はずっと緩やかだったようですが，完全に自由というわけではありませんでした。

　また，ここで特筆しておくべきは「使丁」の制服です。教員制服の規制がある程度緩んでも，使丁に対しては事細かに制服を指定する地域が大部分だった（佐藤［2005c］107頁）ということです。教員に対しては許された，色・質・型などを選ぶ自由さえそこには残されていませんでした。ここには，職務階梯の上下関係と制服着用義務が結びついていたことが読み取れます。学校を「人が住まう場所」として捉える視点からは，教師と生徒だけでない多様な存在が見えてきます。彼ら・彼女らにもまた固有の生きた歴史があるのです。使丁（技能職員，用務員）以外にどんなバイプレイヤーが学校にはいるか，思いめぐらせてみてください。

　学校が生徒に制服を着せようとする根底にある理由の1つは，合理的組織としての学校が，働きかけの対象（すなわち「素材」）としての子どもの規格化をできるだけ図りたかったというものです（柳［1991］171頁）。学生服が軍装をモデルに生まれたことは上で触れましたが，女子が着るセーラー服にもさまざまな歴史が詰まっています。どうか自分でいろいろ探ってみてください。ここでは初等教育（小学校）の「標準服」について軽く触れておきます。戦前期の小学校では，師範学校附属小学校や一部の私学を除き，制服制定の動きはまったくありませんでした。戦前の義務教育は小学校6年間のみでしたが，それだけでも無償の国民教育を支える国家的基盤は脆弱で，制服の支給は到底不可能でした（そもそも無償なのですから，各家庭に制服を購入させることはその本義に反するわけです）。ところが戦後，次第に経済が上向いていくと，公立小学校における通学服の一定化，いわゆる標準服制定の動きが西日本から始まり，徐々に広がっていきます（佐藤［2005c］318頁）。いうまでもなく各家庭の私費負担に甘えた「制服強制」の動きであり，義務教育無償の原則を揺るがすものです。費用負担の面からもっと問題化されてよいかもしれません。

　ところで，学校は大勢の人が集う一種の社交場です。相手の目を意識し，自分を少しでもよく見せようと，それぞれに「装いをこらす」ことは少しも不思議ではありません。それは服装だけでなく，たとえばヘアスタイルにも及びます。服装は身体に密着してはいますが身体そのものではないのに対して，頭髪

は身体の一部です。学校は制服という形で服装を統制しようとしただけでなく，身体そのものである頭髪にまで介入の手を伸ばしてきました。これはよく考えるとすごいことだと思いませんか。

さて，学校を舞台にした最もメジャーな頭髪規制は男子に対する「丸刈り強制」でしょう。陸軍スタイルの「学生服」が中等学校レベル以上の男子に制服として強制されるのが1880年代後半だったことを先に述べましたが，頭髪の「丸刈り」強制も，1890年代以降，中等学校の男子に対して進んでいきました。これも軍隊からの影響でした。日清戦争を契機に，長期間の作戦従事中軍帽をかぶり続けなければならない陸軍軍人の間に，頭髪全体を短く刈り込むことが流行したのが起源だったとのことです（佐藤［2005c］325頁）。また小学校でも，各地に残された卒業写真資料などを見ると1920年代には多数の男児が「丸刈り」頭にしていることも確認されています。これに対して女子生徒に対しては「束髪」「お下げ髪」「三つ編み」「おかっぱ」など事細かに髪型が規制されたものの（佐藤［2005c］325頁），男子ほどの徹底した介入は見られなかったということです。

1920年代後半の千葉県・内房地方のごく普通の小学校を舞台に，新任の女性教員の奮闘ぶりをみずみずしく綴った『女教師の記録』という本があります。その著者，平野（旧姓，佐久間）婦美子が日曜日に受け持ちの子どもたちの虱だらけの頭髪を洗うくだりがあります。

> 小使いのおばさんに，大釜に一ぱいお湯を沸かしてもらい，校庭にずっと机を並べて，めいめい持参の洗面器に，シャンプーと粉末除虫菊を入れた後へ，高等科の女生徒がお湯を注いで手伝ってくれました。「おお，いい気持ちだ」「先生，天国へ行ったようだ」と思わずいうのです（平野［1980］48-49頁）

微笑ましいエピソードで，子どもの家庭の劣悪な衛生環境は問題でも，教師のしたことに別に目くじらを立てることはないと思われるかもしれません。でも，同じく身体の一部である頭髪を，「丸刈り」にすることと虱だらけの頭をシャンプーすること，この2つの間にどのくらいの距離があるでしょうか。少し考えてみてください。

命をつなぐ給食

さて，2番めの柱，学校の「食」に移りましょう。年配の人が小学生時代を振り返って，勉強にはまったく身が入らなかったことをほのめかしつつ冗談半分に，「給食を食べるために通っていたようなものだよ」と語るのを耳にしたことがありますが，この話はあながち冗談ともいえないのです。学力には剝落問題というのがあって，学校で習ったことの大半は大人になるころには（あるいは大人になって久しいうちに）忘れ去られていくことが指摘されています。しかし給食で摂取した食べ物は血肉となり，大人になった現在でもその人の身体を支えています。「食」というのは私たちの想像以上に人間にとって大きなテーマなのです。

藤原辰史は日本の給食の歴史を萌芽期・占領期・発展期・行革期の4つに分けて叙述していますが（藤原［2018］），ここでは給食の起源から敗戦までの萌芽期を中心に紹介します。日本における給食のルーツには諸説ありますが，1889（明治22）年，山形県鶴岡町の大督寺境内に「貧民子弟の教育」を目的に設立された私立忠愛小学校が提供した給食がはじまりだとする見方が有力です。そして本格的な給食提供は，1919（大正8）年東京府管内の小学校でのパン給食開始からでした。

4年後に東京は関東大震災の被害に見舞われますが，皮肉にもその惨禍が給食の発展を後押しすることになります。全国から東京市に寄せられた多額の「義捐金」の使い途として給食にあてられることが決まり，国立栄養研究所の協力のもと，米飯と副食が提供されました。さらに1930年代に入ると東北地方を飢饉が襲い，欠食児童問題がクローズアップされます。これを受けて1932（昭和7）年に鳩山一郎文相のもと，文部省訓令第18号が発令され，「学校給食臨時施設方法」が公布されます。児童の栄養不良状態を「教育上洵に憂慮すべきこと」とし，各道府県に学校給食委員会を設けることを定め，国庫からの助成金支出も始まります。給食は欠食児童救済を目的とするものだが，提供に際しては「貧困救済として行わるるものたるが如き感を与うること」がないよう配慮することが大切だ，といった細やかな心遣いまで記されています（藤原［2018］51-52頁）。

この文部省訓令第18号は1940（昭和15）年に，「学校給食奨励規程」と「学

校給食の実施に関する件」公布へと発展していきます。そこには給食の目的に関する大きな変化が見られます。従来の貧困児童救済が後退し、「体位の向上」が強調されることになったのです。給食提供の目的には、「作法」「咀嚼」「偏食の矯正」といった文言が見られるようになりました（藤原［2018］56頁）。すでに時代は戦時色が強まってきており、丈夫な体を持った強い兵士の育成の一環として給食が位置づけられたのです。相前後して1938（昭和13）年、「体位向上によい」という理由で牛乳を給食に出す試みが始められました。

　これまで萌芽期の学校給食の歩みを見てきましたが、戦後の発展期に比べるとまだまだ導入した学校数は少なく、局所的な現象にとどまっていました。給食が学校の日常に欠かせない存在となり、「住まう」経験の一部分になるのはもう少し先の話です。ですが、震災や飢饉を契機として給食が発展してきた経緯からわかるように、非常時において学校は、子どもたちの命をつなぐ役割も発揮したのでした。命をつなぐための、生存のための場所としての学校という視点を、この機会にぜひ頭に刻んでください。

┃「保健室の先生」の誕生 ┃

　さていよいよ最後の柱、学校の「癒」についてです。学校に多くの人々が集い、長い時間をそこで過ごすようになれば、当然そこにさまざまなトラブルが発生し、負傷者や病人が出てくることも予想されます。もちろん学校外に地域の医療機関がありはするのですが、住まう場・暮らす場としての学校は、次第に自律性を高める方向に発展していきました。ここに登場するのが学校看護婦（後に養護訓導となり第二次世界大戦後は養護教諭）であり、その活動の場としての保健室です。

　先ほど装いの項で登場した平野婦美子は、海辺の小学校で4年間勤務した後、1930（昭和5）年に千葉県市川市の大きな「町の学校」に転勤します。その学校においては「食事の後では、学校に歯みがき道具を置いてあって、全部が、洗面所で歯みがきをする習慣になって」おり、「学校には看護婦がいて、トラホームの治療、虫歯の手当、矯正体操、健康調査、体温調査と、一生懸命働いて〔おり〕、虚弱児の為にサンルームがあり、十三人という多くの校医が、受け持ち教師のように、学級を分担」（平野［1980］94-95頁、圏点は引用者）していたと書き残しています。学校給食が少しずつ注目を集め、制度化への胎動が

始まっていたのとほぼ同じころ，「村の学校」にはまだいない学校看護婦が「町の学校」ではすでに活躍していたわけです。

　ここからは，学校看護婦の内部から沸き起こった職制運動，つまり学校内の正規な成員としての処遇を求める運動の展開を詳細に跡づけた，すぎむらなおみの研究（すぎむら[2014]）に依拠しながら，学校看護婦についてさらに見ていきましょう。それによれば，学校看護婦が日本ではじめて採用されたのは1905（明治38）年9月，岐阜県においてでした。平野婦美子からの引用にもあるように，当時学童の間でトラホーム（伝染性の結膜炎）が蔓延しており，その対策という面もあったことから，学校看護婦は「トラホームのおばさん」「目洗い先生」などとも呼びならわされたようです（すぎむら[2014]50頁）。教師でも生徒でもない，しかし住まう場としての学校に欠かせない新たなプレイヤーがまたここに登場しました。この配置は文部省による公式のものでなく，眼前の課題への対応に苦慮するなかで一地方から自然発生的に起こった動きであり，この点は給食の起源とも符合します。トラホーム問題は文部省も認識していて，学校衛生顧問会議が立ち上げられもしましたが，大きな動きにはなりませんでした。

　学校衛生の機運が高まるのは1920年代に入ってからです。このころには現場の学校看護婦の働きは単なる「トラホーム治療」から「学校衛生全般」へとシフトしており，その重要性を文部省も認めざるをえなくなりました。1921（大正10）年に学校衛生課を復活させた文部省は，1923年に「学校看護婦職務規程」を制定します。「文部省学校看護婦」の誕生でした。こうして文部省の公認も得た学校看護婦でしたが，その待遇は劣悪でした。身分は嘱託職員という不安定なもの，複数校兼担が常であり，給与水準は教員より下でした。

　こうした状況を変えようとする学校看護婦が結集し，1929（昭和4）年に第1回全国学校看護婦大会が開かれ，職制運動を進めていくことが決議されます。教員と同様の待遇を勝ち取ることが目標でした。当初，職制運動への支持はなかなか広がらず苦難の道を歩みますが，政治家や高官へのロビー活動を粘り強く続けます。転機はやはり戦争でした。日中戦争勃発の翌年，1938年に厚生省ができた背景にも，国民の体位を向上させ強い兵隊をつくる意図がありましたが，同じ年に軍人の荒木貞夫が文部大臣に就きます。職制運動の推進者たちはこの荒木に接近し，話を聞いてもらうことに成功します。結局1941年公布

の国民学校令によって，彼女らの悲願は達成されました。

　こうして学校に「養護の先生」が誕生し，現在に至るわけですが，戦後の混乱・復興期には子どもたちを取り巻く衛生環境は一段と悪化しました。戦争を追い風に地位向上を果たした彼女たちにとって，戦後社会は意図せざる活躍の場だったといえるかもしれません。その後，日本が経済復興を遂げるなかで，学校の「癒」が果たす役割も変容していきます。1970年代から「新型の長期欠席」が注目を集めるようになり，やがて登校拒否，不登校と名前を変えて大きな問題として認知されていきます。この文脈で保健室や養護教諭がクローズアップされます。教室に入りにくい子どもにとって，保健室は校内で安全安心に過ごせる稀有な場であり，1日をそこで過ごす「保健室登校」が容認されるようになります。そこで焦点となったのはもはや「治療」「ケア」の機能ですらなく，無条件にどんな子でも受け入れてくれる〈居場所〉機能でした。これは最後の論点ともかかわりますので，この辺で節を改めることにしましょう。

3　思想としての〈居場所〉

⫸ 精神衛生と自由学校（フリー・スクール）運動

┃ 教育思想の極北？ ┃

　居場所というのは，そこで何をしていようと存在することが許される，存在まるごとが肯定される，そうした場所です。ですから学校を居場所にするという発想は，勉強や鍛錬や努力といったおよそ学校がこれまで子どもたちに強いてきたあらゆる営み——つまりは「教育」の総体——を否定したところに辿り着いた，教育思想の極北とも呼べるものです。

　本節ではアメリカの精神衛生運動（mental hygiene）とイギリスの自由学校（フリー・スクール）運動，とくにサマーヒル学園について取り上げます。この2つの運動がその後辿った軌跡はだいぶ異なるのですが，ルーツが1920年代という同時代性を持ち，それ以上に重要なのが「子どもを学校に合わせるのではなくて，学校を子どもに合わせようという考え方」（ニイル［1995b］7頁）を共通に核として持つことです。

学校は「自分らしく」いる場所？

　アメリカの精神衛生運動の推進母体になる団体，全米精神衛生委員会（NCMH）は 1909 年に結成されます（倉石［2014］第 4 章）。この団体は，コネチカット州出身の元セールスマンのクリフォード・ビアーズという若者が，自身の精神病院入院体験記『わが魂にあうまで』を出版したのを機に結成されたものです。当初は精神病院での患者の過酷な処遇の改善を訴えたり，精神病に対する正しい知識の啓蒙を目的にしていました。教育との接点はほとんどなかったのです。しかしこの運動が，精神疾患の遺伝性よりそれが社会生活に起源を持つ点を強調したことから，次第に子ども期の生活や人間関係のあり方への人々の関心が増し，学校教育の重要性が注目されるようになっていきます。やがてその活動は，全米津々浦々にまで浸透した公立学校のネットワークを利用して，子どもの精神生活への介入を図ろうとするところへと発展します。また同時期に精神分析の始祖ジークムント・フロイトが訪米して講演を行い，決定的に大きな影響を与えていくことになります。

　ここで，1923 年にビジティング・ティーチャー全国協会（後述）年次大会の席上でバーナード・グリュックという精神科医が行った「教室における課外カリキュラムの諸問題」という講演を見てみましょう（Glueck［1924］）。グリュックは精神衛生運動の中心にいた人物の 1 人で，その講演内容からは精神衛生運動が促した教育観の転換がよくわかります。彼はまず従来の教育論が知識の伝達のみに集中し，現場の実践も同じ轍を踏んできたと批判します。またこれまで教員養成も，知識伝達テクニックの教授法だけを熱心に教えてきたことをあげ，そこには大きな欠落があると論じます。彼によれば，それはパーソナリティの育成という視点です。本来教室とは，子どもが「自分らしくあることができる場」でなければならず，教師は子どものよき理解者でなければならない。学校がそうした場になるために，教師は教室の雰囲気（atmosphere）づくりに注力しなければならず，その土台となるのが教師のパーソナリティである……。概略このような内容です。

　ここでは，国民の誰もが身につけるべき教養知識を力づくでもすべての子どもの頭のなかに押し込んでいくような発想は否定されます。その代わりに採用されたのが，子どもにはそれぞれ適性があり，教育の仕事はそれを早くに発

見して各人に合ったポジションに配分することだとする，社会的効率（social efficiency）の考え方でした。これが進歩主義教育思想としてアメリカを席捲します。ですから「自分らしく」とか「子ども理解」という言葉も，この文脈でいくらか割り引いて解釈しなければなりません。またここには，子どもの抑圧された感情を社会的に有用な回路で昇華することが教育の務めだとする，アメリカ風に解釈された俗流フロイト主義の考え方を読み取ることもできます。

精神衛生運動と相たずさえる形でアメリカに根づいたのがビジティング・ティーチャー（訪問教師）の存在です（倉石［2014］）。もともとビジティング・ティーチャーは革新主義の旗印のもと，義務教育への包摂から取り残された貧困層や移民の子ども（児童労働に従事している場合が多い），障害を持った子どもの状況を調査し，学校と家庭の間に立って適切な処置を講じる活動家として誕生しました。1920年代になると公費で採用する自治体も増え，注目を増していきます。

これに精神衛生運動の推進者が目をつけ，学校を手がかりに子どもの精神生活に影響を及ぼそうとする運動の橋頭堡の役割を期待しました。ビジティング・ティーチャーに学級教師を啓蒙・指導させ，クラス内で異常な徴候を見せる子どもを早期発見し医療につなごうというわけです。ビジティング・ティーチャー側も，高い教養や専門性を持っていながら教師のもとで使い走りの役割に甘んじる状況に苦しんでいました。精神分析や精神医学の知を身につけ，地位向上を図ろうとする彼女ら（ほとんどが女性でした）にとって精神衛生運動は追い風でした。このあたり，職制運動によって養護訓導の地位を勝ち取った学校看護婦の歩みと少し似ていますね。

┃ 治療教育から〈居場所〉へ ┃

さて次に，イギリスの自由学校（フリー・スクール）運動に目を転じましょう。ここで取り上げるサマーヒル学園は「世界で一番自由な学校」などともいわれ，創始者のA. S. ニイルの名とともに教育の世界では広く知られています。またその日本版を目指して和歌山県につくられた，きのくに子どもの村学園という学校もあります。

サマーヒル学園の教育は世界の関係者を驚かせるに足るものです。子どもは授業への出席を強制されず，学校の物事はすべて，大人も子どもも対等の立場

で参加する全校集会で決められる，等々……。詳しくはニイルの著作集（ニイル［1995a；1995b］），またサマーヒルの紹介者としても知られるきのくに子どもの村学園創立者の堀真一郎の著作（堀［1999］）などをぜひ読んでみてください。ここで注目したいのは細部よりも，サマーヒル学園のそもそもの起こりが，伝統的な学校のスタイルにうまく合わなかったりそこから排除される子どもを集め，その「治療教育」を行う場だったことです。この点で，前掲の精神衛生運動のなかで活躍したアメリカのビジティング・ティーチャーと重なるところがあります。教育への包摂の仕上げの部分にかかわったのが原点なのです。

　サマーヒル学園の歩みはニイルの生涯と重なるのでその軌跡を追ってみましょう（堀［1999］295-298頁）。1883年にスコットランドで生まれたニイルは19歳で公立小学校の教員になりますが，教師生活にひどく幻滅します。エジンバラ大学で高等教育を受け，卒業後は編集業に従事しますが，そこで第一次世界大戦になります。戦争神経症を患い除隊，終戦後1918年にロンドンの進歩的学校キング・アルフレッド・スクールの教員になります。ところがここの教育もニイルを満足させるものではありませんでした。ニイルは世界新教育連盟の運動に参加し，1921年ドイツで国際学校を設立します。これを1924年にイギリスに移し，サマーヒルと改称しました。その後サマーヒル学園は「治療」色を薄めます。たしかにフロイトの精神分析理論を教育に応用した面はありますが，抑圧からの解放を心理療法によらず，非権威的な大人との関係性により進めようとしました。ニイルが死去後もその志は受け継がれています。他方，彼を過度に「聖人」視することにも問題があり，その思想には女性や同性愛への蔑視がにじみ出ている側面も指摘されています（岩下［2016］）。

　ここまでのニイルの歩みから，ニイル自身も長く「不適応教師」であり，結局は自分で学校をつくる道に突き進んでいったことがわかります。学校は何よりも，教師にとっても子どもたちにとっても，居心地のよい場所でなければならないというエートスが彼を突き動かしました。やがてそれが，全世界に広がる自由学校（フリー・スクール）運動，オルタナティブ教育運動の奔流につながっていったのです。本節冒頭に掲げた「子どもを学校に合わせるのではなくて，学校を子どもに合わせようという考え方」は，アメリカでも児童中心主義教育論者によって唱えられましたが，精神衛生運動やその背後にある社会的効率の思想のもとでは，事実上は「適材適所」に近い考え方でした。それに対しニイ

ルのサマーヒル学園では，社会から切り離され，より個人化した思想になりました。今日，日本で不登校やひきこもり対策で頻繁にいわれる「居場所論」は，後者の系譜に連なるものといえるかもしれません。

おわりに

　本章では，「学校は子どもが集まり勉強をする場所である」という思い込みが，教育史を学ぶことで揺さぶられるのだということを論じてきました。最後にまとめとして，この思い込みから解き放たれることの意義を2点述べておきます。

　1つは，学校に集っている多様な人々，とくにあまり意識されないバイプレイヤーの存在に思いが至ることです。番組小学校のような複合施設の場合，多様な大人たちが出入りすることはいうまでもありません。ゲーリー・スクールでは夜には地域の青年が英語学習にやってきます。「生きる場・住まう場」として学校を見たとき，そこには，技能職員，給食調理員，養護教諭，ソーシャルワーカーといった多様なバイプレイヤーが視野に入ってきます。教師と生徒の2者関係だけ考えていると息が詰まりそうになりますが，柔軟で広い視野を持つことで教育や学校に対する思いもよらぬ新鮮なアイデアが湧いてくるかもしれません。

　2つめは，公教育を支えるコスト，その矛盾を深く考える契機となることです。「生きる場・住まう場」として学校の歴史を捉え，知られざるバイプレイヤーの活躍を追っているうち気づくのは，公教育という営みを支えるのには甚大な社会的コストがかかり，そのことが教師以外の多様なプレイヤーの存在を呼び込み，また狭義の教育を超えた機能に学校が手を広げていかざるをえない背景にあるということです。こうしたバイプレイヤーの多くは政府・自治体の直接雇用の対象外だったり，待遇の面で差別されたりしています。また多くの場合，かれらが学校にかかわるようになった背景には，公教育への包摂から取り残された子どもたちへの対処の必要性がありました。ちょうど資本主義社会に「弱く，劣っていて，失敗する個人」の救済システムとして福祉制度がある（小野塚［2009］）ように，公教育という制度も矛盾を孕んでいるのです。第**10**章で私たちは，こうした矛盾と正面から向き合い，弥縫策ではなく変革を試み

た系譜を追ってみることになるでしょう。

参考文献 | Reference ●

Cohen, R. [2002] *Children of the Mill: Schooling and Society in Gary, Indiana, 1906–1960*, (Studies in the History of Education) RoutledgeFalmer.

藤原辰史 [2018] 『給食の歴史』（岩波新書）岩波書店。

福沢諭吉 [1969] 「西洋事情」永井道雄責任編集『中公バックス日本の名著 33 福沢諭吉』中央公論社，所収。

Glueck, B. [1924] *Some Extra-curricular Problems of the Classroom*, reprinted as No. 3, Joint Committee on Methods of Preventing Delinquency.

平野婦美子 [1980] 『女教師の記録』（ほるぶ自伝選集──女性の自画像 5）ほるぶ総連合。（初版：1940 年）

堀真一郎 [1999] 『ニイルと自由な子どもたち──サマーヒルの理論と実際』黎明書房。

岩下誠 [2016] 「イギリスの教育思想」眞壁宏幹編『西洋教育思想史』慶應義塾大学出版会，所収。

★倉石一郎 [2009] 「学校に人は住まっているか」教育の境界研究会編『むかし学校は豊かだった』阿吽社，所収。

倉石一郎 [2014] 『アメリカ教育福祉社会史序説──ビジティング・ティーチャーとその時代』春風社。

京都市学校歴史博物館編 [2016] 『学びやタイムスリップ──近代京都の学校史・美術史』京都新聞出版センター。

宮本健市郎 [2005] 『アメリカ進歩主義教授理論の形成過程──教育における個性尊重は何を意味してきたか』東信堂。

宮本健市郎 [2018] 『空間と時間の教育史──アメリカの学校建築と授業時間割からみる』東信堂。

並松信久 [2018] 「近代京都の学区制度と地域運営──都市内コミュニティの展開」『京都産業大学日本文化研究所紀要』第 23 号，272-236 頁。

ニイル，A.／堀真一郎訳 [1995a] 『新訳ニイル選集① 問題の子ども』黎明書房。

ニイル，A.／堀真一郎訳 [1995b] 『新訳ニイル選集③ 恐るべき学校』黎明書房。

小野塚知二編著 [2009] 『自由と公共性──介入的自由主義とその思想的起点』日本経済評論社。

★佐藤秀夫 [2004] 『教育の文化史 1 学校の構造』阿吽社。

★佐藤秀夫 [2005a] 『教育の文化史 2 学校の文化』阿吽社。

★佐藤秀夫 [2005b] 『教育の文化史 3 史実の検証』阿吽社。

★佐藤秀夫 [2005c] 『教育の文化史 4 現代の視座』阿吽社。

すぎむらなおみ [2014] 『養護教諭の社会学──学校文化・ジェンダー・同化』名古屋大学出版会。

辻ミチ子 [1999] 『転生の都市・京都──民衆の社会と生活』阿吽社。

柳治男 [1991] 『学校のアナトミア──ヴェーバーをとおしてみた学校の実像』東信堂。

　佐藤［2004；2005a；2005b；2005c］は，佐藤秀夫が残した膨大な教育史研究の成
果と射程を後進に知らしめるために編まれた著作集である。学校慣行史研究，モノ・
コト論を通じて，学校が何よりも，多様な人間が「居る」場であり，生が営まれてい
る空間であることを，それらは骨の髄まで教えてくれた。少々値が張るので図書館で
探して挑戦してほしい。倉石［2009］は，佐藤秀夫に刺激を受けてまとめた論稿で，
しょせんはその掌上を転がっているだけかもしれないが，学校が「住まう」場である
という視点を筆者なりに展開させたものである。

第**4**部

教育を変える／社会を変える

PART 4

教育は人々を「市民」にしたか

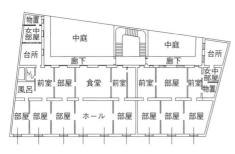

放射状通りの1階（日本でいう2階か
3階）の2住居の部屋割り
（ケヴェール［2013］200頁）

19世紀末ヨーロッパの大都市には，大
邸宅に住むブルジョワジーのほかに，核家
族と使用人で完結する機能的なマンション
に住む中間市民層（上図），もう少しつづ
まやかな集合住宅に住むホワイトカラーや
熟練労働者などの上層労働者，そして，家
族も住宅の諸機能も関係なく密集して住む
非熟練労働者や日雇いなど（右図）がいま
した。この違いは，単なる物理的な空間の
違いにとどまらず，どのような人が社会の
どのような範囲を居場所にしているかとい
う問題を通じて，「公共圏」や「自由主義」
の根幹の問題に，そして自由主義社会にお
ける教育の問題に，かかわってきます。

(*Kis Ujsag*, 174号, 1899年6月25日)

はじめに

　かつては「主権者を育てるための教育」，最近では「シティズンシップ教育」や「公共」という言葉が，公教育の目的に関連して語られることがあります。社会を支え，集団的意思決定の主体となる人々は，そのための教育によって完成されなければならない，という前提がそこにはあります。ここでは，このような考え方はなぜ生まれてきたのか，また「シティズンシップ」や「市民」という考え方にはどのような利点と欠点があるのかを考えていきます。これらを考えることは，一言でいえば，自由主義を考えるということになります。

　本章では，主に18世紀末から20世紀半ばまでのヨーロッパに視点を置き，自由主義とその教育との関係の歴史を概観することにします。なお，以下では，人権や主権などとの関係で通常使われ，「市民権」などという場合の「市民」（citizen）とは別に，財産を持ったブルジョワジーや，そうでなくても自由主義社会を生きるための一定の生活条件や価値観を持った人々を指す場合には「市民層」という語を，いったん区別して使います。

1　市民を育てるための教育

▎市民社会▎

　ここで自由主義とは，ヨーロッパで18世紀ごろから広まった，資本制経済に適応するような経済や政治の仕組みに関する考え方と，その仕組みを実現するための運動のことを指すことにします。その中身を一言でいうと，特権を原理とする仕組みからの脱却ということになります。16世紀以降北西ヨーロッパを中心に拡大しつつあった資本制経済は，投資が必ず利潤を生む拡大再生産を前提として成り立つので，原資と利益が回収されて次の投資につながるための所有権概念と，拡大し続ける市場とを必要とします。それに適応し，またそれを推し進めていくためには，所有権を持つ諸個人の自由で平等な経済活動が保障されている必要がありました。ところが，それまでのヨーロッパで一般的

だった，特権を持つ社団を単位とする経済活動や，貴族が領主として特権を独占するような封建制・身分制は，そのことと矛盾するものでした。

このような考え方は，それを必要とする人々が増えるにつれて広まっていきました。従来のギルドなどとは別に，特権の枠組みに収まらないような経済活動で利益を得始めた平民の商工業者や，商品作物生産を拡大したいと考える一部の農場主などは，その代表でしょう。自由主義はまた，貴族など特権諸身分の力を抑え，集権的で高い国力を持つ国家を志向するような君主の利益にも合致します。そのため，君主はしばしば平民とともに，あるいは貴族たちを抑えるために独自に，自由主義を推進することがあるのです。さらに実は，領地を失って平民のような自由な職業で生きているような，また逆に領主として持っている経済力をさらに強化しようとするような貴族のなかにも，自由主義こそ自分たちの利益に合うと考える人もいました。

これらを実際の社会変革を通じて明確な形で示したのが，フランス革命です。フランス革命では，実際に身分制や諸特権システムを廃止するとなると，ことは経済活動にとどまらなくなるということも示されました。国政参加や国民であることも特権だったので，革命によって主権は人民にあることや，人民がみな国民の一員であることなどが，平等な市民の人権という原則とともに確認されることになります。このことを制度的に実現するための，選挙や議会，あるいは権力分立のような装置も，このころから実装されるようになりました。これ以降ヨーロッパでは，自由主義を受け入れるにせよ拒絶するにせよ，政治を考える際には主権在民や人権という考え方や国民という概念と向き合わないわけにはいかなくなっていきます。

とはいえ当然のことですが，自由主義的なシステムが革命でいきなり，革命のあったところにだけ出現し，そしてすぐに定着した，というわけではありません。この前後からフランスを含むヨーロッパのさまざまなところで，市民的公共圏とユルゲン・ハーバーマスが呼ぶようなコミュニケーション空間が出現していました。この公共圏の経験というものが，自由主義的な市民社会を用意し，定着させていくわけです。公共圏とは，身分にかかわらず人々が自発的に集まり，共通の事柄について自由に議論する場のことです。特権社団の集まりとは別にこのようなものができてきたということが，諸特権の枠組みに収まらない興味関心や利害が人々の間に出現していたことを示しています。

このような場はカフェやカジノのような実際の空間がそうなることもありますし、メディアや言論のバーチャルな空間もそのように機能しますが、ここで注目したいのは市民結社の出現です。市民結社は、趣味のサークルのようなもの（文芸やスポーツの団体など）のこともありますし、商工業や農業の特定分野に関心を持つ人々の組織もあります。これらの団体の大きな特徴は、規約があることです。規約があるということは、メンバーは平等であり、また出入りが自由ということです。実際に、全体の方針の決定や役員の選出も、直接的にしろ間接的にしろ、特権身分の者も平民も肩を並べて全員で行うことがありました。このように、身分差をはじめ、個人的な事情や対人的な力関係などを持ち込まず、共通の事柄について議論する場が公共圏です。ここでいう規約を法と、また結社を国と読み替えれば、自由主義国家そのものの原則が、小さな場面で経験されていたことがわかります（ホフマン［2009]）。

さて、このような公共圏としての市民社会に参加し、それを担うのが市民だとすると、市民とは議論ができる人たちだということになります。つまり理性的で自分の意見と言葉を持っている人ということです。だからそれを育てる教育を整備しなくてはなりません。また市民は平等ですから、その教育には誰に対しても同じように提供されなくてはなりません。こうして教育によって市民社会が維持されると考えられるようになり、それは本章のはじめにで述べたように現在にも通じていますし、当然フランス革命の際にも、無償の公教育という形で明文化されました。とはいえ、どのような内容でどのように実現されるべきとされ、いつごろどの程度実現したかということは、また別の問題です。さらに、理性的な存在としての市民という考え方が含みかねない問題というものもあります。これらについては、後で触れることにします。

自由主義と教育

自由主義者が教育に関してすぐに直面したのは、宗教との関係という問題です。当時ヨーロッパでは、平民の初等学校教育は、宗派ごとに教会組織や宗派団体が行うことが一般的でした。しかし革命フランスやそのころのヨーロッパ各地では、信仰や迷信ではなく理性の教育が必要で、それも統一的でなくてはならないと考えられるようになります。より本質的なのは、聖職者・教会自体が特権身分・領主権力でしたし、身分制や君主制はキリスト教によって正当化

されてきたということです。ですから自由主義者は当然，これと対決していくことになったわけです。また自由主義者でなくても，国力の向上のために一定の読み書き能力や知識を臣民全員に備えさせたいと願う君主なども，宗派や学校によって内容も水準もまちまちで，学校網に濃淡がある状態を是正しようと考えるようになってきました。とはいえ，その国の教会権力と国家の関係がどうであったかによって教育の世俗化の形もまちまちで，自由主義化が進んだとされる19世紀後半になっても宗派学校や宗教教育はおおむね維持されますし，カリキュラムの統一も徐々にしか達成されないところも多くありました。

初等教育だけでなく中等・高等教育も自由主義改革の対象となります。工業化が進み，また近代的な制度が整うにつれて，技術者や法律家などの必要性が増すことになります。また，医師のようにそれまでギルドなどの特権社団で再生産されていた職業も，自由主義化すると別の方法で養成しなくてはならなくなります。こういった職業を，特権や身分ではなく，能力によって資格を得て専門家となった人々が担うべきだということも，自由主義の原則だったからです。エリートかそうでないか，どの程度のエリートか，そしてどの種類のエリートかを分ける中等・高等教育の存在感は，自由主義化の進展によって増すことになるのです。

19世紀後半のヨーロッパの諸都市には，官吏や職員，商店主，あるいはホワイトカラーや上層の熟練労働者などとまとめて中間層と呼ばれる人々が増えていきますが，医師，法律家，技術者といった教育を受けた知的な専門職は，そのなかでもステータスの高い層を構成しました。彼らの多くは，経済的に自立し，自らの能力で職と地位を得ていて，近代化を中心になって推進していると自任していました。彼らを社会的な上昇や成功に導いたのも，それを公正で当然のことだと思わせてくれるのも自由主義ですから，彼らが最も自由主義を擁護する人々でもありました。これらの知的専門職は，大学の課程や資格試験といった能力主義的な方法で再生産されていたという点でも，たしかに自由主義的な性格が強かったといえます。知的専門職は，ユダヤ教徒のように，特権・身分制の時代にギルドへの加入や土地保有などができず，居場所があまりなかった人々にも，比較的参入しやすい職種でした。また実際に，すでに居場所がある人々は近代になったからといってみな生業を捨て去るということでもないので，その分だけ知的専門職のユダヤ教徒の割合は社会全体における割合

よりは大きくなりがちでした。

　しかし，これらのことが，第一次世界大戦後ヨーロッパ最初の反ユダヤ法制が高等教育と職業をめぐって導入されるという結果をもたらします。1920年にハンガリーで，官僚や知的専門職を養成する大学など高等教育機関への，事実上のユダヤ教徒（このときの用語ではユダヤ「民族」）の入学を制限する法律が成立しました。1930年代には，医師・法律家・技術者を中心としたいくつかの職業そのものにおけるユダヤ「教徒」（あるいはユダヤ「人種」）の割合も制限するようになります。第一次世界大戦後のハンガリーでは，ユダヤ教徒は「ハンガリー国民」固有の価値を大切にしない者たちだとされ，敗戦や領土と人口の喪失の責任を負わされます。そして，ハンガリー国民の発展の中心になるべき中間市民層に，そのような者たちが多くいることが問題とされたために，このような法律ができたのです。このころには，専門職の諸団体はキリスト教徒ハンガリー人のメンバーによるユダヤ教徒排除の舞台になっていきます。19世紀にはこれらの諸団体は，特権・身分制と闘う自由主義の牙城だったのですが，20世紀にはこれが反ユダヤ主義の牙城になったのです（Kovács［1994］）。

　このように，特権社団によるそれとは対極にある，専門職の自由主義的な養成・供給システムである高等教育機関と，自他ともに最も自由主義的と考えられた専門職集団とが，ともに排除の最先端の場にもなったことを，どのように考えればよいのでしょうか。以下では，自由主義と排除という問題について考えていきましょう。

理性と財産，公と私

▌公共圏と再生産▐

　ここでいったん自由主義について再び確認しましょう。それは，公共圏を通じて民意がつくられ，その公共圏とは誰でも自発的に参加でき，そこでは互いが理性を持った存在としてだけ，つまり出自や地位などのさまざまな事情を抜きにして存在できる場であるという考え方でした。「誰でも」ということは普遍的ということですし，理性によるコミュニケーションというのは特定の文脈

に左右されずに理解し合えることなので，これも同様です。つまり自由主義とは，どこまでも包摂的な考え方のはずでした。それにもかかわらず，ヨーロッパの自由主義の時代，つまり19世紀には，公共の場に出てきて公共の問題を議論し，それについて決定していくプロセスに参加できるのは，有産市民の男性，そして白人に限られていました。普通選挙の実現には，早いところでも第一次世界大戦後を待たなくてはなりませんでした。また，フランス革命や1848年革命の際に，女性や植民地人や労働者の運動を無視したり叩き潰そうとしたりしていたのは，ほかならぬ自由主義者たちでした。この矛盾について考えていきましょう。

　自由主義者の考える「誰でも」の範囲，つまり，もともと視野に入っていたのは誰かを考える必要があります。当面は自分たち自身と，それから権力を奪取すべき相手である，特権に固執する者たち，これらが政治にかかわるすべての人々と考えられたはずです。しかしフランス革命や1848年革命のころから，それとは別の人々のことを考えに入れなくてはならないことがわかってきました。農民や労働者や貧民を無視したままではいられなくなってくるのです。たしかに自由主義の理屈からいえば，想定されていなかったとはいえ彼らも人権の主体に変わりはありません。しかし有産市民階級の自由主義者たちには，貧民を同じ権利を持つ同じ共同体の仲間だとは考えることができませんでした。議論ができる理性的な人とは，誰にも依存せず自立した人であり，それはつまり財産を持っている人だと考えられたのです。

　では，そうでない人々をどう扱ったのでしょうか。このことは，19世紀末までにヨーロッパ各地で行われた大都市整備の様子を見るとよくわかります。そこでは，街区・街路や公園などは，上流階級向けとそれ以下とで，使用する空間や動線が巧みに分けられていました。比較的上流階級向けのオペラ座などでも，バルコニー席の客が歩く廊下や交流のための空間と，天井桟敷の客が動ける範囲は，壁ではっきり分けられています。さらに，市民層向けの集合住宅でも，家事使用人用に別の階段が設けられていました。日本でいえば，勝手口からしか出入りできない人は，玄関に回れないようになっていました。つまり社交の場をはじめとした公共の空間は，それにふさわしい市民層のものであり，それ以外の空間と区別されていたのです。空間の分離はそれだけではありません。市民層の住居を見てみると，食事や入浴や排泄や睡眠など機能ごとの空間

が揃っていて，動物として生命を維持する行為は核家族（と使用人）だけで共有されるべく，玄関の内側で完結していました。市民だって動物ですが，そのような動物的な側面は公共の場から切り離されていたわけです（Gyáni［2002］）。

　これらの，公共空間の階級による分離と公私の分離は，同じところから発しています。公共圏は理性のみを持ち込む場なので，動物的な部分は玄関の内側に置いてこなくてはいけないし，その区別ができない人は公共圏を維持することができない人なので，公共の場に出てくるべきではないということです。公共の場の服装，言葉遣い，振る舞いなどのマナーが身についていない人は，この区別ができない人だと見なされました。問題は，このマナーとやらが，マナーというものの常として，上流階級の思うそれに独占されていたことです。これにより，理性を持った有産市民層のみがそうでない「受動的市民」とは違う「能動的市民」として参政権を独占することも，彼らのなかでは自然なことだと考えられていたのです。

　ところで，空間の階級分離といっても，必ずしも禁止や取り締まりをする必要はありません。たとえば，お金のかかる趣味のための場所や，入場料の高いところは，どうしても上流階級向けです。また一般に自由主義社会では，似たようなジャンルの趣味でも，社会階級が上がるほど洗練され複雑・難解で，鑑賞・観戦や実践に知的な理解力やリテラシーが必要なもの，あるいは必要とされているものを好みます（これは「教養」と呼ばれていました）。より文明的で理性的な自分自身を確認し，また周囲や他者に示すことができるからです。それを好ましく思うようになったりリテラシーを身につけたりするためには一定の家庭環境などの条件が必要なので，純粋な嗜好に見えるものの多くが，マナーと同じように出身家庭の社会階級によって決まりがちなのです。このことは逆に，たとえば，わかりやすさや素朴さ，質実剛健といった「あんな上品ぶった連中とは違う」ものに価値を置くような意識・実践によって，下からも積極的に維持されます。こうして物理空間だけでなく社会空間も，経済資本と文化資本それぞれの大小による階層性が完全に1対1で相互対応するわけではないものの，階級ごとに文化的な差異が際立たされて編成され，維持されるのです（ブルデュー［1990］）。

　出身家庭による階級ごとの文化の違いは，学校文化や勉学への態度の違いにもかかわります。そしてそれ次第で，第5章で触れられたような分節複線化さ

れた中等教育への，進学の有無やコースの選択と，その可能性や選択肢も変わってきます。さらに資格や試験を通じて，その後の職業や収入の水準をある程度決めることにもなります。財産はそれがさらなる利益を生むという意味で資本と呼ばれますが，身につけられた教養，振る舞い，勉学への態度や価値観などの文化（わかりやすくいうと「育ち」です）もこのように同様の機能を持つため，ピエール・ブルデューという社会学者はこれを文化資本と呼んでいます。能力主義の時代になっても文化資本の相続を通じて，まるで身分制のように，ある階級構造が次の世代にも似たような階級構造をつくるという，階級の再生産が行われるのです（ブルデュー゠パスロン［1991］）。もちろん，社会的流動性の生じる余地を最小限にして階級再生産効果を高めようとする社会では，文化資本の間接的な結果（筆記試験）よりも，育ちそのものによる選別（口頭試験，面接，ポートフォリオなど）が好まれることになります。

┃ 社会問題 ┃

物理空間や社会空間が分離されていれば，そのまま社会が安定する，というわけではありません。工業化の進展は，過酷な条件で働く労働者の増加と都市への集中を伴い，彼らのなかでは徐々に相互扶助の組織化も進みます。また生きるために団結して，当初非合法な運動だったデモやストライキ，場合によっては打ち壊しや暴動なども起こします。労働者の間でも，彼ら自身の問題を政治の問題だと考え，政治に働きかけるという発想も出てきて，選挙権拡大の後には，それがさらに進みます。このような状況は多くの場合，労働組合への労働者の組織化や，それを基盤とする労働者政党や社会主義政党の結成という形をとり，国によっては国政において存在感を持つこともありました。またこういった組織では，そもそも資本制経済自体を批判的に分析し，それとは異なる原理による新しい社会を目指す革命思想も力を持つようになっていきました。

こうして彼らが市民層には無視できない存在になり，放置できなくなったわけですから，19世紀後半のヨーロッパ各国では，男性に限っては選挙権の拡大も進みますし，労働者保護や社会保障の法制化，また公衆衛生や生活インフラの整備，公営住宅供給などの社会政策が行われるようになります。とはいえこれは，自由主義の原則からは逸脱した話でした。誰がどこでどのような労働契約で働こうと，また自身の健康についてどう対処しようと，個人の自由のは

ずだからです。たしかに働くのは食べるためであり，勤務は食事や排泄と同じ生命維持活動なので，とても私的なことです（こう考えると自由主義のいう「公共」とは，家庭とも職場とも別に社会の公的な活動にかかわるという，余裕を持った人々の発想だったことがよくわかります）。貧困は個人の私的な事情で，たとえば100万人の貧民が都市にいることは，たまたま100万ケース分の個人的な貧困があるに過ぎないという論理のはずです。相互扶助にしても個人が自由にやればよいはずのことでした。社会政策は，その領域に公的権力が手を突っ込むということになります。

　したがってそこには，ある発想の転換がありました。先ほどの例でいう100万人の貧困は，そういう1つの，公共の問題なのだ，と考えられるようになったのです。こういうふうに捉えられた問題のことを「社会問題」といいます。それまで貧困は怠惰な個人の問題であり，たとえば個別に物乞いを取り締まったり収監したりすればよいという考え方でやってきたわけですが，社会問題として貧困を捉えることによって，国家は生存権・社会権も人権として保障しなくてはならない，という考え方も可能になったのです。20世紀半ばまでには，社会主義者などの民主主義勢力を中心に，この考え方が確立していくことになります（田中［2006］）。

　しかし，社会問題という発想は社会権の保障という考え方の拡大だけをもたらしたのでしょうか。貧民を無視できなくなったのは，秩序に対する脅威だと思われたからでした。貧民がなぜ貧民になり，そして危険になるのかというメカニズムに目が向けられ，その際に，彼らの生活に目が向けられるようになっていきます。そこで見出されたのは，又貸しに又貸しを重ね，住居空間の機能やプライバシーなどと関係なく，折り重なるように狭い部屋に押し込まれた下層労働者たちの住居です（本章扉頁の右図）。そこは，先に紹介した市民層の住居とは対照的に，そもそも核家族の区切りがなく，したがってもちろん公私の区別もありません。市民的規範とは正反対のこのような生活にこそ，社会にとっての危険がある，と考えられるようになりました。

　このような生活は，なぜ社会にとって危険だと考えられたのでしょうか。誰がどこで何をしているかがはっきりと見えず，どのように集団的な犯罪や暴動，あるいは革命が企まれているかわからないということへの恐怖もあったでしょう。社会政策で懐柔されたり，市民的規範を共有するようになっていたりしな

い層は，依然として市民層にとって「危険な階級」でした。また市民的規範を共有している人々から見れば，家族の区分がはっきりしていない生活は，性道徳的に不健全であることと同じでした。もちろん性道徳以外にも，飲酒習慣や怠惰や放蕩という，いずれも理性で自分を律することができない者たちの不道徳な生活習慣というものが，貧民の背後に見出され，それが市民的規範を持つ者のための社会という秩序を揺るがす問題であると考えられていました。このように貧困の理由も彼らが犯罪者になる理由も不道徳な生活習慣から説明されると同時に，これも社会問題として国家が対処すべき問題と考えられるようになりました（阪上 [1999]）。

さて，問題が道徳ということなら，教育にも仕事があります。道徳教育を行えばよいのです。それまでも宗教教育の時間がありましたが，それでは足りないとして，知性教育偏重批判，つまり知育のほかに徳育・体育が必要だという議論が活発になります。ここでいう体育も，身体能力だけではなく，それを通じて自己コントロール能力や意志の強さや忍耐力などを高める，一種の徳育でもあると考えられました。とくに 20 世紀に入ったヨーロッパでは，南アフリカ戦争でイギリス軍がゲリラ狙撃兵を相手に苦戦したことをきっかけに，そのような苦境に対応する能力を身につけさせるためにも体育が重要だと考えられ，さらに推進が叫ばれました。学校教育以外でも，これを機にヨーロッパ各国で射撃協会が結成されますし，子どものうちに対ゲリラ戦に必要な斥候兵の能力を身につけさせようというボーイスカウト運動も始まります。

人々を道徳化しようとする際には，このような学校外における教育，とくに体育が重視されるようになります。人々が不道徳な大人になるかどうかの分かれ目が青年期で，青年の堕落を防ぐため，彼らの余暇管理が必要だと考えられたのです。暇な時間を酒場通いやカードゲームなどに使わせず，むしろ正しい大人になるために使わせるため，各種スポーツ団体の結成とそこへの青年の加入が奨励されるようになります（姉川 [2011]）。もちろん体育やスポーツだけではなく，また子どもや青年だけでなく，貧民を道徳的に教育しようというさまざまな運動も起こりました。教会や市民層の各種慈善団体もそのような活動を始めますし，場合によっては貧民街に入り込んで生活をともにしながら教育しようという運動（セツルメント運動）も行われるようになります。さらに，労働者に供給される住宅も，空間を通じて生活態度を改善するように設計されて

いました。

　ここまで，貧民が市民的規範から外れる人々であるとして，その不道徳が問題にされるようになり，教育にその改善が期待されることを見てきました。しかし，貧困が怠惰という不道徳と結びつけられて考えられること自体は，中世からありました。では，19世紀後半から20世紀初頭までに成立した「社会問題」という発想と，それによる実際の問題への対処法は，何が新しかったのでしょうか。それは一言でいえば，人々の種類分けということになります。近代以前の身分制も種類分けの発想ですが，これは20世紀初頭という，市民の平等を原則とするようになってからの時代のことですから，人を種類に分けるといっても身分制とは異なるやり方をとります。次節で，ここをもう少し踏み込んで検討しましょう。

性・家族・道徳と人種主義

┃ 人種主義 ┃

　20世紀初頭の欧米や日本における「社会問題」の把握とその対策には，それまでのように，ある犯罪行為をしたその人や今そこで物乞いをしている人ではなく，「犯罪者」になりそうな種類の人々という集合を問題にする，という発想がありました。そして，そのような集合を社会の秩序全体にとっての，言い換えれば国民共同体にとっての潜在的な脅威と考え，その脅威の種類や確率を把握・計算して危険を予防しようとしました。危険の予防という発想自体，まだ何もしていないがしそうな人というものを想定しないとありえないわけです。

　このとき，種類の異なる人々の性質を「科学的」に特定しようとします。まだそういう行動を起こしていなくても，危険になりそう（潜在的に危険）な人々がいるとして，そういう人々に特有かつ共有されている背景（生活習慣など）を，そういう人々の"性質"として想定します。そして"性質"を示すさまざまな指標が統計学的に処理され，その結果が「社会科学」的に説明されます。さらに当時の生物学や遺伝学が人間の種類分けの理論化に援用されて（優

生学），疑似科学として機能する，ということも普通でした。人を種類に分ける発想はすでに人種主義的ですが，それが，人種のそれぞれが優劣の関係にあるとか，種としての退化が起こるとか，それは劣等な遺伝子の混入によるとか，すると生存競争に負けて自然淘汰されるといったような人種理論（そのほとんどは当時の生物学による説明からもすでに逸脱していますが）により「自然科学」的にも説明されるようになっていったのです。

　医学も公衆衛生という形でここに関連してきます。一個の人体だったら，たとえば肝臓の病変がその個体の命にかかわる，というようなことがありますが，それと同じように人々の集合についても，その集合の全体を危険にさらす病変部位であるような部分集団を特定し，そこを治療するのだという発想が出てきます。社会病理となるような人々というのは，実際の病気を流行らせる人々というイメージとも重なって問題にされました。19世紀末から20世紀初頭の社会問題のなかで，病気に関しては結核・性病・アルコール中毒が，とくに注目されました。これらはいずれも，貧民であり生活態度が悪いような人々の問題とされやすい病気です。そのため，この時代の欧米諸国では，道徳陶冶の運動のなかでもアルコール中毒撲滅や禁酒の運動が活発でしたし，そのような運動はそれによって国民の「人種的退化」を防ごうと考えていました。

　このような国民全体を危険にさらす種類の人々がいて，それは科学的に特定できるし，道徳や生活習慣で観察できるとして，予防はどうすればいいでしょうか。人々を教育によって道徳的にするということも，たしかに対策の1つです。ただしこの時代には，何を教育し，どのような意味での道徳化をどのように達成するか，という点に，人種主義的な特徴がありました。国民集団の健康を人種主義的に守るのであれば，主な対策の対象は生殖になるはずなので，人々の生殖を管理しなければならないという発想になります。安定的な「正しい」性と家族のあり方に沿うように，人々を教育しようということです。現在でも，「正しい」家族を守る教育を主張する人はまず人種主義者ですし，人種主義者はまず「正しい」家族を守る教育を主張しますが，そのことには理由があったことがわかります。

┃ ジェンダー ┃

　家族道徳の教育の例として，戦間期ヨーロッパの福祉を通じた教育の政策を

取り上げてみましょう。20世紀初頭までに多くの国で、支援給付された人がもらった分を使って終わりになるような「無駄な」福祉ではないような政策をしなければならない、ということが議論され、新たな社会改良運動や社会政策が行われるようになりました。そのうちの1つ、戦間期ハンガリーの「生産的社会政策」は、とくに農村の貧困家族を支援するものでしたが、ユダヤ人やロマはそれだけで支援対象になりませんし、没収ユダヤ財産が支援によって分配されるなど、人種政策という側面も持っていました。この政策の目的は、貧民への支援によって彼らを社会に有用な存在にしていく、というものでしたから、同時に教育政策でもありました。

　貧民に浪費させるのではなく、社会の役に立つ人材にすることを目的にするにあたって、この支援は貸与によって行われました。つまり、返済能力の有無によって有用な人材になりそうかどうかを判断し、また逆に、返済を通してそのような人材に教育しようということです。融資と返済による生活設計という発想になじむ者だけがそれに含まれるということですが、貧しいから支援が必要なので、返済能力といっても経済的には難しいものがあります。この政策では、信頼できる人かどうかを支援可否の判断材料とし、それは勤勉な働き者であるかどうかのほかに、きちんとした家庭を営んでいるかによって判断されました。安定した法律婚の状態にあり、親は親らしく、父は父らしく、母は母らしく、きちんと子育てしている家族ということです。生活習慣、とくに勤勉さと家族道徳・性道徳により支援可否が判断され、またそれらは支援を通じた教育の目的となりました。いうまでもなく、ある規範や徳目に沿った教育は、みながその通りになるという結果ではなく、そうならない人を切り分けて価値の低い（無い）人間として扱える対象にするという結果をもたらします。こうして、労働倫理と家族・性道徳が社会にとっての有用性と安全性の基準となり、それによって人々が選別されたり、序列化されたり、排除されるという政治が、人種主義政策と並行して行われるようになったのです（姉川［2016］）。

　このような福祉・教育政策に見られる性別役割分業の発想は、支援する側の問題でもあり、第5章で詳しく扱った性別役割分業と職業の関係がここにも見られました。20世紀には大規模な福祉政策を行うため、支援を実施する専門家であるソーシャルワーカーが養成されるようになり、この新たな専門職には多くの女性がいました。20世紀初頭に、社会問題という発想の出現とともに

「公／私」の区別のあり方が変化したことは，すでに述べましたが，それまで「私」領域にしかいないことになっていた女性が外に出るようになったのも，その一環といえるかもしれません。しかし専門家であるという割りには，十分な報酬ではありませんでした。ケアに必要な専門性は，女性が単に「向いている」ことをやっているに過ぎないことだと考えられてしまいますし，多くの場合，市民層の女性が主婦業のかたわらか結婚までの腰かけとして就く仕事と考えられていました。そして，良い主婦（とその候補者）である彼女らには，性別役割分業が正しく機能する良い家族の一員になるための教育を被支援者に行うという機能も期待されたわけです。

　なぜ女性の職業は低い報酬でもよいとされ，また正しい家族のあり方の教育を通じて性別役割分業が維持されなければならないのでしょうか。ここには資本制経済のシステムがかかわっています。資本制経済の基礎は拡大再生産ですが，モノも労働も市場では基本的に等価交換のはずなので，富の総量の増大は考えてみたら不思議な話です。本当は家事労働なども労働力の再生産という価値をもたらしているのですが，それをゼロに換算して何も支払わずにおけば，その分が増大分になるわけです。女性が働くようになり，対価を支払わないわけにはいかない目に見える価値を生むようになっても，それをなるべく低めに見積もろうとするのは，こう考えれば当然のことです（ヴェールホフ［1986；1995］）。

┃ 植 民 地 ┃

　資本制経済において対価が支払われない労働は，女性のものだけではありません。海外植民地や植民地出身者のそれも，似たような構造のなかにありました。近代の経済的先進諸国における富の蓄積の一部は，彼らの労働に払うべき対価を低く見積もることから得られたものと考えられます。経済発展は，まだ資本制経済の外側にある土地や資源や人間が私有財にされることと，その際に安価な労働力が創出されることによって支えられます（これを本源的蓄積といい，終章でもう少し詳しく説明します）。しかし，経済の外のものを内のものにするときに価値が生まれるのなら，すでに内になったところのさらに外部が必要になるので，植民地など収奪の対象が（市場と同じく）拡大し続けなくてはなりません。このことが1870年代以降の，列強が競合しながら世界を分割・支配す

る，帝国主義という世界体制をもたらします（アミン［1979-81］）。もっとも，直接支配下にない地域からでも同様の収奪は行われますし，そのことが労働対価を低く抑える抑圧的な体制を従属的地域につくらせるということもありました。

　帝国主義とそれをもたらしたこのような構造を支える大きな要素が，人種主義でした。「文明人」に比べて劣った種類の人間である「未開人」が生み出すものは当然価値の低いものだ，と考えることにより，収奪もむしろ正当な等価交換のように思うことができるわけですから。家族理念や性別役割分業と人種主義が必ず結合して出てくる仕組みは先述しましたが，その結合のさらに源泉には，このような資本制経済の原理があったのです。

　そうであるならば，教育をめぐる実践や議論のなかで，植民地における性と家族は大きな問題になっていたはずです。植民地では混血が進むことにより，人種的区分の不分明さが問題になる場面も増えていきます。また，むしろ現地出身者に近い世界にいる現地の下層ヨーロッパ人も問題視されました。比較的上層の植民地ヨーロッパ人の家庭では，現地出身者や混血の使用人が子守りや子育てをすることも多く，子どもたちが正しくヨーロッパ人に育つかどうかが危ぶまれるようになります。つまり，「文明人」と「未開人」の人種的な区分も，「文明的」な文化と「未開」の文化の区分も絶えず侵犯され，そのことが「文明人」の側の「退化」をもたらす，ということが心配されたのです。オランダ植民地のオランダ人の子どもが，世話をしてくれた使用人とその言語になじんでしまい，十分にオランダ人であろうとしなくなるような例も，そこに血の問題も遺伝の問題もありませんが，十分に国民の「退化」だと考えられました。この危機感が，やはり道徳的な正しい家族，とくに母性の必要性を呼び起こします。そこで，「正しい母性」を持つ文明化されたヨーロッパ人女性が，妻として母として家庭と子育てを監督し，はじめて子どもも正しく育つ，と論じられるようになりました。そうすれば，男性の道徳も管理でき，人種の境界も守られることになるというのです（ストーラー［2010］）。

　こうして見ると，人種主義と家族・性道徳の結びつきと，そこにおける道徳教育の役割は，ヨーロッパと植民地の両方に共通して見られるものだったことがわかります。19世紀末ごろまでには，植民地では現地出身者との接触の深化が，ヨーロッパでは市民社会の範囲の下方拡大圧力が，それぞれ大きくなり

始めていました。これらに対して20世紀前半には，世界的な上下関係の構造と，ヨーロッパ社会内での「市民的規範を身につけた男性」（つまり市民層）中心の社会構造とを守ることが，どちらも家族・性道徳を重視する人種主義的な教育に期待されるようになったのです。

おわりに

　ここまで，20世紀半ばまでのヨーロッパにおける自由主義と教育の関係を概観してきました。個人の人権が平等に尊重されるべきだ，という考え方それ自体は，たしかに多くの人に教育の機会と保障をもたらし，それがなかった場合を考えれば，その後の多くの人の幸福につながったはずです。だからこそ今日まで，人々はそれを求めて苦闘してきています。しかし別の面にも目を向ける必要があります。財産所有者のための所有権から始まったという自由主義の事情のことです。その後の展開を見ると，自由主義的な諸価値は，平等と民主主義に抗するためのものとしても機能したという歴史があります。ヨーロッパ社会では「文明」的な男性市民層を，国際的には「文明」諸国を頂点として，それ以外が垂直的に並んで底辺の「未開」に至る階層的な構造を維持・強化することが教育に期待され，人種主義的な家族・性道徳の教育をもたらした，ということも，ここまで見てきました。

　この展開には，「まとめる」ことと「分ける」ことに関する自由主義の機能がかかわっています。身分の違いを超えて人々を市民社会にまとめる一方で，文明的と非文明的，男と女，一人前の「能動的市民」と一人前未満の「受動的市民」とを分けて上下関係に位置づけていくということです。本章のタイトルの問いに答えるとすれば，人々は「市民」とそうでない者とに分かれることになったのです。このことを十分に理解するためには，本論にとくに説明することなく何度か出てきた，「国民」という用語も理解する必要があります。まとめつつ分けて上下に配置する，ということは，「国民」という集団概念によって行われるものだったからです。あるいは，たとえば教育の保障や教育する権利といった概念は，国民という集団単位での権利として理解されるようになって現在に至りますが，これはどういうことなのでしょうか。次の第**9**章で，もう一度近代ヨーロッパを国民主義（ナショナリズム）の展開の観点から見直して

みましょう。

参 考 文 献 | Reference ●

アミン，S. ／野口祐・原田金一郎ほか訳［1979-81］『世界的規模における資本蓄積』第 I - III 分冊，柘植書房。

姉川雄大［2011］「二重君主国期ハンガリーにおける体育と自由主義ナショナリズム――育てるべき市民の道徳と軍事化」『東欧史研究』第 33 号，3-23 頁。

姉川雄大［2016］「『支援に値する』家族の選別における道徳と返済能力――ハンガリーの『生産的社会政策』（1940-1944）と地域社会」三時眞貴子ほか編『教育支援と排除の比較社会史――「生存」をめぐる家族・労働・福祉』昭和堂，所収。

ブルデュー，P. ／石井洋二郎訳［1990］『ディスタンクシオン――社会的判断力批判』I, II，藤原書店。

ブルデュー，P. = パスロン，J.-C. ／宮島喬訳［1991］『再生産――教育・社会・文化』藤原書店。

シュヴァリエ，L. ／喜安朗・木下賢一・相良匡俊訳［1993］『労働階級と危険な階級――19 世紀前半のパリ』みすず書房。

Gyáni, G.［2002］*Parlor and Kitchen: Housing and Domestic Culture in Budapest, 1870–1940*, Central European University Press.

ハーバーマス，J. ／細谷貞雄・山田正行訳［1994］『公共性の構造転換――市民社会の一カテゴリーについての探究（第 2 版）』未來社。

★ホブズボーム，E. J. ／安川悦子・水田洋訳［1968］『市民革命と産業革命――二重革命の時代』岩波書店。

★ホブズボーム，E. J. ／柳父圀近・長野聰・荒関めぐみ訳［1981-82］『資本の時代 1848-1875』1, 2，みすず書房。

★ホブズボーム，E. J. ／野口建彦・野口照子・長尾史郎訳［1993-98］『帝国の時代 1875-1914』1, 2，みすず書房。

★ホブズボーム，E. J. ／河合秀和訳［1996］『20 世紀の歴史――極端な時代』上・下，三省堂。

ホフマン，S.-L. ／山本秀行訳［2009］『市民結社と民主主義 1750-1914』（ヨーロッパ史入門）岩波書店。

Kovács, M. M.［1994］*Liberal Professions and Illiberal Politics: Hungary from the Habsburg to the Holocaust*, Woodlow Wilson Center Press and Oxford University Press.

ケヴェール，G. ／平田武訳［2013］『身分社会と市民社会――19 世紀ハンガリー社会史』（人間科学叢書）刀水書房。

★マゾワー，M. ／中田瑞穂・網谷龍介訳［2015］『暗黒の大陸――ヨーロッパの 20 世紀』未來社。

★西川正雄・南塚信吾［1986］『帝国主義の時代』（ビジュアル版 世界の歴史 18）講談社。

パスモア，K. ／福井憲彦訳［2016］『ファシズムとは何か』岩波書店。

★阪上孝［1999］『近代的統治の誕生――人口・世論・家族』岩波書店。

ストーラー，A. L. ／永渕康之・水谷智・吉田信訳［2010］『肉体の知識と帝国の権力――人種と植民地支配における親密なるもの』以文社。

★田中拓道［2006］『貧困と共和国——社会的連帯の誕生』人文書院。

★植村邦彦［2001］『「近代」を支える思想——市民社会・世界史・ナショナリズム』ナカニシヤ出版。

植村邦彦［2010］『市民社会とは何か——基本概念の系譜』（平凡社新書）平凡社。

★ウォーラーステイン，I．／川北稔訳［2013］『近代世界システム』I-IV，名古屋大学出版会。

ヴェールホーフ（ヴェールホフ），C. v.［1986］「経済学批判の盲点——家事労働と第三世界」B. ドゥーデン＝C. v. ヴェールホフ／丸山真人編訳『家事労働と資本主義』（岩波現代選書）岩波書店，所収。

ヴェールホフ，C. v.［1995］「農民と主婦が資本主義的世界システムの中で消滅しないのはなぜか——継続的『本源的蓄積』の経済学に向けて」M. ミース＝C. v. ヴェールホフ＝V. ベンホルト-トムゼン／古田睦美・善本裕子訳『世界システムと女性』藤原書店，所収。

文献案内 | Bookguide ●

　自由主義の歴史を理解することはヨーロッパ近代全体の理解と切り離せないため，本章は多くのことを切り捨てた記述ということになります。全体像を学ぶのなら，大部で少し骨が折れますが，ホブズボーム［1968；1981-82；1993-98；1996］とウォーラーステイン［2013］（本章との関連では，とくに第IV巻）で，20世紀ヨーロッパに限ってはマゾワー［2015］で広げましょう。また，とくに帝国主義の時代については西川・南塚［1986］，ファシズムへ至る反自由主義の展開についてはパスモア［2016］が，信頼できる入門書です。

　自由主義の思想そのものについては「市民社会」論を扱った植村［2010］，「市民社会」が排除の政治をもたらす歴史過程についてはホフマン［2009］が参照できます。本章が大きく扱った「社会問題」については，阪上［1999］と田中［2006］でさらに学べます。

　第10章・終章でも重要な概念となる本源的蓄積（の継続と不等価交換，不均等発展，帝国主義）については，女性労働と植民地労働を同時に視野に入れながら考えると最も理解しやすいため，ヴェールホフ［1986；1995］とその共著者たちから始めましょう。また，この点を含めた本章と第9章の多くの論点について，思想史の植村［2001］が平易な入門書であり，予習にも適します。なお，第9章の文献案内も参照してください。

教育は人々を「国民」にしたか

ハンガリー中部の街サルヴァシュにある, スロヴァキア人
教育複合施設 (小学校・保育園・学生寮)(筆者撮影)

　例外もありますが，現在の世界では，マイノリティの言語・文化・教育に関する集
団的権利を保障することが，国民国家のあるべき姿とされています。集団的権利とい
う概念は耳慣れないものかもしれませんが，ナショナリズムや国民国家と教育の関係
を考えるうえで，これを理解することは避けられません。というよりも，国民（ネイ
ション）やマイノリティを考えるうえで教育は，また教育を考えるうえでこれらは，
中心的なトピックになります。

はじめに

　本章では，国民（ネイション）やナショナリズム（国民主義）や国民国家とはどのようなものか，再び18世紀末ごろ以降のヨーロッパに視点を置いて見ていきましょう。さまざまな意味で，近代以降の教育を考えるうえで国民という問題を避けて通ることはできません。たとえば，みなさんが小・中・高の諸学校で学ぶ内容が学習指導要領を通じて全国で一律なように，多くの国でみなが同じように学ぶべきことはそれぞれ決まっています。このことについては，第**8**章で自由主義的な教育改革の観点から触れましたが，そこに必ず，国民語（国語）・国民文学・国民史・国民資産（国土の地理）についての知識の教育が含まれるのは，どういうことなのでしょうか。このような，学校教育でのありふれた場面の多くが，実はさまざまな形でナショナリズムと関係しています。

　なお，「国民」という言葉は，日本語では「1人1人の国民」などのように1人の人を指す言葉としても使われますが，ここではあくまでも集団や共同体についての概念だと思ってください。

1 国民の成立

▍国民と国語教育 ▍

　第**8**章では，国民の一員であることが特権ではなくなっていくことについて学びました。それまでは，国民とは身分的な概念で，王国や領邦を構成する諸身分，要するに，事実上王国や領邦の貴族各層の共同体を指していました。たとえばポーランド王国貴族という家系の領主たちがポーランド国民，というわけです。しかし18世紀末ごろからのヨーロッパで国民という言葉は，ある社会の全体について考え，議論し，物事を決めるというプロセスに自発的に参加しようとする市民の共同体を指すようになります（これを「市民的国民」概念と呼ぶことがあります）。そうだとすると国民という共同体は誰でも入れる普遍的なものだということになりますが，実際には財産を持つ白人男性以外には開か

れていなかったということも確認しました。

　しかしそれ以外にも，たとえばフランス国民に入るかどうかが身分によらず誰でもという考え方になっても，すぐにここでの「誰でも」に，フランス語を話すフランス人ならば，という前提が含まれるようになりました。この場合国民とは，ある言語や文化を共有する範囲の集団を指すことになります（これを「民族的国民」概念と呼ぶことがあります）。こう考えれば，かつての臣民がみな国民であるならば，同一の国民語を話す人でもなければなりません。実際に革命時にフランス語らしいフランス語を話す人はフランスに住む人の半分くらいでしたが，もしそれ以外の人もフランス国民だと考えるのであれば，彼らも正しくフランス語を話すフランス人でなければなりません。そこで，教育によって人々を同一の国民語話者にしていくことこそ，公教育の最も大きな使命の1つとなったのです。

　それでは，本当に正しい国民語を話す人とそうでない方言を話す人がいた，ということなのでしょうか。それとも，もしそれが方言ではなく別の言語だったら，別の国民なのでしょうか。その違いは何でしょうか。国民語という概念の登場以前のヨーロッパの言語状況から考えてみましょう。一方にヨーロッパ共通の文語があり，これが統治者の公用語つまり支配層の共通語で，宗教の言語で，ハイカルチャーの言語でした。ヨーロッパで第一にあげられるのはラテン語ですが（東アジアの漢語や，中東・北アフリカのアラビア語もこれと似たようなものでしょう），フランス語や，地域によってドイツ語などがこのような機能を持つようにもなりました。他方に生活に必要な範囲で通じればよい口語（俗語）が話され，それが，どこからどこまでが何語，という区別の難しいグラデーション状に広がっていました。また，ある程度区別できるようないくつかの俗語があっても，とにかく通じればよいので，混ざったり変わったりしていましたし，人々は必要なら2通り，3通りの話し方をすることもありました。

　ここに国民という，内部に区別はないが一定の範囲で外部と区別される共同体があるはずで，この集団内は共通の言語を話すという考え方が持ち込まれます。私たちが漠然と持っている，共通の「セルビア語」を話す「セルビア人」がいて，それは「クロアチア語・人」というかたまりとは異なる，というような感覚のことです。これは独自であるという点でも，人々の言語という意味でも，ラテン語や漢語ではありえません。その国民語の存在は，標準語として示

されるので，それを新たにつくる必要があります。18世紀末から19世紀前半にかけて，ヨーロッパのあちこちでこれが行われました。

　国民語をつくるレシピは，ほぼどこでも同じです。まず，国民語の存在を信じます。次に，実際に話されている言語のなかから（でない場合もありますが），お好みでサンプリングしてみます。そうはいってもサンプリングしたものも標準語の原型からは少し離れているはずなので，存在するであろう原型に向けてブラッシュアップします。その過程自体が，普通に話されている言葉を，国民語と外来語や，標準語とスラングに分けることになります。最後に，その結果をリストにまとめ，表紙に『○○語辞典』と書いて刊行します（実際には，このほかに『正書法』と『文法書』を合わせた3点セットにします）。そうすると，地上に「○○語」という言語が突如として出現します。ある言語があるからその言語の辞典ができるのではなく，辞典をつくると言語ができるわけです。この結果を実際に人々が話す言葉に適用して眺めた瞬間に，たとえば標準ドイツ語より標準オランダ語のほうが近いであろう言葉でも，ドイツ人ということになった人が話しているのは，ドイツ語の「方言」だということになります。つまり，ある国民語を話すある国民集団という区分の存在には根拠がなく，実際に話されている言語が標準語に近いとは限らないので，つくった後で教育によって統一する必要があるというわけです。このときの言語教育は，沖縄における「方言札」のように，かなり無理をすることもしばしばありました。

┃ 文明と伝統 ┃

　文語としての国民語は，その存在を示すというだけでなく，立派な文化を担う言語であることを示すものとしてつくられたので，詩などの国民語文学と同時に成立しました。国民は，単に独自のひとかたまりの集団だというだけでなく，文明的な存在だと見なされなければならなかったからです。自分たちのことを決めることができる正当な政治的主体，つまり自立できる一人前の存在として認められる存在でなくてはならないということです。また逆に，国民であることが文明的であることの具体的な姿だと考えられるようにもなっていました。フランス語は，フランス的な独自性というより普遍性（理性）に近い文明的な言語で，それを身につけて国民になることは，文明的な市民になることとして考えられたのです。ドイツ語もその論理に乗って成立し，チェコ語やハン

ガリー語など他の国民語もそれに並ぶか次ぐことを目指してつくられます。

このように，諸国民や諸国民語が自由主義的な価値の世界に参入するという文明化の論理のなかで成立し，同時に，国民が文明性・普遍性への回路であったことを，歴史学者の篠原琢は「国民的公共圏」という言葉で説明しています。国民語による新聞などのメディアが，共通の言語と関心を持つ共同体としての国民を想像可能にしたのですが（アンダーソン［2007］），この言論の空間が第8章で触れた市民的公共圏として成立したものだということは，逆にいえば市民的公共圏は国民語の流通範囲に限られていたということでもあったのです（篠原［2003］）。このような，国民という存在における個別性と普遍性の関係が，近現代の世界史と，もちろん教育史のさまざまな問題を構成していくことになります。

国民語文学以外にも，国民語を最先端の考え方や科学技術を扱える言語として成立させるため，そういう語彙も整備されていきます。さらに，国民共同体が新たに慌ててつくられたものではなく，もともとあった立派なものとして示されるために，国民の歴史の物語もつくられます。そのため，人気のある過去の英雄などは，いくつかの国民史で同時に祖先の1人として登場することもあります。このときに，王国の身分的国民という側面を持たない範囲で国民を想像したナショナリストも，かつて立派な国家を統治していた者たちの子孫がわが国民である，ということを文明的な国民である証拠の1つとして主張しました。スロヴァキアやスロヴェニアという国家的な単位は20世紀まで影も形もありませんでしたが，いや中世初期にあったといわれる大帝国がそうだったのだ，などというようにです。逆にいえば，たまたまちょうどいい国家があっても，別に中世のハンガリー王国と近代のハンガリー国民が，同じ枠組みなわけではありません。

国民の文明性と歴史性の関係について抽象的な話が続いたので，もう少しわかりやすい実例を見てみましょう（Dabrowski［2008］；Sinkó［1989］；渡邉［2010］）。ポーランド王国が分割された後のハプスブルク領内旧ポーランド地域（ガリツィアといいます）の貴族や都市市民は，19世紀初頭には，自分たちが文明的で先進的な国民だと思うようになっていました。そう思うためには非文明的つまり未開・後進的で非ヨーロッパ的な，しかしその分だけ自由で純真な田舎の人々を想定し，それと正反対な自分たちという自画像を描く必要があり

ます（これをオリエンタリズムといいます）。ポーランド国民にとってそれは，辺境の山岳地帯にいる「山の民」でした。同じころのハンガリーの貴族や都市市民にとっては，同じようにハンガリー大平原の民が自分たちとは異質な存在でした。

　しかし19世紀後半までに様子が変わってきます。これらの山の民や平原の民を，文明化によって自分たち都市の国民が失ってしまった大切なものを守っている人々だと考えるようになりました。文明化とは進歩ですから変わってしまうわけですし，理性化・普遍化・ヨーロッパ化ですから個性的でなくなっているわけです。その逆である「田舎者」たちは，もともとの国民らしさをそのまま保持している，古来から存在する国民の独自性の生きた証拠と考えられたのです。そして19世紀後半には，山岳地方独特の寄木細工は「ポーランド風」と呼ばれ，平原の民の食事は「典型的なハンガリー料理」とされるようになりました。こうして，進歩的で文明的な共同体であることと，もともと存在していた伝統を持つということを，かろうじて両立させるときに，異質だったり正反対だったりしたはずの存在を自分たち自身そのものの姿と考えるようになり，「故郷」や「固有の伝統文化」が発明されてきたわけです。

　このとき「田舎者」たちはどうしていたのでしょうか。都市では国民文化を実感しに辺境に行くツアーを販売する観光産業が成立し始めました。彼らは観光のために，交通や宿泊など，現地のインフラを整備するようになり，現地住民の雇用も進むようになりました。現地住民は，観光客の喜びそうな歌や踊りや昔話を用意し，より喜んでもらうためにナショナリストの求める国民の伝統の物語，たとえばかつての栄光のポーランド王国の伝統がいかに山岳地帯に残されるようになったかといった話に加工して提供する，現地ガイドになったりしました。つまり国民の伝統文化は，消費される商品として，観光という市場・産業とともに成立したといえるでしょう。20世紀になると，彼らは商品だけでなく教材にもなります。学校やボーイスカウトなどが，子どもたちを辺境地域に宿泊させ，現地住民から伝統を学ぶための遠足を行うようになったからです。

国民の集団的権利としての教育

前節で取り上げた文学や歴史や故郷や料理のほかにも,「○○人特有の文化」の存在を示すため, たとえば国民ごとの音楽, 民話, 衣装など, さまざまな「伝統文化」が, まるで本当に昔からあったかのように考えられるようになりました。こうしてできた国民文化なるものは, しかし, まだ一部の知識人が勝手にあると思っているだけのものです。この次の段階として, 多くの人に国民という存在を信じてもらい, 自分がその国民の一員であると思ってもらうための作業が行われます。19世紀のヨーロッパでは, 各地でそのための文化協会や消防団のような市民結社が結成されたり, 国民図書館や国民博物館や国民劇場が建られたり, さまざまな文化イベントが催されたりしました。旅行や登山を通じて国民の住む範囲を知り, 実感しようという団体もその一部ですし, ほかにも体操や合唱の団体などが有名です。さらに, 同じ国民メンバー同士の互助や出資のための組合組織のように, 徐々に経済や生活を左右するものも出現します (Weber [1976])。

国家が, ある1つの国民のものとして機能するようなところでは, 公教育を通じて子どもたちを国民の一員へと社会化しようとします。そこでは国民語だけでなく, 国民の文学や, 国民の歴史, あるいは国民の財産と考えられるようになる国土の地理などが教えられるようになりました。教育制度のほか, 徴兵制も国民化の装置です。国民国家において軍隊は, 人々を均質な国民集団にするために身体を規律化する装置でもありますが, 諸地域出身の人々を交流させて国民構成員同士に一体感をつくり出そうとするものでもありますし, また国土の地理について共通の認識をつくり出したり, 指揮語を通じて言語を統一する教育機関でもありました (藤澤 [1993])。

しかし, 19世紀半ばの段階で国民国家らしき形を整えていたのは, 西欧のいくつかの国だけでした。1861年のイタリア統一や1871年のドイツ第二帝政成立も, それを国民国家の成立とするなら, 現在の諸国民国家全体から考えればかなり早いほうです。では, そうではない国ではどうしていたのでしょうか。ハプスブルク帝国を例にとって見てみましょう (Judson [2016])。18世紀後半

のハプスブルク帝国も，ヨーロッパの強国であり続けるために，フランスなどと同様に，国内の統治を統一化・近代化しようとしていました。19世紀初頭までには帝国臣民の平等な権利という発想も形を現します。このころのこの地域の諸身分，市民層などに共有され，近代的な思想や科学技術を表現しうる言語はドイツ語だということで，帝国全体の公用語をドイツ語に統一しようとした皇帝も出てきました。「ドイツ人」の，というより，近代化・文明化の言語としてのドイツ語というわけです。

　しかしハプスブルク皇帝とは，オーストリア諸邦をはじめとした，さまざまなランクや種類の王国・領邦の君主を兼任する者でもありました。チェコ王国やハンガリー王国などにはそれぞれチェコ王国貴族（チェコ王国国民）やハンガリー王国貴族（ハンガリー王国国民）などがいたわけです。王国という存在が王国諸身分の特権の正当性を保証していたわけですから，彼らはそれぞれの王国の独自性をあまり大切にしない皇帝の政策には，当たり前のように反発します。だからたとえば，ハンガリー貴族たちは公用語のドイツ語化にも反発し，あくまでも公用語はラテン語であるべきだと主張しました。王国の本体は王国国民つまり貴族なので，その独自の主体性が尊重されなければならないという思想も，貴族たちの間で強まるからです。

　しかしこのころ，近代化しなければという圧力とともに，本章で扱う新しい国民概念もこの地域に入ってきていました。ハンガリーでも王国の自由主義化（諸特権や農奴制の廃止）を目指す貴族も出現し始め，彼らは市民層とともに，新しい意味で国民という言葉を使うようになります。主にドイツ語などを話すハンガリー貴族も，「ハンガリー語を話すハンガリー国民」という考え方に基づいて，王国の公用語をハンガリー語にしていこうという運動を始めますし，ハンガリー語文化の拡充に努める者も現れます。このころのハプスブルク帝国では，たとえばハンガリー語を話さないが自他ともにハンガリー国民の1人だと認めるような貴族が，市民的・民族的国民概念を主唱する，というようなことは普通でした。これもまた，それぞれ根拠が異なり矛盾するいくつかの国民概念が，混同されたり都合よく玉虫色で使われたりして，ようやく国民というものが存在しえたことの典型例といえるでしょう。

　19世紀前半のうちにハンガリー王国でハンガリー語の公用語化が実現すると，王国国民の一員だけど，同時にスロヴァキア語やセルビア語などを話す別

の国民としても自分のことを考える人も出てきます。「ハンガリー」とは別の固有名詞を持った同様の民族的国民概念も，同時期に出現したわけで，彼らは王国がハンガリー人に独占されようとしていると思うようになります。19世紀半ばのハプスブルク帝国では，こうした各国民がそれぞれ国民的権利を主張するようになります。1人1人の人権のほかに，1つの国民集団にはその集団自身のことを自分で決めるという集団的権利がある，という考え方です。それぞれの王国（その中身は王国の身分的国民です）の（君主に認めさせるべき）権利という考え方に，近代的な国民主権の発想が接ぎ木されたものだと考えられます。このころ，とくに1848年に主張された国民の集団的権利とは，公用語としての国民語使用の権利のほか，国家と国民の独自の契約関係を持ち（憲法），独自の集団的意思決定システムを持ち（議会や代表権），武装して自集団の身を守る手段を持つ（国民軍），といった権利のことです。

　その後さまざまな利害が，国民的権利の名のもとに主張されるようになります。また帝国の側も，帝国内のさまざまな利害を調整して安定した統治を行うにあたって，全体の統治に都合のよいように言語・国民の区分を調整しつつ，国民的権利同士の調整という形をとるようになります。こうして，各国民と帝国相互の政治的な実践が，国民的権利という考え方に実質を与えていったのです。そしてもちろん，公用語としての国民語とそれによる教育システムを持つ権利もここに含まれ，国民的権利の中心的な要求になっていきますし，帝国も各言語による教育を制度的に保障したりしました。

　国民集団が自ら国民語で教育を行う権利が，なぜそんなに重要だったのでしょうか。もちろん初等教育や文化振興には，将来にわたる国民語・国民の生存と再生産という目的がありそうです。しかしそれだけではありません。ナショナリストの考え方では，ある言語を話す人がそのために進学できず，高収入の職業に就けなかったり公務員になれなかったりすることは，その言語を話す国民全体が社会のなかで不利になることだからです。だから，その言語だけで中等教育，できれば高等教育まで終えられる状態が，熱望されたのです。これも国民語・国民が文明的であってほしい理由の1つです。こう考えると，ある国民の集団の権利が，ずっと続いている王国の伝統があるから当然そのまま認められるべきだ，といったように，どんなに古い伝統に基づいて主張された場合でも，やはり近代自由主義ゆえに生じた利害の主張という性格を持っていたこ

とがわかります。

　各国民集団がその子どもたちを教育することが認められると，ナショナリストたちは学校教育を通じて子どもたちを国民の一員に育てなくてはと考えます。そのためには人々に，その子どもたちを自国民の学校に通わせるよう働きかけなくてはなりません。これに対して人々はどう反応したのでしょうか。ここで人々，というのは，何者かを問われても国民帰属を答えることなど思いもよらず，「ここの者」や「カトリック教徒」などと答え，何語を話しているかと問われれば「われわれの言葉」と答えるような，自分が何人_{なにじん}か考えなくても本人は何も困らないような人々のことです。

　このころ，各学校は貧しい子どもにクリスマスプレゼントとして衣服や靴を支給したり，給食を用意したりしていました。衣服や靴は，それがないために学校に通えない子どもも多かったことから，非常に重要でした。これに対して，たとえばドイツ人学校よりよい給食を出すとか，補助が手厚いと知ると，次の年からチェコ人学校に子どもを通わせる，といった行動をとる人々もいました。国民帰属意識よりも生活上の利益で学校を選ぶわけです。これはこれで普通の感覚かもしれませんが，ナショナリストから見れば非国民がいるということになりましたし，国民共同体の一員としての自分を認識できない非文明的な愚かな者がいるということにもなりました。このことを問題視し，ナショナリストたちの間ではさらなる国民化の努力が叫ばれることになります。このように，教育を含む国民化の営みがいよいよ人々に到達すると「非国民」が発見（発明）され，そのことがナショナリズムをさらに本格化させたのです（Zahra［2008］）。

3　国民国家

諸国民と難民の現代世界

　ここまでハプスブルク帝国の例をあげてきましたが，それは，ここで培われていった国民的権利（国民という集団単位で持つ権利）という考え方が，第一次世界大戦以後，人権に関する世界的な規範として広がっていったからです。個

人の人権は，実態はともかく，当然守られるべきものとされるようになっていきますが，ある国民集団に属しているがゆえの権利というものも守られなければならず，また国民という権利の主体である集団に属しているということも備えていて，はじめてその個人の人権が保障されていることになっていきます。第一次世界大戦末期以降，国民的権利は「国民の自決権」（「民族自決」という言葉で知られています）という言い方で広まりました。これは，自身が属する国民集団のための国民国家に属する権利，というように理解されるようになり，各ナショナリズム運動も戦勝国もそれを実現しようとします。

　その結果，東欧は独立した国民国家群からなる地域となりました。1つの国家が1つの国民のものであることが，文明世界のあるべき姿として，西欧以外にも適用されるようになったのです。しかし逆にいえば，西欧から見て十分に文明的な国民だと考えられたところにだけ，国民国家が与えられたということです。何度も確認したように，国民的であることは文明的であることで，自分のことを自分で決められるのは自立した文明的な国民だけなのです。東欧諸国民はある程度自立可能とされたために，国民国家を持つに至りましたが，第一次世界大戦後の世界は，非文明的とされたところがまだある種の「指導」下に置かれる，という国際体制として成立したのです（篠原［2016］）。

　とはいえ，第一次世界大戦に巻き込まれてヨーロッパ諸国を含む国際関係への関与を高め，また世界の正しい姿としての自立という考え方に触れた以上，植民地の側もそのままでよいとはもう思いません。ただし，人間扱いされることが国民の一員であることを，支配されないことが国民国家を持つことを意味するようになったのなら，植民地からの解放もナショナリズム運動として行われないわけにいかなくなります。植民地の人々には労働力としての生産性を高めるような教育だけが与えられるように思われがちですが，植民者側の価値観が植民地社会を動かすようになれば，「文明的」な教育が求められたり，与えられたりすることもありました（井野瀬［2007］）。とくに植民地支配を手伝える現地出身者が必要とされた場合には，そのなかからヨーロッパの宗主国に留学して高等教育を受けるエリートが生まれます。しかしそのエリートのなかには，留学中に社会主義思想や民主主義思想に触れて自立と解放の論理を学ぶ者も現れました。このとき，自立と解放は国民概念を通じてしか考えることができないものになっていましたから，植民地解放運動は国民としての自立を求め

る運動として行われ，20世紀後半には徐々に国民国家の独立としてそれが達成されるようになります。

　世界が国民国家の集合体になるということがどういうことかを，最もよく示すのが難民の出現です。人権の保護がもっぱら国民国家によって国民に対して行われるべきものとなったため，ある国家がその意図や能力を欠いたりした場合，生物学的に人間であっても，誰からも人権が保護されない人々が出てくるからです（アーレント［1972］）。また，そういった人々の出現は多くの場合，国民の自決権の行使に伴う暴力によってもたらされたからです。東欧にしても旧植民地にしても，自立の唯一の選択肢として国民国家という形をとらなくてはならなかったことが，独立時や独立後にさまざまな軋轢を生じさせ，政治的な不安定や物理的暴力の蔓延を招く，ということも少なくありませんでした（野村［2013］）。

　難民問題については，迫害の恐れから国外に脱出した者という国連難民条約（1951年）の難民規定の狭さがしばしば論点になるように，それをどう把握するのかという問題がつきまといます。欧米諸国が難民問題を国際的に対処すべき重大な問題と捉えるようになったきっかけは，ロシア革命・内戦とアルメニア人虐殺による避難民の出現であり，これらを文明（自由主義）や文明人（キリスト教徒）への脅威（共産主義や異教徒）によるものだと認識したことでした（舘［2015］）。難民問題は第二次世界大戦後にも，ナチに破壊されたヨーロッパ文明の復興にかかわる問題として捉えられました。このときに，いくつもの国際機関や人道団体などが，難民となった子どもの心の復興こそがヨーロッパの復興を支えるのだと考えます。彼らによる子どもの支援活動が，児童権利宣言（1959年）や子どもの権利条約（1989年）を通じて現在に至る，「子どもの最善の利益」の保護という国際規範をもたらすことになりました。

　歴史学者のタラ・ザーラによれば，このときの「子どもの最善の利益」とは，子どもが家族・両親とともにいることと，「故郷」にいることを意味しました。これらはいずれもナチに奪われたものであるとされ，したがって回復されるべきものとされたのです。事情によっては互いに相容れないこともあるこの2つのロジックを使いながら，戦後東西ヨーロッパ諸国は，子どもたちを復興のための国民資産として扱いました。その際には，彼らが国民へ同化可能かどうか，人口の「量」だけでなく「質」の維持にとって有用かどうかが，人種論的な基

準によって判断・選別されることもありました。この国民的な可変性という発想は,「脱国民化」(あるいは他国民化・敵国民化)されてしまった自国民メンバーという存在を想定させることにもなります。第一次世界大戦以後のヨーロッパでは,本来の姿に戻すのだといいながら諸国民が子どもたちや大人たちを「再」国民化し合い,それはナチによるドイツ化だけでなく,非ナチ化として行われる非ドイツ化の過程でも同様だったのです。このような営みを支えたのも,国民の自決権という概念でした。

また,とくに子どもが家族とともにいることの大切さが強調されるようになった背景には,反共主義があります。第二次世界大戦後には共産主義をなるべくナチに似たものとして描こうとする(このことを全体主義論といいます)なかで,どちらも家族の絆を破壊したりその価値を軽視したりする体制だ,と論じられるようになりました。家族の価値は,第**8**章で見たように自由主義的秩序においてすでに重要視されていましたが,体制を正当化する道徳資源となることによってさらに強調され定着するようになっていったのです(ザーラ[2019])。第**8**章では,人々をその"性質"によって分類する際に家族道徳規範との適否が重要であったことにも触れました。これは現在でも同様であり,また現在のナショナリズムの問題と強く結びついています。しかしこの点には後で触れることにして,いったん「国民的権利」がもたらした問題の検討に戻りましょう。

マイノリティと非国民

先述のように,国民の自決権という考え方は,第一次世界大戦後の東ヨーロッパに独立した諸国民国家をもたらしました。しかしだからといって,一国民一国家としてモザイク状にきれいに色分けされる世界が出現したわけではありません。自分自身がどの国民の一員かを誰もがはっきりいえるというわけでもなく,2つの言語を同じように使ったり,どちらの言語かはっきり分類できない言葉を話していたりして,他人からもはっきり何国民といえないような人々も多く,仮に分類できたとしてもそれぞれの国民が混ざって住んでいて地域で分けられなかったりしたわけですから,住民交換や住民投票などの方法をとったとしても,ある国家の領土内が1つの国民だけで構成されるように国境線で分けることは不可能でした。そこで,東欧を国民国家群に分けるときに考え出

された概念がマイノリティです。どうしてもある国民国家領土内に存在する，その当該国民以外の諸国民集団は，それぞれのマイノリティということになります。そして，第一次世界大戦後の東欧諸国は，条約により，国内のマイノリティの権利を保護しなくてはならないとされました。

　マイノリティとは，当然ですが，ある境界線で区切られた集団を指します。マイノリティの権利保護とは，したがって，これも集団的権利保護なのです。マイノリティ言語話者もその言語のまま教育を受ける権利が保障され，逆にいえばマイノリティ集団にその言語での教育を行う権利が保障される，ということです。このような原則が，現在の世界の常識的な規範につながっています。それだけでなく，たとえば福祉受給の権利なども，集団ごとに保障されるようになります。たとえばチェコスロヴァキア市民であれば，（現実には必ずしも平等に扱われたわけではなかったにしても）チェコ人にもスロヴァキア人にもドイツ人にもハンガリー人にもルテニア人にもポーランド人にも保障される，ということです。しかしそうなると，そのどれかの集団のなかにいなくては，人権が保障されないということでもあります。第一次世界大戦後のヨーロッパの諸国家においては，たとえその国のマジョリティ国民でないとしても，いずれかの国民集団にいないわけにはいかなくなったのです。

　このように人であり人権の主体であることが国民の一員であることに独占されるようになれば，仮にマジョリティ国民への同化に限らないとしても，いよいよ人々は国民化されつくすことになるのでしょうか。たしかに第一次世界大戦前後から，ナショナリズムは世の中を大きく動かすものになりますが，この時代になっても，国民化が急に完全な形で進むようになったというわけではありません。では，国民化するナショナリズム運動や国民国家があり，しかし国民化されず，国民であることに関心を持たない人がいる，という状況は何をもたらすのでしょうか。

　たとえば第一次世界大戦後のハンガリーでは，いよいよ人々を国民として団結させるために，学校に通わない青年（ただし男子のみ）にも体育を義務づけるという制度を導入しました。それを通じて国民の一員としての意識を高め，自発的に国民の1人としてものを考える大人になってもらおうというわけです。しかしそれを実施しようとする段になると，青年のなかには逃げたりサボったり態度が悪かったりする者も多く，思うように国民化が進められません。事態

打開のために自治体は警察や憲兵を使いますし，彼らや体育指導者たちも暴力に訴えようとしますが，これには反対や反抗もさらに触発されてしまいます。このような状況によって，体育に反抗することは体制に反抗することと見なされるようになりました。第二次世界大戦が始まるころまでには，体育やスポーツにかかわる事柄が軍の管轄下に置かれる一方で，体育への反抗を管理することによって反体制派を監視するという統治手法が編み出されるようになります（姉川［2017a］）。

　このように，国民化を進めようとする活動となかなか国民化されない者たちがいるという状況は，国家が人々を把握し，統治するための方法に影響を与えることになりました。マイノリティの権利保護の原則にもかかわらず，マジョリティ国民以外の国内諸国民は「他国の」民として潜在的な安全保障上のリスクと見なされるようになった，と歴史学者のマーク・マゾワーが述べましたが（マゾワー［2015］），積極的に国民であろうとしない人々も，リスクとして管理されるべき対象になっていったのです。そうすると，国民化する・される・されないという問題と，第8章で確認したような危険予防による統治という政治についての問題は，一体のものだと考えるべきでしょう。前章に登場した不道徳とされた者たちが，どこでも「国民内部の敵」といわれていたことからも，このことがわかります。

　そうすると，「国民の敵」とされるものは誰であり，誰にとって何が「危険」なのか，という問題に戻って考えなくてはなりません。第8章では，市民層中心の位階的な構造の維持（自由主義）のためには，一方で選挙権改革や社会政策によって市民社会の下方拡大を要求する圧力（民主主義）と妥協しつつも，他方で家族道徳と人種主義による人々の序列化・選別・排除を必要とした，ということに触れました。自由主義は，序列的・位階的な社会構造を脅かしかねない存在を「国民の敵」としつつ，人間（人権の主体）の範囲を決めてそれを「国民」に独占させるナショナリズムを，必要とし続けることになります。したがって，このことは現在についても同様に観察されるはずです。

　ここでいう現在とは，福祉国家の解体，つまり富の再分配の縮小が進行する，20世紀末以降を指します（このことについては終章で詳述します）。20世紀半ばの福祉国家では，社会保障制度など国民全員の生活上のリスクを全体として管理する社会政策や福祉政策は，社会の安定化を図るための，富の再分配の中心を

なすものでした。しかし20世紀末には生活上のリスクの管理は，個人が自分で将来設計などを通じて行うべきものとなり，責任と負担の主体として「家族」が「社会」の代わりに強調されるようになります。その一方で付加価値税の増税や累進課税の縮小・廃止などによって貧困層から徴収した税収を，金融資産を持つ層の財産保護にあてるなど，富の再分配は逆向きになってきました。

　これに伴って貧民（や移民・難民）を不道徳な治安リスクとして扱うことが，世界各国で再び目立つようになってきました。福祉や教育は特定の「正しい」国民の財産なのに，そうでない者たちがそれに依存して掠め取っている，とされることがしばしばあり，その際には人々の"性質や種類"，生活習慣や文化・規範が持ち出されます。「国民」の境界線が，社会権など人権を持つ者の範囲を変更するために，引き直されているのです（姉川［2017b］）。ある特定の人々の価値観のみを国民的なものだとすることを正当化するために，特定の家族観や道徳観や歴史観が教えられるべきものとされたり，この状況に疑問を持たないでいられるという能力を伸ばすことが教育に求められたりします。このように現在の教育の場（以外もですが）におけるナショナリズムは，再分配をめぐる政治との関係で考えなければ理解できません。このことは，現在を理解するためにナショナリズム教育の歴史を考えるときにも，前章から本章にかけて見てきたように，同様だといえるでしょう。

おわりに

　本章の問いは「教育は人々を国民にしたか」でした。したともしていないともいえます。この問いと答えは，人々が国民という集団への帰属意識（よく「アイデンティティ」などと呼ばれます）を持ったかどうかについてのものです。私たちは本当にそれを理解するためにナショナリズムと教育の歴史を考えるのでしょうか。ここまで読んできた人には，この問いにあまり意味があるように感じられないかもしれません。では，国民やナショナリズムを何の問題として考えるべきでしょうか。

　多くの歴史家は，西欧の大国を対象としていない限り，国民史として歴史を見ることから脱却しようとしています。しかし，そのつもりでナショナリズムの前提をむしろ維持・強化したり（「非国民」の，異種混交性の，越境の歴史学な

ど），サイズと名前だけ変えたナショナリストになったり（地域の，重層的・複合的アイデンティティの歴史学など）してしまいがちです。国民史から脱しようとしていても，人々の「アイデンティティ」こそが考えるべき問題だという（暗黙の）前提から脱しようとしないと，こうなります。均質的国民に多様性を対置するという方法もこの一部です。しかし，もともと多様性が高い地域，低い地域という比較自体，最初から可能でも有意義でもありませんよね（切り分けられたものを数えて，はじめて多様といえるわけですから）。このような分類論は，たとえ多様性を称揚する場合でも，あるべき普遍的な文明としての国民国家を前提にして，そこから「エキゾチック（で後進的で暴力的）な未開」を眺めるという，オリエンタリズム的で帝国主義的な考え方なのです。これは，国民としての自立を許す／許さないという態度を，形を変えて繰り返していることになります（Zahra [2005]）。

　こう考えると，本論で触れたように東欧や欧米以外で国民国家成立時・成立後に無理や暴力が生じたのは，もともと多様性を特徴とする地域だったからではなさそうです。19世紀の西欧諸国が（文化的均質を達成していない場合でも）安定した国民国家を形成していたことは，植民地宗主国や世界経済の中心諸国であったことと強く関係します。富の独占や財産権の保護の役に立つ凝集性が高くて強い国家は資本に必要とされますし，また国民という枠を浸透膜のようにして富や人の移動を調節することが，そのような国を豊かにして安定させることにつながったからです（ウォーラーステイン [1997]）。そう考えれば，西欧のように資本制世界経済の頂点にいない東欧や旧植民地に，国民国家があるべき姿として「適用」されて，無理が生じないほうが不自然です。ある特殊な「国民」という形が，普遍的（文明性の証）とされたことによる矛盾なのです（デリダ [1993]）。第8章から第9章にかけて，自由主義，ナショナリズム，帝国主義は資本制経済を基礎にしたある1つの構造である様子を見てきました。ナショナリズムを考えることは，この構造のもたらす矛盾を考えることにつながるはずです。

　この構造を見ようとせずに，国民の枠からの脱却だけを目的にしようとすると，かえってこの構造を，したがってナショナリズムをも見えなくして維持・強化する論理に与することになりかねません。国民や国民国家の枠に囚われないための歴史学として，グローバル・ヒストリーという分野も活況を呈してい

ます。多くの場合これは広域のネットワークとしての世界の歩みを記述しますが，その際に描かれるのは調和の姿としての世界史です。世界や環境に不満や疑問を持たない人には，それが調和した姿に見えます。逆に弱者には世界が矛盾した姿に見えます。具体的な弱者が直面した矛盾に視点を置くと，一体としての自由主義・帝国主義・ナショナリズムがつくる構造がよく理解でき，またこの構造を理解してこそ，矛盾が集中する弱者のことが理解できるといえます。次の第 **10** 章では，実際にいくつかの具体的な例から，このことが教育を考えるためにどのように役に立つのかを示していくことになります。実は，国民史から脱却しようとしてナショナリズムに戻ってしまう例として，もう 1 つ重要なものがありますが，それも次章で触れられます。

参考文献 | Reference ●

アンダーソン，B. ／白石隆・白石さや訳［2007］『定本 想像の共同体——ナショナリズムの起源と流行』書籍工房早山。

姉川雄大［2017a］「戦間期ハンガリーにおける国民化政策の反自由主義化——学校外体育義務制度（レヴェンテ制）の失敗と転換」『歴史学研究』第 953 号，1-18 頁。

姉川雄大［2017b］「ハンガリーの歴史認識と現代政治——『ヨーロッパ』性と新自由主義・人種主義政治」橋本伸也編『せめぎあう中東欧・ロシアの歴史認識問題——ナチズムと社会主義の過去をめぐる葛藤』（MINERVA 人文・社会科学叢書）ミネルヴァ書房，所収。

アーレント，H. ／大島通義・大島かおり訳［1972］『全体主義の起原 2 帝国主義』みすず書房。

Dabrowski, P. M.［2008］"Constructing a Polish landscape: The example of the Carpathian frontier," *Austrian History Yearbook*, vol. 39, pp. 45-65.

デリダ，J. ／高橋哲哉・鵜飼哲訳［1993］『他の岬——ヨーロッパと民主主義』みすず書房。

藤澤房俊［1993］『『クオーレ』の時代——近代イタリアの子供と国家』（ちくまライブラリー）筑摩書房。

樋口陽一［1999］『憲法と国家——同時代を問う』（岩波新書）岩波書店。

★ホブズボーム，E. J. ／浜林正夫・嶋田耕也・庄司信訳［2001］『ナショナリズムの歴史と現在』大月書店。

井野瀬久美恵［2007］「現地人ミッション・エリートと教育の主体性——植民地ナイジェリアの中等教育問題を例として」駒込武・橋本伸也編『帝国と学校』（叢書・比較教育社会史）昭和堂，所収。

Judson, P. M.［2016］*The Habsburg Empire: A New History,* Belknap Press of Harvard University Press.

マゾワー，M. ／中田瑞穂・網谷龍介訳［2015］『暗黒の大陸——ヨーロッパの 20 世紀』未來社。

中野耕太郎［2015］『20 世紀アメリカ国民秩序の形成』名古屋大学出版会。

野村真理［2013］『隣人が敵国人になる日──第一次世界大戦と東中欧の諸民族』（レクチャー 第一次世界大戦を考える）人文書院。

篠原琢［2003］「文化的規範としての公共圏──王朝的秩序と国民社会の成立」『歴史学研究』 第781号，16-25頁。

篠原琢［2016］「ヨーロッパ史をどう書くか，20世紀史をどのように描くか──マーク・マゾ ワーの著作をめぐって」『歴史学研究』第949号，55-61, 64頁。

塩川伸明［2008］『民族とネイション──ナショナリズムという難問』（岩波新書）岩波書店。

Sinkó, K. ［1989］„Az Alföld és az alföldi pásztorok felfedezése a külföldi és hazai képzőművészetben," *Ethnographia*, 100. évf., 121-154. old.

舘葉月［2015］「国際的『難民』保護の始まりをめぐる考察──第一次世界大戦から国際連盟 創設期を中心に」『歴史学研究』第937号，130-138頁。

★ティエス，A.-M. ／斎藤かぐみ訳［2013］『国民アイデンティティの創造──十八〜十九世紀 のヨーロッパ』勁草書房。

ウォーラーステイン，I. ／川北稔訳［1997］『史的システムとしての資本主義（新版）』岩波書 店。

渡邉昭子［2010］「近代ハンガリーにおける国民的料理の誕生」『歴史研究』（大阪教育大学） 第48号，29-70頁。

Weber, E. ［1976］*Peasants into Frenchmen: The Modernization of Rural France, 1870–1914*, Stanford University Press.

安田敏朗［2006］『「国語」の近代史──帝国日本と国語学者たち』（中公新書）中央公論新社。

Zahra, T. ［2005］"Looking East: East Central European 'borderlands' in German history and historiography," *History Compass*, vol. 3, no. 1.

Zahra, T. ［2008］*Kidnapped Souls: National Indifference and the Battle for Children in the Bohemian Lands, 1900–1948*, Cornell University Press.

ザーラ，T. ／三時眞貴子・北村陽子監訳［2019］『失われた子どもたち──第二次世界大戦後 のヨーロッパの家族再建』みすず書房。

★ジマー，O. ／福井憲彦訳［2009］『ナショナリズム 1890-1940』（ヨーロッパ史入門）岩波書 店。

文 献 案 内 | Bookguide ●

　ヨーロッパのナショナリズムの歴史について，まずはジマー［2009］，より入りや すい入門書が必要なら塩川［2008］があげられます。これらの次であれば，ホブズボ ーム［2001］の名著もかなり読みやすくなっているはずです。

　伝統の創造を含む国民化の諸相についてはティエス［2013］が網羅的で，そのうち 教育については藤澤［1993］（イタリアの事例）が読みやすく，国民語については身 近な「日本」を扱った安田［2006］が手にとりやすいでしょう。国民意識を持たない こと，持たざるをえない局面，その矛盾の帰結としての暴力，といった問題について， 野村［2013］が初学者にもいきいきとしたイメージを与えてくれます。

　このほか本論で強調したように，「国民」の問題は自由主義の問題と切り離せな いため，第**8**章の文献案内で取り上げたものはすべて関係します。そのうち植村 ［2001］は，本章おわりにと問題意識を共有するため，併せて読むと理解が深まりま

す。また，ナショナリズムを「社会問題」と人種主義との関係のなかで理解するということについて，具体的には中野 [2015] を参照しましょう。国民的権利やマイノリティの権利といった集団的権利概念の理解にも有益なので樋口 [1999] をここにあげましたが，人権・立憲主義・議会制などの自由主義の基礎の諸概念からその現代的な諸問題までを，憲法学の立場から簡潔に整理しているため，第8章と本章の予習にもなります。

第 **10** 章

教育は貧困・差別・排除とどのように闘ってきたか

埋め込まれた差別構造と変革への希求

（筆者撮影）

1875（明治 8）年に建てられ，「東洋一」と讃えられた大阪市・栄小学校の校舎。現存するのは昭和初期に建て替えられた建造物だが，その名に恥じない堂々たる構えだ（現在は博物館として使用）。だが地域の子どもすべてがこの門をくぐれたわけではなく，排除された者がいた。彼ら，近代公教育の差別構造の犠牲者には，この校舎の威容はどう映ったことだろう。

はじめに

　私たちは第 **7** 章で，「学校は子どもが集まり勉強する場所である」という見方への挑戦を試みました。学校で行われる営みが必ずしも狭い意味の「教育」に限られるものではなく，またそこに集う人々は必ずしも教師と生徒に限られるのではなく，多様なプレイヤーたちがしばしば手弁当で，創意工夫に富む活動を繰り広げてきたことに，目を開いてみました。こうした学校の「学校にあらざる」姿は，番組小学校のエピソードが示すように近代公教育の出発点からすでに観察されるものだったのみならず，紆余曲折を経て現代に至るまで，途絶えることなくずっと続いていることがわかりました。

　しかしその背景には，学校がそうした姿かたちをとるのを必然化させる，いろいろな事情がありました。それは学校の建設・運営という無理難題を地域に押しつける公権力の存在であり，ただでさえ生活苦にあえぐなかに課せられた負担に呻吟する民衆の姿でした。なぜ国家はこうしたゴリ押しをしてまで，公教育制度を根づかせようとしたのか。その背後でいったい何をしようとしていたのか。また民衆側は不平不満の **1** つもいわず，涙ぐましい努力を続けるばかりだったのか。第 **7** 章を読んで，こんなモヤモヤした思いを抱かれたかもしれません。そこで本章では，第 **8** 章・第 **9** 章で深く学んだ資本主義・ナショナリズム・帝国主義といったキーワードを手がかりに，民衆による貧困・差別・排除との闘いが繰り広げられた重要な場として教育を見ていきます。

　最初に扱う大阪・西浜部落の栄小学校の事例は，第 **7** 章で描いた京都の番組小学校の話の裏バージョンでありアンチテーゼとして受け取ってもらえれば幸いです。1872（明治 5）年の「学制」頒布の前年に民衆の手で設立され，1875年には「東洋一」といわれる校舎を持つまでになったのが栄小学校です。しかしその舞台は，近世まで身分差別に苦しんできた被差別地域でした。明治維新からほどなく，その地に「教育爆発」が起こったことの意味を考えます。併せて「学制」そのものが孕んでいた差別性（複線型学校の構想）にも触れ，先にあげた 3 つのキーワードが教育史を考えるのにどう役に立つのか，見通しを示したいと思います。

　次に，第一次世界大戦後から 1930 年代にかけて日本で勃興した，貧困や差

別からの解放を目指す教育運動，反戦平和を希求する教育運動の系譜を取り上げます。この時期の入口にあたる 1917（大正 6）年にロシア革命，1918 年に米騒動，1919 年に植民地朝鮮で三一独立運動が生じたことを念頭に置いておきましょう。ここではまず，下中弥三郎という人が唱えた「万人労働の教育」という思想とユニークな学校改革案に注目します。次に全国水平社運動のもとでの反差別の教育運動に目を向け，そして昭和戦前期に入ってからの「校外教育」の取り組みに焦点を合わせます。

　そして最後に目を海外に転じ，黒人の分離別学とその克服が大きな社会的課題となった 20 世紀後半のアメリカ合衆国の場合を考えます。アメリカでも，地域内のすべての子どもを分け隔てなく一つ屋根の下に包摂するという公立学校の理念と裏腹に，人種による線引き（カラーライン），別学の制度が一部地域で存在し続けました。ここでは，人種差別が最も激しかった南部ミシシッピ州を舞台に，差別の現実に抗う実践を行ったフリーダム・スクールという学校を取り上げます。

1　知られざる「教育爆発」 ▶︎ 1871 年，大阪・西浜部落

▎東洋一の校舎を持つ学校の舞台裏 ▎

　大阪府西大組南町（旧，渡辺村）から出された小学校設立の願い出が許可されたのは 1871（明治 4）年 9 月のことでした。このことをもって教育学者の小沢有作は「教育爆発」と呼ぶのですが（小沢ほか [1978] 265 頁），それはまた後で触れます。渡辺村はその後，西成郡西浜町を経て，現在は大阪市浪速区の一部となっています。もともと摂津渡辺村は，近世には「役人村」とも称せられ，住民は刑吏や治安維持の業務を請け負って，権力と結びついていました。また皮革業も独占的に担うことで富を築き，支配層と持ちつ持たれつの関係を築いていました（牧 [1979]）。大阪の穢多村（被差別部落の旧称）のなかでは突出した存在だったようです。この渡辺村からの小学校設立の願い出のほんのわずか前に出されたのが，封建的身分制廃止を謳った太政官布告第 61 号，いわゆる解放令だったのは興味深いところです。

1871年8月28日に出された解放令は，「穢多・非人の称を廃して，身分・職業とも平民と同様とする」という内容で，被差別身分の人々に，少なくとも形式上は身分制からの解放をもたらすものでした。しかしその陰で，「社会外」（上杉［2004］）に生きることと引き換えに彼らに与えられてきた特権や利権を剥奪し，これからは平民として租税や兵役の義務を分け隔てなく担わせることを宣言したものでもありました。かつての穢多・非人村はこれ以降，被差別部落として社会から変わらぬ偏見と差別の眼差しを受け続けながら，経済的基盤を喪失して貧困の奈落へと転落していきます。日本資本主義の最底辺層に部落民を組み込むのが解放令の真意だったのだとする解説もあります。

　ところで西浜部落（旧，渡辺村）は，いろいろな意味で被差別部落のなかでは例外的な存在でした。近代以前の日本の主要な民衆教育機関は寺子屋（手習い塾）でしたが，被差別身分の人々が寺子屋にアクセスできることは，きわめて稀でした。部落の庶民は教育機会からは完全に疎外されていました。ところが渡辺村には解放令以前から寺子屋があり，1869（明治2）年に208人もの男女が読み書きを学んでいたという記録があります。これは今でいう学齢期の子どもの5分の1から4分の1の数に相当しました（浪速同和教育推進協議会歴史部会［1980］6頁）。維新とともに寺子屋が廃せられ，行き場を失った教育要求が「爆発」したのが，くだんの小学校開設の請願だったということです。しかし前掲の小沢有作は，そうした教育要求は渡辺村に限った話ではなく，むしろ寺子屋もなく，いっさいの教育機会に恵まれなかった大半の被差別部落にとってこそ，切実なものだった点を強調します。何かの機会があれば爆発するマグマが，全国津々浦々の部落に蓄積されていたと考えてよいでしょう。

　もう1つ例外的だったのは，その他大多数の部落と違い，この地域には確固たる経済基盤があったことです。かつて身分と結びついていた皮革産業を近代にも継承したのに加え，この地域の富をつくり出したのは大便・小便の売買でした（吉村［2012］）。たしかに，どちらも多くの人が忌み嫌った仕事かもしれませんが，これによって西浜部落は経済的没落を免れたばかりでなく，「東洋一」とされるゴージャスな校舎を自力で造成します。校舎落成から半年後の1876（明治9）年3月，学校の維持運営のために大小便売却代価を充当・積み立てることを立案し，大阪府知事に伺いを立てています。

　さらに最後にもう一点，この小学校が被差別部落に単独校として設置された

点をあげておきます。直後に頒布された学制で示された「人口約600人に1小学校」の目安に，西浜部落の規模が適っていたということです。しかし全国の大半の部落はもっと小規模だったり経済的体力に乏しく，ほとんどが部落外にある学校の通学域に部落が包含されるという形態をとります。これが後述する「部落学校」問題を生む背景です。

仕組まれた差別的重層構造

　ともかくこうして西浜部落に小学校ができます。その後，校名は西大組第22区小学校，西成郡栄尋常高等小学校，大阪市栄尋常高等小学校，大阪市栄国民学校と変わり，現在の大阪市立栄小学校に至っています。その長い歴史からは住民のたくましい息吹を感じることができますが，学校沿革に目を凝らすと，この学校に通う子どもを取り巻く容易ならぬ環境を示す数々の文言が目に飛び込んできます。まず1876（明治9）年「本校に（略）栄夜学を併設」，1878年「併設の栄夜学を栄下々等小学とする」，さらに1888年になると「栄簡易小学校を本校内に創立し（略）3年制で授業料は徴集せず」とあります（大阪市立栄小学校［1973］）。下々等とか簡易とか，穏やかでない文言が並んでいますね。

　下々等小学は大阪府独自のもの，一方の簡易小学校は1886（明治19）年の森有礼による小学校令を根拠に持つ国の制度という違いはありますが，いずれも初等教育を簡易な形で普及させようとする政策の産物です。笛吹けど踊らず，明治の前半，小学校の就学率はなかなか上がりませんでした。各家庭に課せられた授業料その他の重い負担が，子どもを学校から遠ざけていたのです。上述のように近代の訪れとともに奈落に沈んだ被差別部落の場合，その困難はいっそう甚だしいものでした。小学簡易科は，授業料は公費負担（タダ），その代わり就学年限が3年以内と通常より短く学科も読書・作文・習字・算術だけに限られた，文字通り簡易版の小学校でした（川向［1971］）。西浜で簡易小学校が設置されたのも，授業料負担に堪ええない家庭の子どもを見据えてのものでした。栄小学校と違い全国の部落の子どもの大半は部落外にある学校に通い，そこで一般地区の子どもからの強い忌避に遭っていましたが，小学簡易科の制度は体よく部落の子どもを別の場に排除する手立てとしても使われました。

　もっといえば，学制期とそれに続く教育令の時代，地域住民が重い負担にあえぎながら自力で建設した全国の小学校は，解放令が身分制度の廃止を宣言し

たにもかかわらず，部落の地域やその子どもたちを露骨に排除するものでした（白石［1978］）。1つの村に2つの学校が，それも一方は極端に小規模で粗末な学校であるという光景が日本中に見られました。これがいわゆる「部落学校」です。ですから下々等学校とか簡易小学校などは，民衆の間で広まっていた部落を排除した分離別学の慣行を，公の制度として追認したものといってよいでしょう。そもそも，学制が「邑に不学の戸なく」といいながら，その同じ口で，地域の事情により女児小学，村落小学，貧人小学等々の設置を促していた（辻［1999］149頁）ことからして，日本の公教育制度は制度設計の出発点から，差別的な重層構造を底流に持っていたと考えてもよいと思います。

▌継続する困難のなかでの「貧民学校」の登場▌

　簡易小学校の制度は1890（明治23）年に廃止されます。栄小学校にあった簡易科はわずか2年しか存続しませんでした。しかし小学簡易科が廃止されても，問題の根っこはそのまま残っていました（栄小学校にはずっと前からあった夜学が，国の法制上に位置づけられたのは1894年の文部省訓令第1号でした）。1900年の第3次小学校令で就業年限が4年に統一されるまで，3年制の尋常小学校が全国あちこちに残存します。これらがかつての「部落学校」，そして簡易小学校の受け皿だったのです。1900年に就業年限一本化と授業料徴集の原則停止が打ち出され，差別的な二重構造は一応克服されたように見えます。しかしそこには就学義務の免除・猶予の規程があり，その理由の1つに家庭の困窮もあげられたままでした。部落の子の不就学率の異常な高さは，1945（昭和20）年までずっと続きます。そして西浜部落の子どもを取り巻く困難もまた，しぶとく居座り続けたことを示す史実に私たちはまたまた直面します。それが私立有隣小学校の設立です。

　1911（明治44）年，難波警察署長の発案に篤志家・新田長次郎の出資を得て，「貧児の為」の私立有隣尋常小学校が西浜地域に開設されました（大阪市立栄小学校［1973］45頁）。夜学の小学校（後に昼間部も設置）で，1921（大正10）年に市営に移管されます。上述のように栄小学校には早くから夜学がありましたが，思ったように児童が集まらず，1900年にいったん途絶えていました（浪速同和教育推進協議会歴史部会［1980］48頁）。しかし付近一帯の不就学児は減らず，ついに校区の制約を外した，このような「貧民学校」の登場となったのです。出

資者の新田長次郎は愛媛の出で，大阪で職工のキャリアを積んだ後，西浜部落近傍に近代的な製革工場新田帯革を起こした実業家です（福原［1996］110頁）。西浜には無数の零細な皮革業者がいましたが，こうした部落外資本の大工場は大きな脅威となりました。部落の産業を脅かす資本家の「善意」によって，栄小学校で包摂しきれない子どもを救済する学校がつくられたのは皮肉なことでした。大阪市に移管後，有隣尋常小学校（後に大阪市有隣勤労学校と改称）は，事実上の公設「貧民学校」として重要な機能を果たしました。

教育の差別的重層構造とその政治・経済的連関

　こうして西浜部落・栄小学校のあゆみに付き合ってみると，国民国家とか近代公教育についてのイメージがいかに幻影に過ぎなかったかを痛感します。それらに礎を与えていたのが自由主義の思想でした（▶第**8**章）。そこでは身分に基づく特権を排し，原則としてすべての成人男子を，主権を有する国民として遇する道がとられました。主権者としての権利は同時に国民軍としての兵役の義務と表裏一体でした。こうした体制の屋台骨を支えるのが，主権者および兵員となるための土台を築く公教育であり，それは無償で義務制の学校において行うものでした。また資本主義経済は，こうして育成された経済主体間での自由な競争により営まれるものでした。

　しかし見てきたように日本の公教育は，種々の差別構造を潜り込ませていました。最上層に市民層向けの普通教育があり，これは上級学校に接続します。その下に幅広く労働者を輩出する実業教育や女子教育があり，これが第2層を構成します。そしてさらにその下層に，小学簡易科や「部落学校」「貧民学校」などを舞台とする底辺の教育が存在しました。近代日本の男女別学制もまたこの差別・分断構造の一角をなしたことも，改めて強調しておかなければなりません。そこにおいて女子は，将来の主権者ではなく（女性参政権はこの時期認められていません），経済的・軍事的主体としての男子国民を産み育て，ケアする存在として国民教育に組み込まれました。第一次世界大戦後少し空気が変わり，職業的担い手としての期待に基づく女子教育も始まりますが，基本的枠組みは変わりませんでした（小山［1991］）。一方，経済や労働の現場では，『女工哀史』（細井［1925］）に描かれるように，女子が底辺労働者として過酷な収奪の対象になる場合も少なくありませんでした。

なぜこうした分断が行われたのでしょうか。それは資本主義経済の本質と関連があります。資本が富の本源的蓄積を行う過程で，市民層（ブルジョア階級）と第2層の労働者がしばしば厳しく対峙します。そこで資本にとって，効率的に搾取を進めるために重要な存在だったのが最底辺の第3層でした。好・不況の波に応じた雇用の調節弁に使われたり，労働争議が激化した際には「しずめ石」として利用されたりしたのが，この層だったのです。日本の近代公教育の相貌がよりいびつさを増した一因として，未熟な資本主義経済のまま学校教育の体裁の確立だけを急いだため，市民的公共圏を育むことができず，政治の暴走に対して無力にとどまったことがあげられるでしょう。

　このように教育は矛盾に引き裂かれていた一方で，その矛盾を隠蔽し国民の「一体性」をつくり出す作用も学校の重要な一面でした。ナショナリズムのイデオロギー装置としての学校です。ナショナリズムとは端的には民族の一体性に基づく国家統合を目指す言説と運動のことですが（山室［2003］），教育勅語の奉読と御真影拝謁からなるいわゆる奉体システムが，こうしたイデオロギー装置の働きを担ったことはよく知られています（佐藤［2004］）。しかしこれらが前面に出るのは年に数回の祝祭日の儀式のときだけで，限界があります。それを補完すべく，日常的場面を通してさりげなく「一体性」が演出される作用が存在しました。たとえば毎日のように使う教科書です。

　1つ例をあげます。中野重治の小説『梨の花』は，1902年に福井県・丸岡で生まれ育った作者の少年時代を投影した作品です。そこで主人公の良平少年が，小学1年生用国語の教科書の言葉に考え込みます。「たのしい正月がきました。／男の子は，たこあげをしてあそびます。／女の子は，はねつきをしてあそびます。／おだやかな元日です」。良平にとっても正月は楽しい，それはその通り。でも何か変だ。「正月は，朝から晩まで吹雪いてるのだ。それが正月だ。吹雪いていなくても，野も，山も，道も，学校の運動場も，雪でいっぱいになっている」（中野［1959］47-48頁）。丸岡では悠長に凧揚げなんかできるか，というわけです。作中の少年は後年の創造なので，ずいぶんませた子どもです。だから，国定教科書のうさん臭さ，おまけにそのナショナリズムの装置としての働きがボロを出すところまで直観できます。しかし多くの場合，こうした違和感は意識下に押し込められ，矛盾の隠蔽に一役買う場合が多かったのです。

┃帝国主義と教育┃

　上で述べたように資本主義経済の運営の過程で調節弁の担い役が必要とされ，その役目をあてがわれたのが主権者としての国民より弱い立場にある人々でした。こうした仕組みがさらに高度化したのが帝国主義体制での植民地支配です。近代に登場する「帝国」が以前のものと大きく異なるのは，それが主権・国民国家体系のもとに成立したものであり，国民国家の拡張として，国民国家と同時性をもって立ち現れたことでした。このことをもって山室信一は「国民帝国」という呼称を用いますが（山室［2003]），この概念は日本の場合にも非常によくあてはまります。

　どの国民帝国も，他の国民帝国との不断の緊張関係のなかでの“競存”を余儀なくされますが，こうした緊張の捌け口になったのが国外に形成された植民地でした。植民地獲得の直接的動機は安価な原材料の供給源と製品市場の確保ですが，国内で高まりを見せる労働者階級の不満を抑えるため，植民地で獲得した利益の再分配が行われたりもしました。むろんその利益は，被支配地住民の労働に対する対価を，宗主国の労働者階級以上に低く見積もることによって不当に得たものでした。また植民地の存在は，宗主国国民の威信と自負心をくすぐるものでもありました。被植民住民は「文明化」の程度が低く，宗主国による支配と指導を必要とするという理屈がひねり出され，それが帝国主義を正当化しました。植民地における教育は，宗主国の国民教育とはまったく目的を異にするものであり，質量ともに本国と著しく開きのあるものでした。

　たとえば，日本によって植民地化された朝鮮の教育には，国内で部落民をターゲットにしたのと同様の差別的重層構造が見られました。外地（朝鮮人）の初等教育は，内地の小学校と異なる普通学校という教育機関で行われ，就学年数も短く学校数も不足し就学率はまったく（とくに女子にあっては）振るいませんでした（金［2005]）。小学簡易科と同じくその内容は安価な労働力の輩出という意味が濃厚でした。このように，一方で「内鮮一体」「一視同仁」など日本人と“同じ”というイデオロギーを喧伝しながら，他方で“異なる”処遇をすることで差別化を図るという両義的な性質を帯びることになります。

　このように考えると，貧困・差別・戦争に抗うということは，教育を舞台とした，資本主義・ナショナリズム・帝国主義という3者の強固なトライアング

ルに立ち向かうことを意味します。節を改めて，その系譜を見てみることにしましょう。

 2 貧困・差別・戦争に抗う教育運動の系譜
▶ 第一次世界大戦後の日本に焦点化して

┃「知識技能がありさえすれば生存が許されるという世の中がまちがって居る」：下中弥三郎 ┃

　第1節では，大阪・西浜部落というローカルな地域に密着することから，日本の公教育体制のいびつさを浮き彫りにしようと試みました。次にここでは，教育を舞台にそのいびつさに抗った人々の思想や実践を見ていきましょう。

　最初に取り上げる下中弥三郎は，平凡社を創設し百科事典の刊行事業で出版史に名をとどめていますが，小学校や師範学校の教員を務めたこともあり，教育者としての顔も併せ持っています。また日本初の教員組合「啓明会」の組織や，ここで取り上げる『万人労働の教育』（1923 年刊）の主張に見られるように，その前半生の軌跡には人類初の社会主義国家を誕生させた 1917（大正 6）年のロシア革命の刻印が見られます。

　それでは彼が唱えた「万人労働の教育」とはいかなるものでしょうか。それは「倫理人としての生産労働者を作る」教育であり，その目的は「個性の自由なる発展に即して生産労働を最も有効に行い得べく準備さする」ことに置かれました（下中 ［1974］52-53 頁）。一読してもう社会主義臭がプンプン感じられるかもしれませんが，実は教育家が，資本主義経済の問題から切り離して労働というものを自らの教育実践に取り込み，人間形成の手段として重視した例は，ほかにいくらでもあります。ドイツのゲオルグ・ケルシェンシュタイナーの労作学校，またアメリカの進歩主義的実験学校もその流れにあります。しかし一口に「新教育」と呼ばれるこれらの流行を，下中は「贅沢学校」「金にあかしたやり口」「一般学校に採用するには費用の点でまず困難」と批判します。批判の最大のポイントはその本末転倒，つまりこれらの教育が「その精神に於いて貴族的」であり単に「労働の体験を得させておくというのが主となっていて，よき労働者を作ろうとするのでは（略）ない」（下中 ［1974］65 頁）点にありま

した。

　よき労働者をつくる教育という下中の論には，同時代の日本の教育への痛烈な批判の意味合いが込められています。「道徳の名に於て国民的犠牲が強いられる。けれどもそれは，ある一部特権階級が私利を逞（たくま）しうせんとする方便たるに過ぎない。愛国の名に於て軍国的侵略思想が強調せられ，故なくて他の民族を悪ましめられる。けれども，その裏面には殆ど常に特権階級の階級利益が覗いている。通商発達の名に於て工業能率の増進が云為（うんい）せられる。而も通商益々発達して国民の大多数は益々貧乏に沈淪する」（下中［1974］31 頁）。現状では大多数の教師は「かくの如き資本主義的支配の傀儡となって国民にその犠牲を強要」しているというのです。これでは「教育ではなくて宣伝である」と喝破しました。

　下中の教育批判がもっと鮮やかに示されている言葉があります。本項のタイトルに掲げた「知識技能がありさえすれば生存が許されるという世の中がまちがって居る」（下中［1974］35 頁）がそれです。当時，小学校令には小学校教育の本旨として「生存に必須なる普通の知識技能を授くる」という文言がありました。「生存」は下中の思想の中核をなすキーワードです。だから彼は「生存に必須なる」という文言自体は評価します。ただ「その直接要件たる労働を強調せず，反ってその間接要件たる知識のみ掲げ来ったのは大なる誤りであった」（下中［1974］35 頁）と文部省を批判します。生存は労働によって生み出された生活物資の供給によってのみ可能となり，知識や技能は生産労働を有効なものにするからこそ価値があるというのが彼の考えです。しかし世の常識は逆に，高度な教育を受け高学歴者になることが，苦しい生産労働を免れる許可証のようになっている。その点を突いたのです。

　このような教育思想のもと，下中がどのような教育制度改革を構想したか，簡単に見ておきましょう。制度全体で追求されたのは「生徒に就て言えば働きながら学び，学びながら働くこと」であり「教師について言えば，働きながら教え，教えながら働くこと」（下中［1974］81 頁）でした。初等教育として，現行の小学校制度を活用して「万人学校」とし，6 歳から 16 歳くらいまでのすべての男女を対象におよそ 10 年間，労働を中心に据えた教育を行います。その上に，半労半学の「農村中学」（農村の場合）を設置します。既存の高等小学校に手を入れてこれにあて，おおむね 4 年間の修学年限とします。さらにその

上に「農村自由大学」をつくり，そこでは年齢に制限なく誰でも自由にそこに学ぶことができます。それは実務教育ではなく人類文化の自由なる発展のための施設で，図書館・実験室・会議室・講義室が備わっています。既存の中学校や高等女学校を改変してこれにあて，足りない分は寺院，教会，公会堂を一時的に利用することも提唱しています（下中［1974］74-75頁）。また下中の制度構想案でユニークなのが，教師というプロフェッションの自立性に疑問を呈し，江戸時代の寺子屋師匠に範をとって次のように提唱したことです。「私は教育者が農場や工場やに家族と共にある時間一定の労働に従事することの出来るように，そしてその労働からの生産物を以て衣食の料を保障するように，農村の学校には農園を，都市の学校には工場を附属せしめたいと思うのである」（下中［1974］69頁）。

　下中弥三郎は自らのビジョンを「教育ユートピア」と称していましたが，その思想は現状批判に基づき，しっかりと地に足のついたものでした。その「万人労働」教育論は，国民を何層にも分断し資本主義経済による収奪を正当化する教育を厳しく批判するものでした。

▌差別された人々自身による教育運動：全国水平社▐

　では次に，教育を舞台とした差別との闘いを見ていきましょう。第1節で詳しく述べたように，日本に確立した近代公教育制度は差別構造を持ち，国民全部に普通教育をあまねく行き渡らせたというのは幻影に過ぎませんでした。差別的学校制度は一面では，民衆の間にはびこる差別的忌避行動を黙認・追認する消極的なものでありつつ，他方で雇用の調節弁として「細民」の存在に依存する資本の論理に，積極的に加担しようとしたものでした。

　一方で政府は，日露戦争後の1908（明治41）年から，地方改良事業に着手します。「感化ノ中心」として小学校が地域社会に果たす役割の見直しがなされた点が目を引きますが，そのなかで被差別部落の改善事業にも着手します。種々の改善団体が設立され，部落の人々には勤倹貯蓄などの生活規範が喧しく叫ばれる一方，一般の人々に対しては部落への「同情」の喚起が試みられます。元号が大正に改元されるころから，かつての「部落学校」の残滓をなくす学校統廃合の動きも緩やかながら進捗を見せていきます。しかしながらこうした行政主導の改良運動では，部落の人々はあくまで客体として扱われ，真に差別へ

の怒りを受けとめるものではありませんでした。こうして蓄積されたマグマが，1918（大正7）年の米騒動などの形をとって噴出します。

1922（大正11）年3月3日，京都市岡崎公会堂において，全国水平社が設立されます。被差別部落の人々自身が差別と闘うため，広範に結集した画期的な出来事でした。この水平社のもとで，各地で教育に関する取り組みも行われました（以下は川向［1978］を参照）。第1は学校内で起きた差別事件に対する徹底的糾弾です。校長や教員から部落出身児童生徒への差別行為のほか，部落出身教員が同僚や管理職から受けたハラスメントも対象に含まれていました。これまでほとんど泣き寝入りするしかなかった部落側が，堂々と声を上げ始めたのです。

第2は教育内容に対する糾弾です。最もよく知られるのが国定教科書の差別性を徹底批判したことでした。高等小学校修身の教科書にある「長幼の序を重んじ貴賤の分を明らかにするも我国古来の美風なり」という一節が，差別を正当化するものではないかという批判でした。修身とは今の教科・道徳にあたりますが，国民教育の一丁目一番地に位置づく重要なものです。それを真正面から糾弾したわけですから，その衝撃は今日では想像がつかないほどです。また1923（大正12）年に全国水平社執行委員長・南梅吉名義で首相・文相宛てに提出された『国民教育にかんする意見書』も振るっています。「今日の教育の如く愛国心とは敵愾心を養成するものであるが如き態度」「戦争に強くなることのみが，国民の義務がであるが如きは，断じてやめて貰いたい」「歴史的教育の如きは，暴力闘争の賛美史であって，単にそれを蔽ふて，政権の推移といふ仮面をかぶせているに過ぎない」（川向［1978］95頁）。公教育批判の射程が，ナショナリズムから帝国主義にまで及んでいることが読み取れるでしょう。

取り組みの第3の柱，それは自己教育の芽生えです。被差別部落の子どもに立場の自覚を促し，解放に向けて自ら立ち上がってもらおうとするものです。奈良県を皮切りに各地で「少年少女水平社」の結成がなされ，1923年にはその数が全国で200社にも達していたといいます（川向［1978］98頁）。それが1930年代に入ると無産少年団運動（ピオニール）へと発展していきました。大半の水平社ピオニールは何らかの差別事件をきっかけに地域に結成されたものでしたが，なかには京都・田中部落の「養正少年団」のように校外少年団として恒常的に組織されたものもありました（川向［1978］115頁）。

水平社のもとでの教育運動を調べてみると，未完に終わったさまざまな可能性がそこに宿されていたことに気づきます。上述の自己教育とも少し関連しますが，公教育を頼みとせず，部落民のための独自の教育機関を創設しようとする胎動もありました。今日でいうオルタナティブ教育運動のはしりですが，上流階級の子弟向けの学校ではなくこうした底辺層からオルタナティブの希求が起こりかけたのは，まことに興味深いことです。第3節で取り上げるアメリカ・ミシシッピ州でのフリーダム・スクールは，水平社の見果てぬ夢の部分的実現と捉えることができるかもしれません。

帝国的秩序に抗う連帯のための学習：校外教育運動

　それでは最後の3番めの項，昭和戦前期に試みられた「校外教育」に話を進めましょう。1931（昭和6）年の満州事変，1933年のドイツ・ヒトラー政権の樹立など，1930年代に入ると日本にはファシズムの足音が近づいていました。子どもの日常生活の統制に権力が関心を寄せるようになり，文部省から官製の「学校少年団」組織化を進める通牒が出されるようになります。1937年には1000団体，30万人の団員を組織するまでに拡大しますが（海老原［1975］633頁），その活動内容は軍事訓練主体・愛国心涵養のものとなっていきました。またこうした官製校外教育の根底にあったのは，校外教育はあくまで学校教育の補完物に過ぎず，学校に従属するものだという発想でした。この発想を逆転させ，官製に対するカウンター的校外教育を実践した人々がいました。その中心にいたのが松永健哉という人物です。

　松永はじめ校外教育運動の主たる担い手たちは，1920年代に始まる東大セツルメントにかかわった人たちでした。東大セツルは，関東大震災で壊滅的被害を受けた東京の下町に根を下ろし，子どもの学習支援や医療サービスを地域に行っていました。彼らは1933（昭和8）年，児童問題研究会という組織をつくります。そこで児童の芸術，児童の組織のあり方，学習方法，児童の読み物，保育のあり方など多方面にわたって精力的な研究が行われます。またそのなかで，校外教育についても概念の矯め直しが試みられます。まずそれは「戸外教育」と区別されます。室内教授に対する戸外教育は学校教育の一分野に過ぎません。また「課外教育」とも別物です。正課に対する課外では，まったく学校教育に従属したままです。「社会教育」が比較的近い概念ですが，そのなかで

も教育の社会化（社会的内容を教育に盛り込む）という考えは退けられ、成人教育に近い意味が採用されます。つまり校外教育とは、児童を「社会の積極的成員として組織するものだ」というわけです（海老原［1975］694頁）。

　このコンセプトのもと、児童問題研究会のメンバーが実践した校外教育のなかから「多摩川キャンプ」の事例を取り上げてみましょう。これは東大セツルメントに集っている児童が参加して夏休みに行われた取り組みですが、単なるレクリエーションではなく、「自然、社会研究プログラム」と銘打たれた本格的な校外教育でした。キャンプ地の調布町上石原での自然観察のみならず、キャンプ地付近の「社会現象の観察」も目標にし、さらに「土地の生産労働への参加」も視野に入れるものでした。「多摩川」という学習単元では、「川に関する根本的地理的概念及びその術語の習得、川の生産に及ぼす関係（この土地の人たちは如何にこの川を利用してゐるか）」を課題に掲げ、石の積み方、瀬と淀の比較、堤防、砂利籠の研究、渡の経営、右岸・左岸の比較、魚をとる道具の研究、人体が水に浮く理の研究などを探究するものでした（海老原［1975］658-659頁）。

　ところがここにハプニングが起こります。一同がキャンプしている様子を、多摩川河畔に住む内地在住朝鮮人の子どもが、羨ましそうにじっと見つめていたのです。それに気づいた指導者は、朝鮮人の子らを招き入れて一緒に遊び、そこに「村の家」というキャンプ小屋をつくります。そして川辺に暮らす朝鮮人のことを校外教育のトピックに取り込んでいきました。「鮮人部落」という題目で「職を求めて内地に来た朝鮮人の生活を理解し、特に多き砂利採取労働につき調査する」ことを掲げ、朝鮮人が暮らす長屋のスケッチ、労働の種類や時間、賃金の調査、親方制度について、朝鮮人児童と自分たちの生活との比較などを具体的に指導したということです（海老原［1975］660-661頁）。

　キャンプに参加した子どもも貧しい家庭の子どもばかりですが、多摩川で遭遇した、砂利すくいを生業とする朝鮮人とその子どもたちは、彼らよりさらに下層の人々でした。1919（大正8）年の三一独立運動の弾圧後、外地では一部で強圧的支配を緩める文化統治が行われましたが、独立への展望を失った朝鮮人は資本主義経済の最底辺であえいでいました。多摩川キャンプのエピソードは、1930年代の階層社会構造の写し絵となっていて、興味深いところです。また、そうした差別構造に敏感に反応し、当時の認識的限界はあったにせよ、

連帯を志向する学習プログラムへと発展させたことに心打たれます。校外教育運動に集った人たちが透徹した社会認識を持ち，厳しい時流のなかでも，ナショナリズムや帝国主義に抗うスタンスを保持しえていたことがわかります。

３ 命を賭した黒人高校生の登校

▶ 1964 年夏，アメリカ・ミシシッピ

マイノリティのための独自学校

　第②節で貧困や差別に抗う教育運動の苦闘を見てきましたが，その活動の軸が公教育への批判，そしてその改造にあったのは自然なことでした。社会の底辺にある者にとって，金のかかる私立学校は無縁なもので，当面は公教育に頼るしかなかったのです。しかし見落としてならないのは，その運動のなかにもう１つの軸，すなわち公教育に見切りをつけ，独自の教育機関を自分の手で創設しようとするモメントが存在したことです。公立／私立という二項対立にあまり拘泥しすぎると，その動きを正確に捉えることができなくなります。

　本節で取り上げるのはアメリカ合衆国の南部ミシシッピ州でひと夏の間展開したフリーダム・スクールという学校です。人種隔離教育のもと黒人学校に収容されていたアメリカの黒人と，「部落学校」での分離別学が長くはびこっていた明治・大正期の被差別部落民とは，パラレルな状況に置かれていました。資源に恵まれず，支配者の厳重な監視下に置かれたマイノリティ集団が自前の教育機関を創出することはきわめて困難なことが予想されますが，フリーダム・スクールは北部の大学生の協力も得て，部分的な形ですが「夢」を実現させたものでした。アメリカで，その後の公立オルタナティブ学校運動の源流となった点でも重要です（Neumann [2003]）。

黒人有権者登録促進運動と市民権教育

　1954 年 5 月，アメリカ連邦最高裁判所で，公立学校での人種隔離を禁じる画期的な判断，いわゆるブラウン判決が下されたのは周知の通りです。しかしながら，この判決を契機に，一夜にして人種隔離教育が終わりを告げたかとい

えば，状況はまったく違いました。南北戦争（1861～1865年）以前の奴隷制時代の意識を，第二次世界大戦後にもまだ引きずっていた南部諸州は，州の専権事項に対する介入だとして，ブラウン判決に対してまったく聞き入れる態度を持ちませんでした。分離別学状態は1960年代終わりごろまで続きます（ルーリー゠ヒル［2016］）。また北軍の勝利で黒人解放の機運が高まるかに見えた南部では1877年以降状況が暗転し，20世紀初頭にかけて強固なジム・クロウ体制が築かれ，黒人は投票権すら事実上剥奪されたままでした。その後，公民権運動が高まり，ジョンソン政権下で強力な公民権法が成立しますが，それでも黒人の有権者登録は芳しくありませんでした。1964年夏，深南部ミシシッピ州の黒人たちは，今にも訪れそうな夜明けをじりじり待ち焦がれている状況でした。こうした膠着状態に何とか風穴を開けたいと考えていた1人がハワード大学の黒人学生チャールズ・コッブでした。

夏季フリーダム・スクールの構想を述べた内部文書で，コッブはミシシッピが置かれた状況を"social paralysis"（社会的麻痺）という言葉で言い表しています。地域の白人も黒人も，誰もが情報から遮断され，真実を知らされず，不服従は許されず，人と異なる意見表明もはばかられる，というのです。黒人高校生にも「アメリカの州の数を知らない」「首都の名を知らない」者がいるなど，惨憺たる状態が指摘されています（Cobb［1963］）。秋に大統領選挙を控えた1964年夏，「フリーダム・サマー」と銘打って，公民権団体にリクルートされた学生ボランティアを大量に南部に送り込むことが計画されます。その際，黒人に有権者登録を促す活動だけでなく，高校生を中心とする黒人の若者を「学校」に集め，働きかけようというのがコッブの「フリーダム・スクール」構想でした。1964年7月26日時点で，ミシシッピ州内の41カ所にフリーダム・スクールが開設され，2135名の生徒が学ぶことになりました（Council of Federated Organizations［1964］）。

フリーダム・スクールの活動

当時の宣伝パンフレットには「フリーダム・スクールは，高校生が通常学校では話すことのできない話題について語ることのできる学校です。市民権について学ぶことができます」とあり，また「通常学校で勉強がうまくいかず，改善を求めている生徒」や「通常学校で教わる以上のことを学びたい生徒」のた

めの学校であることも謳われています。そして「誰でも来てよいし，授業料は無料です」と強調されています。事実上黒人をターゲットにした試みではありましたが，対象を黒人だけに限定していない点も注目されます。

　しかし単に非公式な学校であるだけでなく，当時のミシシッピでは一般にはタブーとされるトピックを中心に据えた学校なので，非合法活動のように人目を忍んで展開しなければなりませんでした。大半のフリーダム・スクールが教会の地下室を会場にし，ほかには個人宅や屋外などでも行われました。何しろ白人至上主義者に発見されたら命を奪われる危険があります。学校を主宰する側も，出席する生徒側にとっても，命がけの取り組みだったのです。

　授業期間は中休みを挟んで6週間で，午前中は「コア・カリキュラム」の黒人史と市民権学習にあてられ，午後は専科（フランス語やタイピングなど選択科目）か，もしくはプロジェクト（演劇づくりか新聞づくり）にあてられました（Council of Federated Organizations [1964]）。音楽・ダンス・演劇など表現し発信することに重点を置くメニューが用意され，またそのなかで，黒人のルーツであるアフリカの文化に親しみ民族に誇りを持つことがねらいとされました。

　なかでも特筆されるのが，プロジェクトとして取り組まれた新聞づくりです（Sturkey and Hale [2015]）。各フリーダム・スクールが競い合うように，趣向を凝らした新聞を定期的に発行しました。記事の内容は，詩や創作，時事評論，雑感などさまざまですが，たとえばマーティン・ルーサー・キング・ジュニア牧師の来訪を知らせるイベント告知記事なども掲載されています。白人に牛耳られた地元メディアが決して載せない情報をカバーし，まさしく社会変革の最前線で役割を果たしたのです。寄稿者の平均年齢は13〜15歳で，ほとんどすべての執筆・編集作業を生徒の手でやっていました（Sturkey and Hale [2015] p. 32）。記事の署名はフルネームでなく，たとえば Linda C. とか Benton D. のようにイニシャルが使われました。身元が割れると命にかかわるからです。こうした新聞のなかには1964年夏以降も2年ほど発行が続いたものがありました。「学校」のなかにも活動が持続したところがありました。

┃黒人解放教育の意義とその後の歩み┃

　フリーダム・スクールの活動には，第一次世界大戦から1930年代までの日本における反差別の教育実践と共鳴する部分が見られます。マイノリティの立

場から，公定カリキュラムの支配的知識体系を批判するところは全国水平社による国定教科書批判に通じます。また，新聞づくりなど子どもが主体になった活動の展開は，やはり新聞づくりに力を入れた京都・田中部落のピオニールを連想させます。さらに，夏休みに期間を限定し集中的に活動を展開した点は，校外教育運動の「多摩川キャンプ」に通じるところがあるかもしれません。

　アメリカにおける黒人のルーツは第一義的にはアフリカ諸国と考えられています。イギリスはじめヨーロッパ諸国が19世紀初めまで，大西洋奴隷貿易を行って富を蓄積したのは周知の通りです。ヨーロッパにとって北米大陸は，アフリカから拉致された人々の奴隷労働が行われる場の1つに過ぎなかったといえるかもしれません。しかし独立後の合衆国が奴隷制度を放棄するまでに長い時間を要し，解放後の黒人の人権確立にはさらに長い道のりが待っていました。フリーダム・スクールの運動後，黒人解放運動はさらに大きく前進し，さまざまな権利を獲得（回復）しました。そのなかで，アフロセントリシティ（アフリカ中心主義）という教育運動まで現れます（Asante［1980］）。従来の学校カリキュラムにおけるヨーロッパ中心主義の価値を引っくり返し，アフリカ文明の優越性を強調するその極端な主張は，激しい論争を巻き起こしました（シュレジンガー［1992］）。しかしこの運動の中心人物モレフィ・ケテ・アサンテらが編纂した教科書は，多くの高校や大学で使われました。脱帝国主義ともいうべき意義を持つ黒人解放の教育は，このように脈々と受け継がれているのです。

おわりに

　ここまで，教育を舞台に，人々が貧困・差別・排除とどのように闘ってきたかを学んできました。最後に確認しておきたいのが，その「闘い」の多義性という点です。近代という時代の到来とともに，それ以前と様相が異なるさまざまな抑圧・差別・排除が生まれました。その最も大きな違いは，差別を構成する要素のなかに，身分・生まれ・性別といった属性的なものに加えて，教育歴や学歴，もしくはその結果習得したと見なされた諸「能力」（知識や技能）の有無や多寡が大きな比重を占めるようになったことです。このことが，被差別の人々にとって教育との向き合い方を難しくさせました。

　彼らにとって教育は，まずもって抑圧や貧困からの脱出もしくはその克服へ

の希望をつなぐものでした。切実な教育への希求が被差別の人々の間から澎湃
^{ほうはい}
として沸き起こったことを本章でも見てきました。他方で彼らにとって教育は，
少なくとも学校制度が今のままであり続ける限り，現在の従属的地位を永続さ
せる足枷でもありました。この両義性に対応して，闘いもまた二様に分かれま
した。就学保障など既存の教育システムへの包摂を目指す中心志向の運動と，
公権力が押しつける教育から離脱しマイノリティ集団としての自己主張に基づ
く独自性を追求する脱中心志向の運動です。今日，教育運動として脚光を浴び
ることが多いのは，どちらかといえば後者です。上記のアフロセントリシティ
以外にも，たとえば英連邦諸国をはじめヨーロッパ，北米で大きな注目を集め
る多文化教育の隆盛は，その一例でしょう。しかし主流社会の教育制度が，生
活の向上を目指すマイノリティの人々にとってかけがえのない利用可能な資源
であることには変わりありません。2つの道の間の選択は今日でも悩ましい問
題なのです。

参 考 文 献 | Reference ●

Asante, M. K. [1980] *Afrocentricity: The Theory of Social Change*, Amulefi Publishing.

Cobb, C. [1963] "Prospectus for summer freedom school program," Freedom Summer Digital Collection, Wisconsin Historical Society.

Council of Federated Organizations [1964] "Freedom school data," Freedom Summer Digital Collection, Wisconsin Historical Society.

★海老原治善 [1975] 『現代日本教育実践史』明治図書出版。

福原宏幸 [1996] 「都市部落住民の労働＝生活過程——西浜地区を中心に」杉原薫・玉井金五編『大正・大阪・スラム——もうひとつの日本近代史（増補版）』新評論，所収。

★細井和喜蔵 [1925] 『女工哀史』改造社。（後，岩波文庫）

川向秀武 [1971] 「小学簡易科論」『人文学報』（東京都立大学人文学部）第82号，41-83頁。

川向秀武 [1978] 「水平社運動による教育活動の展開」鈴木祥蔵・横田三郎・海老原治善編『講座部落解放教育 第2巻 部落解放教育の歴史』明治図書出版，所収。

★金富子 [2005] 『植民地期朝鮮の教育とジェンダー——就学・不就学をめぐる権力関係』世織書房。

小国喜弘 [2001] 『民俗学運動と学校教育——民俗の発見とその国民化』東京大学出版会。

★小山静子 [1991] 『良妻賢母という規範』勁草書房。

牧英正 [1979] 「近世大阪市内における被差別部落の歴史」『同和問題研究』（大阪市立大学同和問題研究室）第3号，53-106頁。

中野重治 [1959] 『梨の花』新潮社。（後，岩波文庫）

浪速同和教育推進協議会歴史部会 [1980] 『浪速の教育のあゆみ』浪速同和教育推進協議会。

Neumann, R. [2003] *Sixties Legacy: A History of the Public Alternative Schools Movement, 1967–2001,*（History of Schools and Schooling）Peter Lang.

大阪市立栄小学校（安福敏頴編）[1973]『栄小学校編年記 1』大阪市立栄小学校。

小沢有作・川向秀武・海老原治善・佐藤秀夫 [1978]「〈シンポジウム・討論〉被差別部落にかんする教育史研究の現状と課題」鈴木祥蔵・横田三郎・海老原治善編『講座部落解放教育 第 2 巻 部落解放教育の歴史』明治図書出版，所収。

★ルーリー，J. L. ＝ ヒル，S. A. ／倉石一郎・久原みな子・末木淳子訳 [2016]『黒人ハイスクールの歴史社会学——アフリカ系アメリカ人の闘い 1940-1980』昭和堂。

佐藤秀夫 [2004]『教育の文化史 1 学校の構造』阿吽社。

シュレジンガー，A.，Jr. ／都留重人監訳 [1992]『アメリカの分裂——多元文化社会についての所見』岩波書店。

下中弥三郎 [1974]『万人労働の教育——下中弥三郎教育論集』平凡社。

白石正明 [1978]「近代公教育体制の成立と差別教育」鈴木祥蔵・横田三郎・海老原治善編『講座部落解放教育 第 2 巻 部落解放教育の歴史』明治図書出版，所収。

Sturkey, W., and Hale, J. N., eds. [2015] *To Write in the Light of Freedom: The Newspapers of the 1964 Mississippi Freedom Schools,*（Margaret Walker Alexander Series in African American Studies）The University Press of Mississippi.

辻ミチ子 [1999]『転生の都市・京都——民衆の社会と生活』阿吽社。

上杉聡 [2004]『私のダイガク講座 これでわかった！部落の歴史』解放出版社。

★山室信一 [2003]「『国民帝国』論の射程」山本有造編『帝国の研究——原理・類型・関係』名古屋大学出版会，所収。

吉村智博 [2012]『近代大阪の部落と寄せ場——都市の周縁社会史』明石書店。

文献案内 ▎　　　　　　　　　　　　　　　　　　　　　　　Bookguide ●

　教育史に限らず，歴史を学ぶことの醍醐味の 1 つは，個々の事例の奥深さを知ることにあります。海老原 [1975]，ルーリー ＝ ヒル [2016] はその喜びを改めて教えてくれる書物です。それらを読むと，貧困・差別・排除との闘い，あるいは平和を希求する闘いが教育を舞台に，たゆまず連綿と繰り広げられてきたことに心打たれます（前者は古い本なので図書館で探してみてください）。

　また本章の 3 つのキーワード——資本主義・ナショナリズム・帝国主義——の連関について理解を深めるうえで，山室 [2003] は非常に有益です。教育の重層的差別構造をめぐってより深く学ぶには，男女間については小山 [1991]，細井 [1925] を，植民地住民と宗主国国民との落差については金 [2005] をひもとくとよいでしょう。

─CHAPTER─

終 章

教育史って何の役に立つの？ 再び

ボルソナーロ政権下のブラジルで行われた教育予算削減に対して、リオデジャネイロ・シネランディア広場で抗議する民衆。彼らが被っているのは、ブラジルの哲学者・教育者であったパウロ・フレイレの仮面（2019 年 5 月 30 日、写真：AP/アフロ）

　世界と対峙することを怖れないこと、世界で起こっていることに耳を澄ますことを怖れないこと、世界で表面的に生起していることのばけの皮を剥ぐことを怖れないこと。人々と出会うことを怖れないこと。対話することを怖れないこと。対話によって双方がより成長することができること。自分が歴史を動かしていると考えたり、人間を支配できると考えたり、あるいは逆の意味で自分こそ抑圧されている人たちの解放者になれる、と考えたりしないこと。歴史のうちにあることを感じ、コミットメントをもち、人々と共に闘う。そういうことだけだと思う（フレイレ［2011］）

はじめに

　本書の**序章**では，「教育史って何の役に立つの？」という問いを立てて，とりあえずの答えらしきものを提示してみました。**終章**まで辿り着いたみなさんにとって，そうした答えは果たして納得いくものと感じられるでしょうか。それとも，いまだに腑に落ちないという印象が残っているでしょうか。

　本章では，2つのことを試みます。1つは，ここまで本書を通じて学んできた歴史的視点に立った場合に，現在——本章では 1970 年代以降の時期として設定します——の教育がどのように見えてくるのかを示すことです。もっとも**序章**では，現在の教育問題を理解するための教育史という見方には，疑念を提示しておきました。マスメディアのつくり上げる「教育問題」を鵜呑みにしてそれに追従してしまったり，その「起源」を実証的にあやふやなやり方で過去に求めてしまうといった類の教育史が問題含みのものであることは，ここで再度強調しておきたいと思います。

　しかしそれでもやはり，歴史という視点は，私たちが過去と現在について批判的に考える手がかりを提供してくれます。というのも，現在とは，決してあらゆる出来事が必然的に連鎖した結果なのではなく，他方でまったくの偶然が積み重なった帰結でもないからです。私たち自身が，そして私たちを取り巻く社会や世界が，今なぜこのような姿であるのかを理解するためには，必ず歴史的な説明を必要とします。

　歴史学は，「現在は今とは別の姿でもありえた」という偶有性の感覚と，「にもかかわらず～という経緯の結果として現在がある」という因果性の理解の両方を私たちに与えてくれます。このことは，私たちが現在に付き従うのではなく，正面から立ち向かう〔スタンダップ・ファイトバック〕ために，必要不可欠な条件を構成します。なぜなら，そうした歴史感覚を持ったときにのみ，私たちにとって，世界は変革可能な対象として立ち現れるからです。したがって，本章のもう 1つの目的は，教育史はいかに教育の現在と闘うことができるのかを示すことにあります。それは同時に，「教育史って何の役に立つの？」という先の問いに対する，最もラディカルな解答を示すことにもなるでしょう。

1 新自由主義とは何か

┃ 私有化・商品化・市場化の再加速 ┃

　先に1970年代から現在（2020年）までをひとまとまりの時期として設定すると述べました。より具体的に言い換えるならば，現在を1970年代以降の世界の「新自由主義」（neo-liberalism）化の流れのなかで理解しようということです。新自由主義とは，各種事業の規制緩和や民営化，公的財政コストの削減などを目指す考え方や政策群を指すときによく用いられます。言葉自体は，本書でもすでにいくつかの章で登場していますが，改めてその定義を確認してみましょう。経済地理学者デヴィッド・ハーヴェイは，新自由主義の理論について，こうまとめています。

> 新自由主義とは何よりもまず，政治経済的な実践を導くためのひとつの理論である。それは，強力な私的所有権，自由主義，自由貿易を特徴とする制度的枠組みのなかで，個々人の企業活動の自由とその能力への規制を撤廃することによってこそ，人類の富と福利が最も増大するのだと主張する。国家の役割は，こうした実践にふさわしい制度的枠組みを創出し，維持することにとどめおかれる（ハーヴェイ［2007］10頁，訳文を一部変更）

　つまり，新自由主義の理論の根幹は古典的自由主義と同じで，資本制経済がそのメカニズムを十全に発揮できるよう，制約を最小限にしていくということです。それが「新」自由主義なのは，20世紀半ばに自由主義諸国で採用されるようになっていた福祉国家を解体することによって行うという歴史的な条件によるものです。

　20世紀前半のうちに，とりわけ世界恐慌の経験や共産革命国家の成立を経て，市場経済に何らかの介入をしたり，貧富の差を縮小するような手を打ったりしないと，経済も社会も安定を保てないだろうと，多くの人が感じるようになっていました。そのため20世紀半ばには，経済先進国でも開発主義諸国家

でも，重要産業部門（交通・通信・エネルギーのインフラや資源など）を市場に任せずに国家が管理したり，公共事業などで雇用と景気を支えたり，完全雇用の実現や貧富の差の縮小によって市場の購買力を維持したりするようになります。また，国家が税収などで富者から多くを集め，それを，医療・福祉・教育の諸制度や生活のためのインフラなど公共財（貧者も含めた国民全員がアクセスできるもの）にしたり，貧者に分配したりするという，富の再分配も，社会の維持に不可欠なものとされるようになりました。

　これを解体することによって，拡大再生産（資本蓄積）を加速させようというのが，新自由主義です。資本蓄積のためには，資本制経済のシステム自体の範囲が拡大し続ける必要があります。それまで市場でなかったところを市場に，商品でなかったものを商品にしていくということです。もっとも現在に生きるみなさんにとっては，「商品」（誰かに所有されていて，市場で値段が付くもの）というあり方をしないモノが存在すると想像すること自体が，そもそも難しいことかもしれません。しかし人類の長い歴史のなかでは，「商品」が生まれるほうがむしろ稀なことでした。商品でなかったということは，それがみんなのもの（公共財）だったか，誰のものでもないもの（自然環境）だったか，その両方だったということになります。逆にいえば商品化とは，そうだったものを，無理やりに誰かのもの（私的所有権の対象）に変えてしまうということです。商品化や市場化が歴史上類例のない規模で進んだのは近代であり，とりわけ空間（土地）と人間（労働力）の商品化がその決定的な契機でした（これを本源的蓄積といいます）。第8章で扱われた自由主義とは，この商品化と資本制経済の拡大を推し進めるための枠組として生み出されたものです。この動きは社会主義と福祉国家体制においてある程度抑制されましたが，その後1960年代後半に経済成長が鈍化すると，私有化・商品化・市場化が改めて推し進められるようになるのです。

　商品化の対象は，それまで市場でなかったところの多くに及びます。たとえば，それまで自然環境かつ公共財だったような水源地にも所有権概念が持ち込まれ，水が商品価値を持つ私有財となったりしました（そうすると，生きるために水を使うだけで，リットル当たりいくら分と換算できる財を，土地所有者になった飲料メーカーから窃盗することになります）。そしてもちろん，先述の重要産業部門をはじめ，福祉・医療・教育などの福祉国家の再分配システムは主要な市場化

のターゲットです。また，もともと市場であっても人々の生活や安全を守るための決まりごと（規制）があった分野では，より自由な市場の実現のために規制緩和が行われます。また市場化されたわけでなくても，年金のようにプールされて行き先が決まっている財を，金融市場で自由に流通させるような制度が導入されます。

▎階級権力の再生 ▎

こういった財や資源が市場の商品になるということは，経済力のある者がいくらでも手に入れることができるものになるということです。ハーヴェイによれば，新自由主義が本格化した1970年代以降，実際には，その理論とは裏腹に世界レベルでの経済成長率が一貫して低下し続ける一方で，富の格差は継続的に拡大しています。つまり，1970年代以降に生じたことは，多くの低所得者から少数の大企業および高所得者への富の移転なのです。ハーヴェイはこれを階級権力の再生と呼び，新自由主義とは本質的にそのためのプロジェクトなのだということを強調しています（ハーヴェイ［2007］）。ですから，再分配を切り崩すのは市場化のためということでもあるのですが，新自由主義とはそもそも再分配自体と正反対の方向をはじめから目指したものなので，新自由主義の政策群のなかで，累進課税の縮小・廃止，法人税の縮小，付加価値税の導入や拡大はその中心を占めます。こうして富者よりも貧者から集め，それを金融機関の維持などのように，富裕層の財産保護のために使うことも一般的です。

私有化・商品化・市場化というのは，もちろん物理的・地理的な拡大をも意味します。たとえば独自の関税で国内産業を守ろうとしている国や，大きな公共部門や再分配部門を持っている国は，その国の外の資本にとっては市場を狭めている国にほかなりません。そのような国々に，自由貿易・自由市場と新自由主義的な私的所有権の原則を押しつける，ということも，新自由主義の重要な側面です。教育に限らず，各国の公的セクターが私営化される背景には，グローバルなレベルの「再領土化」「再植民地化」というべきことが起こっているのです。そのために，2つの手法がよく採用されます。

第1の手法は，災害や戦争などの惨事による混乱に付け込み，混乱し疲弊した社会に手を突っ込んで都合よくつくり変えることです。それがなければつくり出すこともあります。1970年のチリでは，世界ではじめて自由選挙による

合法的な社会主義政権が樹立されました。しかしそのわずか3年後，この政権はクーデターによって倒され，新たに軍事独裁政権が成立します。そしてこの軍事政権が先進国や他の地域に先駆けて推進したものこそ，新自由主義的経済政策でした。実は，このクーデターと政策は，民主的に成立した社会主義政権を倒して資源や再分配をめぐる公的部門を解体させたい多国籍企業の意を受け，アメリカ中央情報局（CIA）を通じてアメリカが後押しをし，新自由主義経済学者たちが計画したものでした。他国を支配する際には，民主的な国と違って独裁国家ではごく少数の人に言うことを聞かせればいいので，独裁体制の後押しということはよく行われます。また，イラク戦争後や東欧体制転換後の税制改革・福祉改革も，このような惨事資本主義（クライン［2011］）のなかでは有名な事例といえます。アメリカやイギリスなどは新自由主義化の先進国ではありますが，実際にはこのように，自国で導入する前に他国で社会実験のようなことを行います。もっとも先進国の国内では，なかなか同じだけの暴力は行使できないので，労働組合の弾圧や，暴力と資本の結びつきを告発する者の暗殺などにとどまることが多いかもしれません。

　第2の手法は，もう少し紳士的なやり方です。それは多国籍機関，とりわけ国際通貨基金（IMF）と世界銀行が，累積債務問題を抱える発展途上国政府に対して，新自由主義的な経済構造や経済政策を要請する，というもので，「構造調整」と呼ばれます。追加で融資を行う条件として，途上国に経常赤字と財政赤字の削減，公共部門の縮小と経営の効率化，各種補助金や関税の削減・撤廃などを求めます。つまり，公共事業を縮小し，政府系企業を民営化し，公務員・職員の給与を下げ，人員を削減させ，非正規雇用を増やすといった形で福祉や教育などのコストカットをせよという圧力をかけつつ，他方で累進課税の廃止や労働市場の規制緩和，金融政策の自由化，海外企業の積極的誘致などを求めるわけです。こうして，途上国の公的セクターは解体され，外国資本の草刈り場へと変貌することになります。

意味の簒奪

　公的セクターの縮小と私営化は，国内投資を低迷させ，失業・不安定雇用の増加や貧困層の切り捨てを通じて，社会の大多数の人々の福祉を切り下げるものです。したがって，新自由主義改革に対して，富裕層以外の人々の合意がな

ぜ，どのように形成されたのか，そのこと自体を1つのイデオロギー政治の過程として捉える必要があります。まずその政治は，シンクタンクと企業が支配するメディアを通じて新自由主義を奉じるスポークスマンを送り出し，世論を醸成することから始まります。次に，大学，学校，教会，職業団体などの市民社会を通じて，新自由主義的なイデオロギーを流布します。こうしたイデオロギーは最終的に諸政党を捉え，ついには国家権力を獲得するに至るわけです。

　新自由主義イデオロギーの具体的な中身としては，たとえば「複数の商品から選択できる」という選択肢しか与えられなくなることを，「自由」と呼ぶことなどが典型的です。また，階級権力の再生という意図的なプロジェクトの結果を，まるで自然現象のような必然性によるものとして表現することも，新自由主義プロジェクトの推進に貢献しています。このことについて，社会学者のピエール・ブルデューは次のようにいっています。

　　記述的であると同時に規範的でもある「グローバリゼーション」という名詞によって記述されるすべてのことは，経済的な宿命ではなく，政策の効果なのです（ブルデュー［2015］597頁）

　世界で起きていることが「グローバリゼーション」という「宿命」であり，したがってそれに同調していかなくてはならないとされているが，そう見えるものは意図的な新自由主義政策の結果なのだ，ということです。たしかにこの用語それ自体にも，世界が勝手にグローバル化していくようなニュアンスがあります。矛盾のない調和した状態として物事を捉える（非政治化する）ことは，矛盾を不可視化することによって温存するという政治の一環です。歴史学も，この非政治化の政治に協力することがあり，第9章の最後に触れた「グローバル・ヒストリー」は，この宿命論を時間軸上で補強する機能を果たしているといえるでしょう。

　もっとも新自由主義への支持や合意は上から降ってきただけではなく，「下から」も調達されました。第1章で触れたように，1960年代から1970年代の北アメリカおよび西ヨーロッパでは，学生運動をはじめ，環境保護，原発建設反対，フェミニズム，平和運動といった「新しい社会運動」が展開します。現在から振り返った場合に重要なのは，これらの運動が，分権的で非官僚制的な

組織を支持し，議会や政党政治，あるいはそれと協調する労働組合とは別の回路を通じて政治的な運動を行おうとする志向を持っていたことです。本来，これらの運動は反国家・反官僚制ではありましたが，個人主義ではなく自主管理や協働を目指すものでした。しかしこの志向性は，結果的に国家介入に対する全面的批判や規制緩和の主張という新自由主義のイデオロギーと共振してしまうことになります。新左翼を標榜していた運動や議論（ポストモダニズム）が，いつのまにか経済的右派の主張にすり替わってしまうということです。このことを，ハーヴェイは次のように述べています。

> 新自由主義化を推進するために政治的にも経済的にも必要だったのは，細分化された消費主義と，個人としての自由至上主義という新自由主義的かつポピュリズム的な文化を，市場ベースで構築することだった。このことはまさに，新自由主義が，長年雌伏していたが，今日まさに文化の領域でも知の領域でも支配的なものとして全面開花している，「ポストモダニズム」と呼ばれる文化的潮流と少なからぬ親和性があることをはっきりと示している（ハーヴェイ［2007］64頁，訳文を一部変更）

　ポストモダニズムと消費主義的イデオロギーは，人々が持つ社会的公正という考え方をかなりの程度変えてしまったようです。イギリスの教育社会学者フィリップ・ブラウンは，サッチャー教育改革以降のイギリス教育政策のイデオロギーを「ペアレントクラシー」と名づけています（ブラウン［2005］）。ここで注意すべきは，ブラウンはペアレントクラシーという言葉で，単に親の教育関心が子どもの学業成績を左右する事態を指しているわけではないということです。イングランドでは，1988年以降に学校選択制を中核とするラディカルな新自由主義的教育改革が進みますが，この改革と並行しながら変化したのは学力の格差以上に，教育や機会の平等に対する社会の意識でした。改革の言説のなかでは，平等は「画一性」に，不平等は「多様性」に読み替えられます。新自由主義のイデオロギーは，機会の平等を保障するというこれまでの公正性の理念そのものが，もはや「多様性に配慮せず，画一的で不公正なもの」だと人々に感じさせるのです。
　格差の問題に注目が集まっていることと裏腹に，日本でも，こうした意識の

変化は進行しているようです。新自由主義者の決まり文句は，「自分たちが批判しているのは行きすぎた結果の平等であって，機会の平等ではない」です。しかし，これがもはや建前ですらなくなっていることは，2019年の文科相の発言からも明らかです。大学入試における民間英語試験の利用に関して，裕福でない受験生は「身の丈に合わせて」受験しろという発言は，もはや機会の平等という最低限の建前すら配慮することなく，支配階級や教育政策立案者の本音をさらけ出しています。そして日本における新自由主義改革は，世論を変えるという意味では着実な「成功」を収めたようです。最近の調査によれば，「所得の多い家庭の子どものほうが，よりよい教育を受けられる傾向があると言われます。こうした傾向について，あなたはどう思いますか」という質問に対して，「当然だ」「やむをえない」と答える保護者の割合は，2004年の46.4％から2018年には62.3％に増加しています（ベネッセ教育総合研究所[2018]）。

 # 2 新自由主義と教育

教育改革と教育市場

　1950年代から1960年代における福祉国家では，教育予算の増加，中等教育の無償化と総合学校化，貧困層やマイノリティへの教育拡充，高等教育機会の拡大などの社会民主主義的な政策が行われました。これに対して，1970年代以降に新自由主義的な教育政策として遂行されたのは，それとは逆の動きでした。つまり，教育予算の全般的削減と選択集中化，学校選択制や教育バウチャーの導入，教育行政（教育委員会）の廃止・縮小，公教育の民営化などです。これらは，保護者や宗教団体，企業などさまざまなアクターの「教育の自由」を制約してきた公的統制システムの批判とその解体であると同時に，公的セクターを収益可能な市場として再編する動きでもありました（ボール゠ヨーデル[2009]；Ball[2012]）。

　こうした動きは先進国のローカル・レベルでの教育民営化や市場化でも見られますが（佐貫・世取山[2008]），最も顕著なのは，やはり国境を越えたコンサ

ルティング市場が勃興し，教育政策が売買される発展途上国の教育政策におい
てです。たとえば，ビル・ゲイツやマーク・ザッカーバーグが出資するブリッ
ジ・インターナショナル・アカデミーズ（Bridge International Academies: BIA）は，
ケニア，ウガンダ，ナイジェリア，インドなどで学校教育を展開する営利企業
です。さらにリベリア共和国では，2017 年よりすべての幼稚園と小学校を段
階的に BIA にアウトソーシングする計画が進められています。授業の内容，
方法すべてが標準化され，教師は目の前に置かれたアンドロイド端末（タブレ
ットなど）が指示した通りの授業を行うこの教育――と呼べるかはきわめて疑
問ですが――に，なぜビル・ゲイツやザッカーバーグが出資しているのか，理
由は容易に想像がつくというものです。もっとも，国際的な「高い評価」と
相反して，ウガンダでは2016年，高等裁判所が，その質の劣悪さを理由に
BIA 学校の閉校を命じる事件があり，両者の間で係争が生じています（Britton
［2016］）。

　グローバルな教育政策市場に参入するのは，民間財団や営利企業だけではあ
りません。実は，先進国の政府系教育研究機関がアクターとして積極的に参入
してもいます。たとえば，オーストラリア，オランダ，ドイツ，シンガポール
の政府系教育研究機関は，あたかもグローバルな教育企業であるかのように，
途上国を対象とした政策コンサルティングを行っています。この背景にあるの
は，PISA（OECD 生徒の学習到達度調査）をはじめとする大規模な国際的学力調
査です。というのも，これらの政府系機関は PISA 運営の中心的機関であった
り，あるいは PISA で好成績を収めることで，政策コンサルタントとしてのセ
ルフブランディングをしているからです。さらにフィンランドでは，教育文化
省が 2010 年ごろからフィンランド教育の輸出戦略を策定し，カタールやアブ
ダビにフィンランド式学校を設置し，フィンランド人教員を派遣しています。
日本でも文部科学省がカイロに事務所を設置し，「日本式教育」の輸出に向け
た取り組みを始めています（ちなみに「日本式教育」がなぜ特定の国々に好まれ，
そこへ輸出されるのかはきわめて興味深い――本書の著者たちの視点からすれば，きわ
めて国辱的な――理由です。興味のある方は，ぜひ調べてみてください）。

　第 9 章および第 10 章で，みなさんは，教育と文明化という観点から帝国主
義が正当化されたことを学びました。ここで生じているのも，それとまったく
同型の構造です。国際的なコンサルティング・サービスの提供を通じて，先

進国から途上国へ，教育におけるヘゲモニーが生み出されているのです（林 [2016]）。PISA の結果に一喜一憂し，日本の順位が上がった下がった，その原因がああだこうだと騒いでいる教育学者・評論家・政治家その他あらゆる利害関係者たちに関していえば，彼らのそうした振る舞いそれ自体が，国際的な権力と非対称的な関係性を支え，それを再生産することに加担してしまっているということが指弾されるべきでしょう。彼らこそ，国際学力調査と資本，権力をめぐる教育政治の「リテラシー」を身につけるべき人々であるといえるかもしれません。たしかに調査結果を分析することは，次の教育の方向性を考える重要な基礎データをつくり上げることでもあります。しかし，上述の国際的な教育政治の動向に無関心なまま，PISA をあたかも「日本の教育の現実」として捉えてしまうことには大きな問題があります。

市民社会と参加民主主義

さらに，私たちが抱える困難は，新自由主義への対抗を標榜する運動それ自体が，再び新自由主義と共振してしまうということにもあります。その起源は 1970 年代まで遡ることができますが，とりわけ 1990 年代以降，先行する新自由主義と旧来の社会民主主義の双方を拒否し，市民社会と参加民主主義に基礎を置く「新しい」中道左派の立場が登場してきました。具体的には，アメリカのクリントン民主党政権やイギリスのブレア労働党政権，ドイツのシュレーダー社会民主党政権などがこれにあたります。「第三の道」や「新しい社会民主主義」を自称するこの政治的潮流の可能性をどの程度まで見積もることができるのか，このことが問題です。

先に新しい社会運動が，分権的で非官僚制的な組織への志向を持っていたと述べました。新自由主義の展開とともに成長してきたのは，官僚制や専門職支配に抗して民主主義と参加を掲げる「アクティブな市民社会」でした。1970 年代以降，教育領域においても，市民の参加という契機が，学校制度に導入されていくことになります。イギリスで行われた保護者理事の導入を含む学校理事会の活性化（1971 年）などがその先駆でしょうが，多くの先進国で，教育行政官や教職員だけでなく，地域社会住民や保護者，さらには生徒の代表をも学校運営に参加するための改革が行われてきています。場合によっては，単に学校理事会に代表として参加するだけでなく，地域住民や保護者自身が学校を創

ってしまうということすらあります。その典型がアメリカ合衆国のチャーター・スクールです。チャーター・スクールは1991年の立法化によってアメリカに登場しました。新たに学校をつくりたいと希望する教師，保護者，公私の団体等が，学校の設置許可権限を持つ州の教育機関と契約（チャーター）を結び，独自の教育理念で自律的に運営を行う学校のことをいいます。チャーターに基づき法令規則の適用を免除され，学校区に拘束されることなく，独自のカリキュラムを自分たちの手で運営することができました。こう聞くと私学と変わらないように思えますが，そうではありません。公費が投入されるため授業料は無料で，入学時の選別の禁止，宗派的中立という点でも公立学校と共通していました。

　このチャーター・スクールに最も歓呼の声を送ったのが，大都市の貧困地帯で暮らす，多くは非白人の親たちでした。富裕層が次々に郊外に脱出し，都市中心部に取り残される形になった彼らは低所得のためみな納税額も低く，地域の財源が貧弱なため，受けられる教育サービスは劣悪でした。そのことに彼らは不満と不安を募らせていました。そこに登場したチャーター・スクールは，希望の星でした。子どもに高い学力をつけさせ，良質な教育を受けさせることで何とか貧困の連鎖を断ち切ってほしい，こうした保護者の切実な願いに，それは応えようとするものでした。

　チャーター・スクールが導入される政策的な意図として，生徒数（に付随する教育予算）の獲得をめぐって公立学校内部での競争を起こすことができ，公教育全体の質の向上が図られるのだとする，効率性にかかわる目的はたしかにあります。しかし同時に，チャーター・スクールは，保護者や地域社会などの利害関係者による民主主義を導入し，それまで教師と教育行政によってなされてきた専門職統制，官僚統制を打破するという目的を掲げるものでもありました。チャーター・スクールや学校参加制度を支持する人々が，それを「新しい公教育」と呼び，単純な教育予算の削減，民営化や市場化のようなラフな意味での新自由主義とは異なるものなのだ，市民社会や参加民主主義を再活性化する手段になりうるのだと主張するのは，こうした理由からです。実際，日本でも右派が学校選択制を支持したのに対して，リベラル派・左派を自称する政治家や教育学者は，チャーター・スクールをモデルとしつつ，学校参加制度やコミュニティ・スクールといった改革案を支持する傾向がありました。

もっともチャーター・スクールの実態は，その理念や期待とはかなり異なったものになっているようです。日本では学校選択か学校参加かという論点が対立的に論じられましたが，そもそも市場型学校選択制とチャーター・スクール制度は――前者はシステム全体，後者は個々の学校運営の話でレベルが異なるので――原理的に矛盾しません。アメリカでは両者が組み合わされて改革が進められた結果，公教育は巨大ビジネスの場に変貌してしまいました。この過程で登場したチャーター・スクールの一部が，ファストフード・チェーンと酷似しています。つまり貧困地域に集中しつつ全国にフランチャイズ展開され，そこでは非正規免許しか持たない教師たちが非常に安価で不安定な待遇で雇用され，そうした教師たちのために標準化された教材やインターネットなどの情報技術が用意され，生徒たちは基幹教科のペーパーテストに特化した「教育」を受けるわけです。

　こうしたチャーター・スクールがなぜ隆盛するのか，その大きな要因は，投資対象としての「魅力」にあります。さまざまな租税優遇制度が適用されることで，チャーター・スクールは銀行やヘッジファンドなどの投資側にとって，安定した利益が見込める「人気商品」となるのです（逆にいえば，裕福な地域には固定資産税を財源とする潤沢な教育予算と，経済力のある親たちに支えられた質のよい公立学校が存在するので，そもそもチャーター・スクールを建てる必要がありません）。こうした民営化の結果，莫大な報酬を手にしたチャーター・スクールの経営者が生まれる一方で，経営不振や入学者の減少などを理由に廃校に追いやられるチャーター・スクールも増加しました。アメリカでは2001年から2013年までに，およそ2500校ものチャーター・スクールが閉鎖され，初等・中等学校を放り出された子どもたちは28万8000人にのぼったといいます（鈴木［2016］）。チャーター・スクールの理念はラフな新自由主義とは違うのだとその提唱者や支持者たちがいかに言い募るとしても，私たちは理念の美しさではなく現実を見る必要があります。

　さらに「新しい公教育」が抱える問題は，理念そのものの逆機能という側面にも見出すことができます。新しい公教育の提唱者が専門職・官僚制（教育行政・教員組合）支配に抗して掲げるのは，市民の直接的な参加による民主主義です。しかしこの参加民主主義という理念は，実際にはどのように機能しているのでしょうか。この点に関して，仲田康一という教育行政学者が，日本のコ

ミュニティ・スクールを丹念にフィールドワークした結果に基づいて，非常に興味深い指摘をしています。仲田によれば，親や地域住民の学校参加は決して民主主義を単純に促進するわけではありません。コミュニティ・スクールの内部では地域社会における階層・ジェンダーによる分断や差別が貫徹することがあります。コミュニティ・スクールでは，校長・教員と地域住民委員（つまり地域ボスの男性です）が意思決定の中核を担うのに対して，保護者委員（PTA役員の母親です）は意思決定から周縁化されて従属的な位置に置かれ，しばしば会議で発言せず，ただただ決定を追認する「無言委員」となってしまう。それどころか，校長や地域ボスが提案する無茶な「改革」（たとえば学力向上のために保護者が必ず子どもの宿題を採点せよ，などといった）を強引に推し進めるために，「みんなで決めたのだから」という「民主主義的な手続き」が使われてしまい，それに従えない保護者は学校改革を妨げる要因として学校からの「問責」や「介入」の対象になることすらある。現実のコミュニティ・スクールは保護者による参加と民主主義を促進するどころか，それを形骸化するシステムとして機能してしまっているというわけです（仲田［2015］）。ここに，第6章で触れた「われらが学校」という共同体意識が今なお存在し続けていること，あるいは（奇怪な姿に？）形を変えて現在に蘇っていることを確認することができるかもしれません。そしてこの意識は，教育をめぐる既存の権力や差別，排除を抑制するどころか，その構造を維持・再生産しつつ，それを民主主義的な装いで正統化する役割を果たしていることになります。

新保守主義と教育

新保守主義の台頭

　新自由主義と並んで1970年代以降の政治思潮に加えるべきは，新保守主義です。ただし，この用語にはやや注意が必要です。新保守主義は文脈によって異なる意味を持ちうる言葉で，たとえば文脈をアメリカに設定してその意味を狭くとった場合には，1960年代の「冷戦リベラル派」に始まる反スターリン，反ソ論者のことを指します（いわゆる「ネオコン」です）。しかしここではもう少

し広く，たとえばサッチャリズムを支持したイギリスの権威主義的ポピュリスト，移民排斥運動と欧州懐疑主義を掲げる EU 圏の右派ポピュリスト，そして日本の「新しい教科書をつくる会」や「在日特権を許さない市民の会」など，1980 年代以降新たに台頭してきた右派勢力を含めることにしましょう。細かな差異はあれ，これらの勢力はいずれも排外主義，自民族中心的国民主義，反グローバリズム，反リベラル・反社会民主主義といったイデオロギーと結びついています。あるひとまとまりの思想や運動というよりも，このような一定の特徴を共有する諸現象をここでは新保守主義と呼ぶ，と考えてください。

　新保守主義と教育との結びつきを考える場合，国民主義的な教育・文化振興運動はわかりやすい事例です。とりわけポスト冷戦後に大きな潮流となったのは歴史認識問題です。たとえば，社会主義からの体制転換を経たロシア・中東欧諸国では，第二次世界大戦と社会主義時代の歴史と記憶にかかわる国家機関が相次いで設立されました。さらにこうした機関における調査研究とともに，学校で使用する歴史教科書の改訂，記念館・博物館の設立を通じて，新たな国民史の構築が試みられたのです。各国の歴史叙述の立場は多様であるとはいえ，その文脈は共通しています。つまり，ファシズムとスターリニズムの「協力者」としてではなく「犠牲者」として自らの歴史を描くこと，そして冷戦後の国際政治的な文脈において，自分たちが一貫した歴史と主権を持つ正統な国民国家であることを示すということです（橋本 [2017]）。地理的には遠く離れていますが，日本を含む東アジアにおける歴史修正主義も，こうした歴史と記憶をめぐる国際政治と無縁ではありません。

　ところで，歴史と記憶をめぐる問題について日本では，「過去の克服」という問題に向き合い，また近隣諸国との共通教科書・教材をめぐる対話で成果を上げたとされる（西）ドイツの例を模範としてあげることが多いようです。国際的な対立や競合に際して過去が持ち出されるときに，歴史と記憶の和解と教育によるその深化が，解決の糸口として持ち出されるからです。しかし，歴史認識や歴史教育の問題を，それ自体だけ取り出して考えることは，あまりに視野の狭すぎる思考法なように思えます。歴史認識問題として問題になるのは，多くの場合，国民史をめぐるものであり，つまり「われら」と「かれら」をどう分けて記述し，記憶するかをめぐるものになります。第 9 章で学んだことをヒントに考えれば，この歴史と記憶やその教育についての問題は，現在の世界

史的な構造と関係づけて，あるいはそのなかにおいて考えるべきものだと思われます。

▌社会の分断／分断による統合 ▌

さて，ここで問うべきなのは，前項で述べてきた新自由主義と新保守主義との関係です。というのも，国民としての共通の伝統や文化的価値観を強調する新保守主義の主張は，多様性を称揚し画一的な国家介入の拒否を主張する新自由主義と，理論的には矛盾するように見えるからです。このことをどのように説明すべきでしょうか。

教科書的な説明では，両者の関係は次のように理解されています。新自由主義的改革は，それが成功すると必ず「富める者／貧しい者」を生み出し，社会的連帯を破壊する。損なわれた社会的連帯を，再分配を行うことなく埋め合わせるために呼び出されるのが新保守主義である。なぜなら，新保守主義は警察・軍事機能の重視と秩序を唱えることで社会不安に対応し，道徳を通じて社会的連帯の再構築を行うからである。経済的に排除された人々を文化的・道徳的に包摂するために，新自由主義国家は常に国民主義を必要とするのだ，というわけです。しかし，本書を通じて教育の複雑さを学んできたみなさんにとって，上のような説明はいささか安直に見えないでしょうか。そもそも社会不安が道徳教育で解決できるなら，というよりそもそも道徳教育が成功するならば，ほとんどの社会政策は不要になるに違いありません。もし道徳教育で社会不安が収まるなら——少なくとも為政者にとっては——，それはハッピーな事態なのかもしれませんが，もちろんそんなことは現実にはありえないわけです。それは，教育の力を高く見積もりすぎている説明の仕方でしょう。

第9章でみなさんが学んだのは，国民化の運動によって「国民」と同時に「非国民」が発明されるという事態でした。さらに議論を一歩進めるならば，国民化に失敗するためにこそ，そして「非国民」をつくり出すためにこそ，国民化が必要だということになります。道徳教育をどれだけ行おうと，国民意識をいかに涵養しようと，社会的連帯を回復するような効果はないでしょう。それでよいのです。重要なことは，新保守主義的な教育改革が，どの程度人々を国民化し道徳化することに成功したか，などということではないからです。

福祉や教育を最も必要とする人々は，貧困者・障害者といった社会的弱者や

マイノリティです。しかし彼らを「非国民」として発見することは，本来「正しい」国民に分配されるべき財産が，それを得るに値しない「非国民」に不当に分配されているという認識を創り出すことができます。そして「非国民」に分配されるくらいならば財の再分配など行われなくても構わない，そのほうが「公正」だという議論を創り出すことができます。「再分配そのものに反対しているわけじゃない，本当に必要な人々に財が分配されず，不道徳で非国民な奴らが弱者や被害者を装ってわれわれの福祉を食い物にしていることに反対しているのだ」。このように社会の人々（の一部）が思ってくれるならば，しめたものです。実際の国民化や道徳化にどれほど効果がなかろうが，失敗しようが，新保守主義的な教育は「成功」したことになります。このとき，新自由主義と新保守主義は，教育を通じて互いに相手をしっかりと支え合うことができているわけですから。

　新保守主義の1つ，右派ポピュリズムは，しばしば反新自由主義の運動と見なされます。たとえば，多国籍企業の誘致や労働市場の開放に対して，「外国資本・移民によって自分たちの財産や職が奪われている」というレトリックを最も頻繁に用いるのは彼らです。しかし，新自由主義が労働者組織を破壊し社会的連帯を寸断する一方，その結果生み出されるアンダークラスを新保守主義が「非国民化」し，財の再配分に値する人々（市民・国民）とそうでない人々（社会的弱者・マイノリティ）の境界線を引き直すという役割分担（これは福祉排外主義と呼ばれます）をしていると考えるならば，右派ポピュリズムと新自由主義は決して矛盾せず，むしろ前者は後者の一部として効果的に機能しているということになります。このとき，道徳教育は国民としての一体感や連帯を醸成するのではなく，むしろ分断・序列化・排除を行うことによってこそ，国民統合を首尾よく担うことになるのです（姉川［2017］）。

生き続ける負の歴史

　こうした分断と排除の教育を推進しようとする欲望を如実に示す出来事が，日本でも最近ありました。前々項に日本で台頭してきた新保守主義勢力として「在日特権を許さない市民の会」の名が出てきました。彼らが主張する「特権」のなかに，在日朝鮮人の生活保護率の高さが含まれていました。率の高さは実際には，在日の人々が長年にわたり差別と貧困に苦しめられてきた状況の反映

です。にもかかわらず認識が捻じ曲げられ，特別永住の外国籍者という「非国民」の存在に財が分配されることの「不当」性を印象づける言説が喧伝されました。これは，右派ポピュリズムが新自由主義の片棒をかつぐ「分断による統合」の一局面だといえるでしょう。また排外主義運動の高まりのなかで，執拗に攻撃のターゲットにされたのが朝鮮学校です。朝鮮学校といえば，高校無償化措置からの排除が記憶に新しいところですが，ここにも似たような構図が透けて見えます。

2009年の政権交代で誕生した民主党政権は高校無償化を看板政策に掲げ，翌年4月に実行に移されました。国公私立の種別を問わず，すべての高校に通う生徒の授業料を所得制限なく政府が公費で肩代わりするというラディカルな政策でした。ところがこの支出対象から，朝鮮高級学校および同校に通う生徒たちだけが除外されたのです。朝鮮学校は日本の公的な学校体系の外にあるため，小学校・中学校・高等学校の名称は使わず，初級・中級・高級学校と呼びます。高校段階にあたるのが朝鮮高級学校で，名目上は各種学校ですが，フルタイムの学校として多くの卒業生を送り出してきた教育実績がありました。「マイノリティの権利保護」という国際規範・人権体制に照らしても，高校無償化の対象に含むのが妥当な判断でした。ところが，当時与党の民主党は衆議院で圧倒的議席を有してはいましたが，最終的に朝鮮学校を無償化に含めるのを見送りました。その理由として日本人拉致事件をめぐる「国民感情」が持ち出されましたが，これは朝鮮学校と北朝鮮国家とを短絡させようとするきわめて乱暴な理屈です。たしかに朝鮮学校は設立当初，教科書や教育方針を本国（朝鮮民主主義人民共和国。いわゆる北朝鮮）に準拠させましたが，呉［2019］に詳しく論じられているように，1960年代以降，カリキュラムを在日の生活状況に合わせる努力を重ねて現在に至っているからです。学習指導要領をはじめ，日本の教育動向にもかなりの注意が払われています。

この朝鮮学校の無償化排除問題は，今から思うと，「他者」の存在を際立たせることで財の再分配そのものへの態度を肯定から否定へと転換させた点で，その後の再政権交代から現在（2020年4月時点）の政治状況へとつながるターニング・ポイントだったといえるかもしれません。在日朝鮮人や朝鮮学校はたしかに，日本の帝国主義や植民地支配の結果として今存在しているといえます。しかしそこにただ負の歴史を読み込むだけでなく，新自由主義や新保守主義と

いった力が交差する現在性の位相から捉えるのはとても重要な作業です。

4 生存のための教育

福祉国家における社会的連帯

　PISA などの国際基準を通じて新自由主義が「有能な者／有能でない者」を
グローバルに切り分けて不平等を拡大し，新保守主義がそれに対抗する振りを
しつつ，やはり「国民／非国民」という境界線を引き続けることで国内を分断
し再分配を否定する。教育を通じて「敵」が関与するこのようなメカニズムを
暴き，それと有効に対峙するための武器として，教育史はかなりの程度役に立
つことができるということを，ここまでの叙述で示すことができたのではない
でしょうか。

　もっとも，1970 年代以降，福祉国家における社会的連帯こそが「付け込み
どころ」と見なされ，集中的に攻撃が仕掛けられてきたことには，相応の理由
があります。とりわけ，社会的連帯を——税金を財源とする公的扶助ではな
く——「保険」として具体化してきたタイプの福祉国家において，その連帯は
きわめて限定的かつ脆弱なものだったといえるかもしれません。なぜなら保険
という連帯のあり方は，基本的には対等な立場の人々——たとえば企業に安定
的に雇用されている成人男性労働者——の間でのみ結ばれるものであり，それ
は完全雇用や家族的紐帯，そしてそこで密かに維持されていた人種・ジェンダ
ー間の不平等や差別を前提にしてはじめて成り立つものだったからです。たと
えば，完全雇用と企業福祉を前提にした日本型福祉国家は，専業主婦（つまり
女性の労働市場からの排除）の存在抜きには成り立ちませんでした。新しい社会
運動と新自由主義が部分的に共振した理由もまた，両者が，福祉国家における
社会的連帯の不公正さや限界への批判を伴っていたからでした。福祉国家の根
幹を支えてきた連帯の規範を問い直す必要に迫られているといえます。

　政治学や倫理学の領域では，分配的正義や公共性など，連帯の規範にとって
鍵となる概念が改めて問い直されています。歴史学は，こうした議論に間接的
な仕方で貢献することができるはずです。たとえば近年では，生活と労働を軸

に生きることの仕組みを問う「生存の歴史学」や，新自由主義の台頭と福祉国家の解体を背景に新しい福祉のシステムや総体性を考える「福祉の歴史学」が模索されています（歴史学研究会 [2017]）。もっとも，「生存の歴史学」は，生存が問題になるような状況に置かれた人々の，状況への「対応」つまり順応の姿に視野を限定することにより，状況をつくり出し選択肢を限定する権力を問わないことにつながる可能性もあります。「福祉の歴史学」は，福祉の領域を静態的に設定して描くことにより，矛盾や苦闘や権力の動態が見えにくくなり，さらに国家の社会権からの撤退を自然なことのように見ることにつながる恐れもあります。これらの克服が，「生存」を考えるための課題となっています。

　以下では，本書を締めくくる議論として，生存と社会的連帯を問い直す教育史の可能性を論じたいと思います。次項で，この目的にとってきわめて重要な主題として，障害者，とりわけ知的障害者と教育をめぐる歴史を紹介したいのですが，その前にまず，なぜ生存や社会的連帯と教育の関係を考えるうえで，知的障害者が重要なのかを整理しておきましょう。それは，新自由主義はもちろんのこと，福祉国家を支える規範理論であるところのリベラリズム（第8章で扱われた自由主義と同語ですが，現代政治学の一分野としてのそれを指すために，ここではカタカナ表記とします）が一貫してその理論に組み込むことができなかった存在こそが，知的障害者だったからです。これは，通常の規範理論が，一定程度の教育が可能であり，その結果として一定程度の能力を持つ存在だけを，社会を構成する「市民」として想定するという理論的前提を持っていることに由来します。リベラリズムが求めるのは合理的で自律的な主体としての市民であり，知的障害者，とりわけ意思疎通にさえ困難を抱える重度知的障害者は，そうした主体になりえない人々として，リベラリズムの理論的射程からあらかじめ除外されてしまうのです。たとえばリベラリズムの最も著名な論者ジョン・ロールズは，「知的障害者とノーマルな人々との間には相互関係はない」と断じたうえで，彼ら障害者の問題は社会を構想するうえで二次的な問題であり，「正義の問題ではなく慈善の問題である」と言い切っています（田中 [2009]）。

　（重度）知的障害者を連帯規範のなかにどのようにして包摂しうるのか，その尊厳をどのように承認することができるのか。これは正義論や福祉学だけでなく，教育史に関心を寄せる私たちにとってもチャレンジングな問いです。な

ぜなら，この問いは新自由主義とリベラリズムがともに依拠する「有能な市民」という概念に対して真っ向から異議を申し立てるものだからです。重度知的障害者の承認を社会的連帯の概念に組み込むことは，連帯の理念を改めて鍛え上げ，自立・自律的個人というイメージとは異なる人間の尊厳と承認のありようを構想する手がかりとなるはずです。人々——とりわけ通常の「主体」にはなりえないとリベラリズムが想定してきた人々——の尊厳を承認するということに対して，教育はどのように，どこまで寄与することができたのか，あるいはできなかったのか。これが本書の最後の問いとなります。

▌生存・承認・教育 ▌

　知的障害者の「発見」は，20世紀初頭に広範囲で展開された「子ども研究」運動および優生学運動と密接にかかわっています。「子ども研究」とは，子どもの身体や置かれた状況の調査・議論から，標準体重や身長，標準的な行動などを研究するもので，各地で調査が行われ，子どもを「能力」によって分類する方法も模索されていきました。実際に学校での学業成績が芳しくない子どもや知的に遅れていると見なされた子どもの存在が，学校現場でも問題となり，イギリス，ドイツ，フランス，スウェーデン，ロシアなどヨーロッパ各国やアメリカで，「精神薄弱児」のための学校が設置され始めました。とくに精神衛生学や優生学が世界を席捲し，これらの研究成果に基づいて政策が断行されるようになると，障害者を排除し，断種することさえ行われました。アメリカでは1907年にインディアナ州で世界初の断種法が成立し，多くの知的障害者に対する断種手術が行われました。その後もアメリカでは30以上の州で断種法が制定されますし，アメリカ以外でもナチス・ドイツ，スウェーデン，ノルウェー，カナダなどさまざまな国で断種法が成立し，一部の国では，戦後になっても強制不妊手術が行われました。ちなみに，教育学はこの優生学運動の重要な一部を構成していました。『児童の世紀』を著したことで知られるエレン・ケイをはじめ，20世紀前半に活躍した「進歩主義的な」教育学者のかなりの部分が優生学を支持し，優生学運動に深くかかわっていたことは，銘記すべきことです。この場合，教育（学）は，人々の生存や尊厳を承認するどころか，その制限や否定に寄与したということになります。

　知的障害にかかわらず，心身にさまざまな問題を抱えている人々には，厳し

い眼差しが向けられ続けてきました。日本においては，1947 年に制定された優生保護法によって顕著な遺伝性身体疾患やハンセン病患者，遺伝性精神病，遺伝性精神薄弱と診断された人々が「不良な子孫」として断種対象になりました。とくに医師が「公益上」必要だと判断した場合には，手続き上，本人の同意を必要としない強制不妊手術が合法化されました。この問題は，2019 年 6 月 28 日に，ハンセン病家族が国に損害賠償と謝罪を求めた集団訴訟において国に賠償命令が出されるなどしたものの，現在もなお解決されないままになっています。

　1960 年に国立遺伝学研究所（1949 年設立）の初代所長が「何年か何十年かの後に解明された事実を基礎として，日本人があらゆるくだらない形質から解放され，美しくも清々しい健康な民族となる日の来ることを心から念じている」と述べたことからも明らかなように，「民族浄化」という言葉は，ナチス・ドイツに占有されるものではありませんでした（飯田 [2011]）。1997 年に母体保護法が成立するまで，この法律は存在し続けました。優生保護法が，望まぬ妊娠や母体に危険のある出産を拒否できない女性たちを救うための人工中絶合法化運動の結果でもあったことが問題を複雑にしました。当時の「科学的な知見」に基づいて，社会的な有用性がある命はどれなのか，胎児の命と親の命や生活のどちらを優先すべきなのかをめぐって，議論が繰り広げられることになりました。

　命の選別から逃れられたとしても，障害児はあらゆる差別と排除にさらされることになります。日本において，養護学校が義務教育学校と認められる1979 年まで，障害児は保護者の希望により「就学免除」や「就学猶予」を受けることができました。実際には，この免除規定は「社会のお荷物にならないように」と保護者に就学を断念させる圧力を生じさせ，1970 年代に入っても全国で 2 万人を超える不就学障害児をつくり出していました。一方で，1960 年代以降，日本各地で「権利としての障害児教育」を求め，障害のある子どもたちに教育を受けさせようとする運動が展開されます。河合隆平が指摘した通り，「教育への願いを語るなかで『人間』という言葉が繰り返し用いられたように，『子どもに合った学校がほしい』という願いは，障害のある子どもたちを『人間の一人』として認め合い，社会の主人公として大切に育ててほしいという人間平等への希求」であったのでした（河合 [2018]）。そのことを象徴す

るような言葉として，脳性マヒとの診断を受けて，就学免除の手続きをしたのちに，1965年4月，重症心身障害児施設「びわこ学園」に入所した13歳の少年の言葉を以下に記します。重症心身障害児施設とは，重度の知的障害と肢体不自由を併せ持ち，治らないとされたがために医療保険の適用外とされ，障害種別に対応した既存の福祉施設にも入所できなかった重度障害児を受け入れた，医療と福祉的ケアを行う施設のことです。

> ぼくは学校へいきたいのだけれど，ここではその夢はかなえられそうにもありません。ぼくはずっとがまんしてきたけれども，これ以上，もうがまんできません。このさいぼくの考えている最後の手段は，兄さんと相談のうえここを出ていって，オムツをしてでも兄さんの車で学校へ送り迎えしてもらうか，ここで一生をくらすか，どっちかひとつの道を選ぶ結果となりました。だから兄さんと相談のうえ，オムツをしてでも学校へ行くつもりです。たとえ学校で息苦しくなっても，それは，ぼくが望んでいったのですからしかたありません（河合［2018］119-120頁）

　彼は言語障害と闘いながら，学校に行くことを願い続けていました。しかしながら願いが叶うことなく，1969年1月に，16歳で亡くなりました。現在，まだまだ十分とはいえないものの，全国各地に特別支援学校が設置されています。彼の学校に行きたいという願いは，河合が指摘するように「その時々で切り捨てられながらも，途切れることなく無数の結び目をつくりながら『学校へ行きたい』とのねがいを可能性から現実のものへと転化させて」いったのでした。

　他方，重症心身障害児施設の内部で，教育保障が行われた事例もあります。花明・木の花学園に1976年に設置された亀岡市立亀岡小学校特殊学級「みのり学級」では，3学級に，養護学校や障害児学級での教育経験がある3名の担任教師が配置され，60名の園児のうち27名の学齢児童が就学し，学齢超過児も学籍のない「聴講生」として授業参加が認められました。当初，親のなかでは，わが子が健康に生きることを最優先に考えて医療や介護の充実を求める声が強く，「一生学校という所は縁のないものとあきらめて居た」人も少なくありませんでした（河合［2016］）。しかし，学級通信や家庭訪問によって学級の

様子が伝えられ，学園の面会日に行われる公開授業でわが子の生き生きとした姿に触れることで，教育への要求や期待が高められていきます。

> 首もすわっていない，歩くことも，座ることも，食事から，排便着がえ，何一つ自分でできない子どもです。自力では，一日たりとも生きていけない，そんなわが子に教育なんてとても考えられないことでした。それどころか子どもたちの負担にならないかと，心配までしておりました。／ところがどうでしょう。学校の先生が園児に学習をはじめられたと聞いて十日ぐらいたった面会日に，学園に行っておどろいたことは，学園全体が何となく，木の新芽のように，生き生きとして見えたことです。ふしぎに思って，指導員の先生におたずねすると。「みんな，学校の先生がきてくださるのを待っている。」ということでした（河合 [2016]）

　ある父親は，夏休みの帰省で「重度の障害で立つ事も出来ない」息子の「身体は家に帰って居ても，心は『ガッコウ』に行っているのが痛い程読み取れた」といいます。また，ある母親は「まるで自分の成績を渡されるが如く緊張し胸はどきどきし口の中は唾液がなくなりカラカラになった」と，はじめて「普通の子供と同じく通知票をいただくことのできた喜び」を表現しました。「重症児であるがために常も差別され，軽視され，世の中のかたすみで小さく暮らしておりましたが，初めてこの子達にも平等にあつかって下さったことのよろこびと感謝でいっぱいです」（河合 [2016]）。

　「通知票をいただくことのできた喜び」という一節は，新鮮な響きを持っています。というのも，通知票や試験，成績評価が本来の教育の姿を歪めているのだ，といういわゆる進歩的でリベラルな想定が，ここで大きく裏切られているからです。教育の対象となること，教育可能な存在として遇されることは，人間が尊厳を持つ存在として承認されることの重要な一部を構成しているのだという直観が，そこには示されています。そしてそれは「オムツをしてでも学校へ」行きたいという願いと同一のものでしょう。ここで教育への希求は，新自由主義やリベラリズムが教育を通じて求める「有用さ・有能さ」とは異なる何ごとかを指し示しています。というのも，誤解を恐れずにいえば，重症心身障害児への教育には，「自ら生計を立てて，誰かに頼ることなく，主体的に社

会に参画しながら生きていく」という教育目的にはあてはまらない，人が生きることそのものを大事にしようとする姿勢があるからです。

　多くの重症心身障害児にとって，教育と医療・福祉はトレードオフの関係にありました。彼らは医療的・福祉的ケアを得て生き続けるために，自らの教育機会を放棄しなければならなかったのです。しかし，教育を最も剥奪された存在であるがゆえに，重症心身障害児とその家族，そして彼らの教育に携わった教師のライフヒストリーは，教育が有用性や卓越性とは異なる役割を果たしうるのだということを教えてくれます。すなわち教育は，人間が尊厳と承認をもって生きていくことを可能にする重要な構成要素であることを，力強く語っているのではないでしょうか。

お わ り に

　本章の冒頭では，改めて「教育史って何の役に立つの？」という問いを取り上げたうえで，教育史が取り組むべき課題として「現在を理解すること」「現在と闘うこと」の2つを設定しました。ここでいう「現在」という言葉は，少なくとも2つの言葉で置き換えることができます。1つは「自己」であり，もう1つは「世界」です。教育史は「自己／世界を理解すること」「自己／世界と闘うこと」に役立つ。教育史という視点を通じて，自己と世界の動態的な関係を理解し，解きほぐし，そして立ち向かうことができる。私たちが最後に伝えたいのは，このことです。

　一般的に，自己や人間の精神・文化を対象とする人文学（humanities）と，人間集団や社会システムを研究する社会科学（social sciences）は，区別されます。しかし歴史研究，とくに教育史の場合，その叙述や分析の対象が人間なのか，社会なのか，はっきりと切り分けられないことが多いと思います。その理由の一端は，教育そのものの特性にあるのでしょう。教育を受けることは，単純にその人に何かが付け加わるということではありません。知識やスキル，ものの感じ方や考え方を身につけるということは，もともと自己の外部にありながらも，もはやそれが取り外し不可能な仕方でその人物に受肉すること，知識やスキルや価値観が人格やライフヒストリーと一体化し，その人そのものになるということです。逆に，そうして社会のさまざまな価値を受肉した人間が，

次の世代の社会を創り，あるいは変革を目指すことになります。教育は人間と社会，主体と構造を媒介する1つの作用であるといえます。

　したがって，教育の歴史を学ぶことは，この相互作用のありようを学ぶということを意味します。自分は何に喜び何に悲しむのか，何を好ましいことと感じ何を許しがたいと考えるのか。教育の歴史を通じて，そうした自分のものの見方・考え方を社会がいかに創り上げてきたのかを，自分のライフヒストリーのなかに読み込むことができます。他方で教育史を学ぶことで，自分を取り巻く社会がなぜ，どのようにして現在の姿に至ったのかを，歴史のなかに生きた具体的な個人の教育経験に寄り添って理解することもできます。自分が知らないうちに身につけていた差別や偏見や先入観を発見してそれと対峙することも，自分にそうしたものの見方を押しつけ他の世界認識のありようを排除するよう求めてくる社会の仕組みそのものを対象化して，それと闘うこともできます。自己意識と世界認識との間の動態的な関係を理解するうえで，教育史は有効なアプローチを提供してくれるはずです。

　また本書では，たとえば「人権」のように普遍的価値を持つとされる言葉たちが，時代や社会状況に応じて時に戦略的に，あるいは政治的に用いられてきたさまを見てきました。しかし，だからといって，それらの価値を簡単に否定したり相対化したりすることが正解なのでしょうか。歴史をひもとかなければ出会わなかった人々の，変革や「生きること」への希求がそこに賭けられていたという事実や，人々の間の分断や互いに相容れない他者性の衝突があったという事実を経由しないと，その答えは得られないように思います。その過程では，私たち自身がすぐには共感しがたいような「他者」の論理に出会うことも，さらには自分のなかにもそんな「他者」が入り込んでいることに直面することもあります。しかし，与えられた選択肢のなかで正解を選ぶことを急いだり，斜に構えて簡単に選択肢を相対化したり，あるいはそれらを足して2で割ったりするのではなく，歴史のなかに生きたさまざまな他者の立場を想像し，彼らと何度も対話を繰り返しながら，いま自分たちが持っている選択肢をじっくりと吟味したり，手持ちの選択肢の利点と限界を踏まえたうえで，いまだ私たちが手にしていない選択肢を思い描くことが，考えるということではないでしょうか。教育史の学びはこうした遠回りを可能にする機会を与えてくれるのです。

　序章で，本書は教科書ではなく入門書であることを目指すと述べました。実

際，本書は，最大公約数的な知識をできる限り効率的に手に入れようと思うと，まだるっこしく，読みにくい叙述になっているかもしれません。自己を通じて世界を，世界を通じて自己を理解するという道筋を辿ることも，一見遠回りのように見えます。しかし歴史を学ぶということは，時間的・空間的に離れた複数の他者の視点を再構成してその立場から世界を認識するということであり，逆にいうならば，特定の立場を決断主義的に選んで，そこからスッキリとものを言い切ることができなくなるということです。そうでなければ歴史を学ぶ意味がありません。どうか結論を急がず，できるだけ遠回りして物事を考えてください。それは，ものを考えたつもりにさせながらも実際にはものを考えさせないこと，思考を特定の枠組みに限定するように学習者を誘導する教育の流行（アクティブ・ラーニング）に抗することでもあります（小針［2018］）。

アクティブ・ラーニングの提唱者が前提とする「学力観の転換」であれ，ポストモダニストが主張する「近代教育の終焉」であれ，新自由主義者の唱える「グローバリゼーション」であれ，それらは単に無内容であるというだけではなく，権力作用としても同じ種類のものです。なぜなら，それらの議論は，社会の変化をあたかも自然現象のごとく，抗いようのない，それに同調するよりほかない宿命のようなものとして捉えさせるレトリックであり，それ自体が1つの政治だからです。アカデミックな歴史研究の議論でも，現状批判の思考のつもりで，実際にはそのための用語の「よくある使い方」を集積・パターン処理して，それをそれっぽく，かつ「斜めから見た風」に加工する，ということがあります。それらの言葉は現状批判「風」であっても，むしろそうであるがゆえに，現状に棹差し，批判の力を弱める効果を生みます。1人1人が歴史に目を開くことは，アカデミズムと教育実践双方に蔓延する「それっぽさ」に流されないためにも大切なことです。

私たち著者は歴史家として，歴史を書くこと，歴史を学ぶことが，現在に付き従うのではなく立ち向かうこと，私たちは社会を変えることができるのだという感覚を持つこと，他者に対する応答可能性＝責任を高めることへとつながっていくことを強く望んでいます。それが，私たち歴史家が果たすべき応答可能性＝責任であると考えています。教育の歴史を描くことを通じて，本書がそうした役割を少しでも果たすことができているならば，著者としてこれに優る喜びはありません。

★姉川雄大［2017］「ハンガリーの歴史認識と現代政治――『ヨーロッパ』性と新自由主義・人種主義政治」橋本伸也編著『せめぎあう中東欧・ロシアの歴史認識問題――ナチズムと社会主義の過去をめぐる葛藤』（MINERVA 人文・社会科学叢書）ミネルヴァ書房，所収。

Ball, S. J.［2012］*Global Education Inc.: New Policy Networks and the Neo-liberal Imaginary*, Routledge.

ボール，S.＝ヨーデル，D.／福田誠治・杉田かおり・吉田重和訳［2009］『公教育にしのびよる私営化』アドバンテージサーバー。

ベネッセ教育総合研究所［2018］「ベネッセ教育総合研究所・朝日新聞社共同調査 学校教育に対する保護者の意識調査 2018」（https://berd.benesse.jp/shotouchutou/research/detail1.php?id=5270）。

ブルデュー，P.／F. ブポー＝Th. ディセポロ編／櫻本陽一訳［2015］『介入 II――社会科学と政治行動 1961-2001』藤原書店。

Britton, B.［2016］"Uganda orders schools funded by Mark Zuckerberg, Bill Gates, to shut down," CNN, November 28, 2016（https://edition.cnn.com/2016/11/25/africa/uganda-schools-zuckerberg-gates/index.html）.

ブラウン，P.［2005］「文化資本と社会的排除」A. H. ハルゼーほか編／住田正樹ほか編訳『教育社会学――第三のソリューション』九州大学出版会，所収。

★ドゥノール，F.＝シュワルツ，A.／小澤裕香・片岡大右訳［2012］『欧州統合と新自由主義――社会的ヨーロッパの行方』論創社。

フレイレ，P.／三砂ちづる訳［2011］『被抑圧者の教育学（新訳）』亜紀書房。

★ハーヴェイ，D.／渡辺治監訳［2007］『新自由主義――その歴史的展開と現在』作品社。

橋本伸也編著［2017］『せめぎあう中東欧・ロシアの歴史認識問題――ナチズムと社会主義の過去をめぐる葛藤』（MINERVA 人文・社会科学叢書）ミネルヴァ書房。

林寛平［2016］「グローバル教育政策市場を通じた『教育のヘゲモニー』の形成――教育研究所の対外戦略をめぐる構造的問題の分析」『日本教育行政学会年報』第 42 巻，147-163 頁。

★広田照幸［2004］『教育』（思考のフロンティア）岩波書店。

飯田香穂里［2011］「欧米における優生学とその影響」『科学と社会 2010』総合研究大学院大学 学融合推進センター，所収。

伊集院要［2017］『ばっちゃん――子どもたちの居場所。広島のマザー・テレサ』扶桑社。

★ケルブレ，H.／永岑三千輝監訳［2010］『ヨーロッパ社会史――1945 年から現在まで』日本経済評論社。

河合隆平［2016］「重症心身障害児の生存と教育――重症児施設『花明・木の花学園』における学校教育の成立」三時眞貴子ほか編『教育支援と排除の比較社会史――「生存」をめぐる家族・労働・福祉』昭和堂，所収。

河合隆平［2018］『発達保障の道――歴史をつなぐ，社会をつくる』全国障害者問題研究会出版部。

★クライン，N.／幾島幸子・村上由見子訳［2011］『ショック・ドクトリン――惨事便乗型資本主義の正体を暴く』上・下，岩波書店。（映像：M. Whitecross and M. Winterbottom 監督，旬報社 DVD BOOK，2013 年）

小針誠［2018］『アクティブラーニング――学校教育の理想と現実』（講談社現代新書）講談社。

倉石一郎［2018］「生活・生存保証と教育のむすび直し・再論――公私融合の現実にどう立ち

向かうか」『教育学研究ジャーナル』第 22 巻，35-41 頁。

仲田康一［2015］『コミュニティ・スクールのポリティクス──学校運営協議会における保護者の位置』勁草書房。

仁平典宏［2009］「〈シティズンシップ／教育〉の欲望を組みかえる──拡散する〈教育〉と空洞化する社会権」広田照幸編『自由への問い 5 教育──せめぎあう「教える」「学ぶ」「育てる」』岩波書店，所収。

仁平典宏［2018］「〈教育〉の論理・〈無為〉の論理──生政治の変容の中で」『教育学研究ジャーナル』第 22 巻，43-49 頁。

呉永鎬［2019］『朝鮮学校の教育史──脱植民地化への闘争と創造』明石書店。

大門正克［2017］『語る歴史，聞く歴史──オーラル・ヒストリーの現場から』（岩波新書）岩波書店。

大門正克・岡田知弘・川内淳史・河西英通・高岡裕之編［2019］『「生存」の歴史と復興の現在──3・11 分断をつなぎ直す』大月書店。

大谷誠［2004］「戦間期イギリスにおける知的『境界線』──『鈍麻』（Dullness）及び『遅鈍』（Backwardness）概念の『構築』をめぐって」『文化史学』第 60 号，125-147 頁。

歴史学研究会編集［2017］『第 4 次現代歴史学の成果と課題 1 新自由主義時代の歴史学』績文堂出版。

三時眞貴子［2012］「浮浪児の処遇と教育──19 世紀後半マンチェスタを事例として」『教育科学』（広島大学）第 29 号，5-41 頁。

三時眞貴子［2018］「家庭・教師・就労と生存保障──『生きること』の仕組みについて考える」『教育学研究ジャーナル』第 22 巻，57-62 頁。

佐貫浩・世取山洋介編［2008］『新自由主義教育改革──その理論・実態と対抗軸』大月書店。

鈴木大裕［2016］『崩壊するアメリカの公教育──日本への警告』岩波書店。

田中耕一郎［2009］「連帯の規範と〈重度知的障害者〉──正義の射程から放逐された人々」『社会福祉学』第 50 巻 1 号，82-94 頁。

文献案内 | Bookguide ●

第二次世界大戦以降のヨーロッパ社会史を通覧するために，ケルブレ［2010］は幅広く目配りの利いた好著です。さらにドゥノール＝シュワルツ［2012］を読めば，EU と新自由主義の関係を歴史的に理解することができるでしょう。

ハーヴェイ［2007］は新自由主義を理解するための必読文献。とりわけ階級政治とグローバルな不平等の構造という視点を導入することは，新自由主義を理解するうえで決定的に重要な論点となります。クライン［2011］も，新自由主義化という展開の生々しい現実をよく示した古典的名著とされていて，映画化もされています。姉川［2017］は，一見矛盾するように見える新自由主義と新保守主義が，なぜ相補的な関係をとりうるのかを理解するうえで示唆に富んでいます。

新自由主義的な教育改革については，やや古いですが，広田［2004］が現在でも最も洗練された理論的考察です。教育学を学んでいるみなさんは，ここを入口にしてさまざまな地域やケースの分析へと進んでいくとよいでしょう。

あとがき　読者のみなさんへのメッセージ

　「これまでの類書とは違う，まったく新しい教科書！」などという売り文句
を見たら，賢明な読者諸氏はまずその信憑性を疑ってかかるべきだと思う。世
間的な流行やジャーナリスティックな関心がめまぐるしく移り変わるのに対し
て，学問の世界が短期間で急激に変化することはほとんどない。まして教科書
や入門書を書く場合には，最先端の研究に遅れずについていくことよりも，こ
れまで長い時間をかけて積み上げられてきた確実性・信頼性の高い知見を精選
して，それを丁寧に解説することが求められるはずだ。にもかかわらず，その
内容が本当に「これまでの類書とまったく違う」ならば，それはおそらく，そ
の教科書がきわめて杜撰につくられたか（これまでの研究成果をまるで踏まえてい
ない），執筆者の力量不足で大幅に的を外しているのか，そのどちらか（あるい
は両方）である可能性が高い。読者のみなさん，どうか気をつけてください。
誇大広告に騙されてはいけません。とくに教育学界隈では，「新しい〜」やら
「パラダイム転換」の大安売りが，ここ30年間休むことなく続けられているの
です。

　翻って本書はどうか。「まったく新しい」わけではないが，ある視点から見
れば「かなり新しい」かもしれない。たとえば，本書の各章末でリストアップ
されている参考文献を，類書のそれと比べてみてもらいたい。同じテーマを扱
っていたとしても，両者がほとんど重なっていないことがわかるはずだ。

　参考文献のリストは，教科書にとって単なる付加的な情報ではない。それは
教科書や入門書の核といってよい。なぜなら参考文献のリストは，「この分野
の勉強をするなら，誰であれ必ず押さえておかなければならない最も重要な文
献」を精選して初学者に示すためのものであり，その分野に精通した研究者が
提示する，「この分野の学問とはこういうものだ」という理解の仕方そのもの
だからだ。したがって本来は，誰が書いたとしても，同じジャンルの教科書・
入門書であるならば，参考文献の大部分は重なっていなければならない。

　しかし本書の参考文献リストは，良くも悪くも類書と同じようなものにはな
らなかった。その最大の理由は，本書が教育学以外の領域で蓄積されてきた教
育史研究の重要な成果を，できる限りカバーしようとしたことにある。教育

学・歴史学・社会学相互の境界領域で，あるいは相互を往復する形で研究を行ってきた私たち著者にとって，参考文献を教育学的教育史に閉じてしまうことはできなかった。したがって，複数の学問領域で蓄積されてきた多様な研究に言及することになったが，その反面，いわゆるスタンダードな教育学的教育史の文献のかなりの部分を，本書の参考文献のリストから外さざるをえなくなった。さらに，教育学的教育史にとって基本的な事項（メジャーな教育思想家，教育制度，教育法，教育方法，教育運動など）のかなりの部分も，本文の叙述から捨象されることになった。こうしてでき上がった本書は，結果的に「かなり新しい」教育史のテキストになってしまっているかもしれない。この「新しさ」が，杜撰さの表れや著者の学問的な未熟さの結果ではないことを祈る。

　誤解のないように付言しておけば，本書は決して教職教養や教育学としての教育史の意義を否定したり，その価値を低く見積もろうとするものではない。本書の序章で示したように，教育史の社会的意義は複数あり，著者たちはみな，教育学という枠組みを，教育史が貢献すべき主要な学問領域の1つであると考えている。とはいえ現実には，教育史の教科書が，教職課程や教員採用試験といった要素から切り離されて出版されることのほうが，きわめて稀だろう。教育史などというマイナーな主題の歴史書が曲がりなりにも「売りもの」になるためには，資格試験対策といった実利的な意味で「役に立つ」必要があり，そうした要素を外して教科書をつくるということそれ自体が，商業出版の論理からはそもそも考えづらいことだからである。にもかかわらず，本書は教育史のテキストでありながら，教育学や教職課程の縛りからある程度解き放たれて，世に出ることを許された。昨今の出版事情に鑑みて，教育史のテキストが，このような条件に恵まれることは滅多にない。そしてこのような条件のもとであれば，私たち——教育学の中心というよりは周辺もしくは外部で歴史研究に従事する者——にしか創れないテキストは，たしかにあると思った。せっかくこのメンバーとこの条件で本をつくるなら，学問としての教育史の面白さ，可能性を最大限に示すことができるようなものにしたい。それが著者全員の合意であり，自覚的かつ主体的な選択であった。だから，本書はそのままでは，オーソドックスな教育学をまずは学びたいと考えている人たちや，とりわけ教員採用試験の対策のためには，あまり役に立たないかもしれない。

　教員採用試験対策としての役割を放棄した以上，本書には別の仕方でそれを

埋め合わせることが求められるだろう。先に述べたように，本書最大の「売り」は，幅広い研究成果のアップデートにある。本書の各章，とくに各部の前半に配置された総説的な章では，教育学の内外を問わず，ここ30年間に蓄積されてきた重要な研究成果をできる限りコンパクトに，かつわかりやすく解説することを目指した。歴史研究にとって最も基本的な——しかし近年あまりにも軽視されてきてしまった——作業であるヒストリオグラフィを地道に，そして誠実に行ったのだと，好意的に理解していただければ幸いだ。この点では，本文の叙述と同じくらい，あるいはそれ以上に，章末の参考文献リストおよび文献案内が，教育史を学ぶ人々にとって読む価値のあるものになっているはずだと思う。

　教育学としての側面を抑制したことで可能となった本書のもう1つの利点は，現在の教育改革，さらにその背景にある新自由主義を歴史的に理解すると同時に，それに対するラディカルな批判を可能にする視座を提示することができたということである。本書を**序章**から順番に読んで**終章**まで辿り着いてもらえれば，現在の「教育改革」とは果たして何なのか，誰が何を目的にどのように物事を進めているのかについて，ある程度はっきりとした歴史的な輪郭が捉えられるはずだ。ちなみに本書の分析視角や理論的な前提には，著者たちの立場や主張がかなり明確に反映されている。そうした意味では，本書は決して「ニュートラル」な本ではない。しかしそのこと自体は，むしろ教育学や教職課程という枠組みの外で教育史を叙述することの利点でありうるだろう。逆にいえば，現在進行している教育改革を全面的かつ根底的に批判する「教育学的教育史」や「教育原理」のテキストが果たしてありえるだろうか，と問うてみてもよい。「ニュートラルである（と思い込む）」ことと「現状追認的である」ことの間の距離は，思いのほか短い。

　もちろん前述したように，本書の著者たちは，最新の研究動向を踏まえ，学問的な手続きを経た考察や分析に基づいて，各章を執筆している。しかし同時に著者たちは特定の問題関心や価値判断のもとで，研究史を整理し対象を設定し分析枠組みを選択してもいるのである。そしてこの選択に関する限り，本書を執筆するにあたって，著者4人の間では——細かな差異はあっても——基本的な価値観や立場は共有されていたと思う。もっとも別の立場の人々にいわせれば，私たちの立場は，教育学の（あるいは歴史学の？）新しい動向から背を向

け，時計の針を戻そうとする時代遅れ[オールドファッション]なものだということになるのかもしれない。それはそれで構わない。本書が，正しく時代に遅れることができていることを願う[1]。

　本書の脱稿と前後して，新型コロナウイルスが世界中で猛威を振るい始めた。報道によれば 2020 年 9 月 9 日時点で，感染者は世界で 2757 万 742 人にのぼり，死者は 89 万 7383 人を数えるという[2]。そしてウイルスと軌を一にして広がっているのが，分断と憎悪である。国連のアントニオ・グテーレス事務総長は，新型コロナウイルス感染拡大の最中にある世界で，津波のように憎しみが生まれていると警鐘を鳴らした。グテーレスによれば，何人かの政治指導者が憎悪に満ちた考え方や言葉を広め，普遍化し，公の議論を荒らし，社会を弱体化させている。さらに各国で，移民や外国人が偏見や宗教に基づいて差別されていることに加え，ジャーナリストや内部告発者，医療従事者，援助スタッフ，人権擁護の活動家らも，攻撃の標的となっている。

　しかし，こうした分断や抑圧，排除は，新型コロナウイルスの感染拡大が突如として惹き起こしたものではない。それらは感染が拡大する前から，すでに社会のなかに存在していたものであり，その直接的な起源は，まさに本書の第 **4** 部が叙述したような世界史的な構造のもとで胚胎されたものである。このような状況においてさえ——だからこそ？——社会的な連帯を紡いで人命や安全や生活を保障しようとするのではなく，社会を「かれら」と「われら」に分断する好機だと捉え，対立と憎悪を煽ることによって権力と資本の拡大を図る人々が一定程度いるのだということを，コロナウイルスはこれ以上ないほど明瞭に示した。本書は，こうした分断と憎悪の政治に対する，ささやかだが断固とした抵抗の書としても出版される。本書全体を通じて示してきたように，遺棄や暴力的行為といった分断・排除がいつの時代も存在するなかで，学問は移動・越境・交流を基盤に展開されてきたし，生きることを連帯して支えようとする仕組みもつくり出されてきた。教育史は私たちに分断や憎悪に抵抗する力となる歴史的知見を与えてくれると信じる。

　最後に，本書の成り立ちについて。この本の企画は，2017 年 12 月に有斐閣

1）　有栖川有栖『正しく時代に遅れるために——有栖川有栖エッセイ集』（講談社，2006 年）
2）　https://www3.nhk.or.jp/news/special/coronavirus/world-data/

の編集者のお二人，松井智恵子さんと得地道代さんが著者の一人である岩下の研究室を訪ねてくださったことから始まった。お二人は誰よりも本書の意義を確信し，温かい励ましと助言，丁寧できめ細かいお仕事で，私たち著者を支えてくださった。

　また，本書の草稿を読んでくださった聖心女子大学大学院 2019 年度「基礎教育学特論」の受講生の方々，広島大学大学院教育学研究科（現，人間社会科学研究科 教育学プログラム）2019 年度「西洋教育史演習」の受講生の方々からは，数多くの有益なコメントをいただきました。ここに記して感謝いたします。

　　2020 年 9 月

著 者 一 同

索　引

事項索引

人名索引

有斐閣 ストゥディア

YUHIKAKU

問いからはじめる教育史
History of Education: A New Introduction

2020 年 10 月 20 日　初版第 1 刷発行
2024 年 6 月 10 日　初版第 2 刷発行

著　者	岩下　誠 三時　眞貴子 倉石　一郎 姉川　雄大
発行者	江草　貞治
発行所	株式会社　有斐閣

郵便番号 101-0051
東京都千代田区神田神保町 2-17
https://www.yuhikaku.co.jp/

印刷・萩原印刷株式会社／製本・牧製本印刷株式会社